高等学校计算机教育信息素养系列教材

U0734209

信息技术基础

（WPS Office）

宋莺 刘光然 王茜 ◎ 主编

陈婕 李晶晶 王婷 ◎ 副主编

人民邮电出版社

北 京

图书在版编目（CIP）数据

信息技术基础 ：WPS Office / 宋莺，刘光然，王茜主编. -- 北京 ：人民邮电出版社，2025. --（高等学校计算机教育信息素养系列教材）. -- ISBN 978-7-115-67527-9

Ⅰ. TP317.1

中国国家版本馆 CIP 数据核字第 2025VE4356 号

内 容 提 要

本书以微型计算机为基础，全面、系统地介绍计算机的基础知识和基本操作。全书共 8 章，主要包括计算机基础知识、计算机系统、Windows 10 操作系统、WPS 文字、WPS 表格、WPS 演示、计算机网络基础、信息新技术等内容。

本书参考全国计算机等级考试一级 WPS Office 考试大纲中的要求，通过深入浅出地讲解基础知识，并结合丰富的综合案例与习题，全面锻炼学生的计算机操作能力。同时，本书还注重知识的巩固与应用，帮助学生加深对所学内容的理解，进而培养学生的计算机信息素养。

本书适合作为普通本科学校、高职院校计算机基础课程的教材或参考书，也可作为计算机培训机构的教材或全国计算机等级考试一级 WPS Office 考生的自学参考书。

◆ 主　　编　宋　莺　刘光然　王　茜
　　副 主 编　陈　婕　李晶晶　王　婷
　　责任编辑　张　斌
　　责任印制　胡　南

◆ 人民邮电出版社出版发行　　北京市丰台区成寿寺路 11 号
　　邮编　100164　　电子邮件　315@ptpress.com.cn
　　网址　https://www.ptpress.com.cn
　　北京天宇星印刷厂印刷

◆ 开本：787×1092　1/16
　　印张：13.75　　　　　　　　　　　2025 年 9 月第 1 版
　　字数：396 千字　　　　　　　　　2025 年 9 月北京第 1 次印刷

定价：49.80 元

读者服务热线：(010)81055256　印装质量热线：(010)81055316
反盗版热线：(010)81055315

在现代信息化浪潮的推动下，计算机技术已广泛渗透到军事、科研、经济和文化等多个领域，其影响不局限于科技范畴，而是已深入社会文化的各个层面，成为推动社会进步的关键因素。在此背景下，众多岗位对员工的计算机技术提出了明确要求，这既是对个人能力的挑战，也是推动社会整体信息化水平提升的重要契机。因此，掌握并运用计算机进行全面的信息处理已经成为每位大学生必备的能力。

本书在写作时综合考虑目前大学计算机基础教育的实际情况和计算机技术的发展状况，结合全国计算机等级考试一级 WPS Office 的操作要求，本着"学用结合"的原则，采用基础讲解加适当的案例引导的方式来进行知识的讲解，从而激发学生的学习兴趣。

本书紧密结合计算机的主流应用，分别讲解以下内容。

- 计算机基础知识、计算机系统、Windows 10 操作系统（第 1～3 章）。该部分主要讲解计算机的发展历程、计算机的特点与分类、计算机中数据的表示与存储、多媒体技术、计算机病毒、计算机的基本工作原理、计算机硬件系统、计算机软件系统、操作系统、Windows 10 操作系统等知识。

- WPS 文字（第 4 章）。该部分主要讲解使用 WPS 文字编辑文字、设置文字格式、制作表格、进行版面设计等知识，然后通过综合案例帮助学生巩固 WPS 文字的使用方法。

- WPS 表格（第 5 章）。该部分主要讲解在 WPS 表格中输入与编辑数据、设置表格格式、使用公式与函数、管理表格数据、创建与编辑图表等知识，然后通过综合案例帮助学生巩固 WPS 表格的使用方法。

- WPS 演示（第 6 章）。该部分主要讲解在 WPS 演示中编辑与设置演示文稿、设置幻灯片动画效果、为幻灯片添加交互元素、放映幻灯片和输出演示文稿等知识，然后通过综合案例帮助学生巩固 WPS 演示的使用方法。

- 计算机网络基础（第 7 章）。该部分主要讲解计算机网络、因特网、网络信息安全、信息检索等知识。

- 信息新技术（第 8 章）。该部分主要讲解人工智能、大数据、云计算、物联网等知识。

本书的编写具有以下特色。

（1）讲解深入浅出，实用性强。本书在注重系统性和科学性的基础上突出实用性及可操作性，对重点概念和操作技能进行详细讲解，语言流畅、深入浅出，符合计算机基础教学的规律，并满足了社会对计算机人才培养的要求。

（2）操作性强，提供综合案例。本书在讲解中穿插了详细的操作步骤，同时在操作性较强的部分（如第 4～6 章）提供了综合案例，学生可以边学边练，以提升软件操作水平。

（3）计算机基础知识全面，能够为学生的后续学习奠定基础。本书除了介绍计算机基础知识、计算机系统、Windows 10 操作系统和 WPS Office 软件外，还对计算机网络基础、信息新技术等知识进行介绍，使学生能够对计算机基础知识和技术有一个较为全面的认识和了解，同时为后续深入学习计算机专业知识奠定基础。

（4）本书提供案例素材和效果文件、习题参考答案等教学资源。

由于编者水平有限，书中难免存在不足之处，欢迎广大读者、专家批评指正。

编　者

2025 年 5 月

目录

第 1 章 　计算机基础知识

在当今信息时代，计算机基础知识的重要性日益凸显。计算机作为现代科技的产物，深刻影响着人们生活的方方面面，同时也改变着人们的生活方式和思维模式。因此，深入学习和理解计算机基础知识不仅可以帮助我们更好地适应当下的社会环境，而且有助于提升个人竞争力。

【学习目标】

➢ 了解计算机的发展历程。

➢ 了解计算机的特点、分类和应用。

➢ 熟悉计算机中数据的表示、存储与处理。

➢ 了解多媒体技术。

➢ 了解计算机病毒。

1.1 　计算机的发展历程

计算机的发展十分迅速，自第一台通用电子计算机诞生至今，计算机的应用已经渗透到社会的各个领域，对人类社会的发展产生了深刻的影响。了解计算机的发展历程将有助于我们更加全面地认识计算机。

1.1.1 　计算机的诞生

20 世纪初，电子技术飞速发展，为计算机的诞生奠定了基础。

20 世纪 30～40 年代，西方国家的工业技术迅猛发展，相继出现了雷达和导弹等高科技产品，而原有的计算工具难以满足大量高科技产品复杂计算的需要，因此迫切需要在计算技术上有所突破。

1946 年，美国宾夕法尼亚大学研制出世界上第一台通用电子计算机——电子数字积分计算机（Electronic Numerical Integrator And Computer，ENIAC），如图 1-1 所示。ENIAC 重约 30 吨，占地约 170 平方米，每秒可完成 5000 次加法运算。虽然 ENIAC 的功能还比不上今天普通的一台计算机，但在当时，它的计算速度和计算精确度是史无前例的。ENIAC 的诞生也宣告了计算机时代的开始。

图 1-1 　ENIAC

ENIAC 诞生后，美籍匈牙利数学家冯·诺依曼提出了新的设计思想，在 20 世纪 40 年代末期研制出离散变量自动电子计算机（Electronic Discrete Variable Automatic Computer，EDVAC），其主要设计理论是采用二进制代码和存储程序工作方式。人们把该理论称为冯·诺依曼体系结构，冯·诺依曼也被誉为"现代电子计算机之父"。虽然计算机技术发展迅速，但冯·诺依曼体系结构至今仍然是计算机的基本工作原理，是我们理解计算机系统功能与特征的基础。

1.1.2　计算机的发展

根据计算机所采用的物理器件，可以将计算机的发展分为机械计算机和机电计算机发展时期、电子计算机发展的探索奠基期、电子计算机的蓬勃发展时期 3 个阶段。

1. 机械计算机和机电计算机发展时期

机械计算机是由一些机械部件（如齿轮、杆、轴等）构成的计算机。机械计算机的发展历程中有几位代表人物，分别是达·芬奇、什卡尔、帕斯卡、莱布尼茨和巴贝奇。达·芬奇曾经设计了加法器，但最终未能实现。德国人什卡尔在 1623 年发明了计算器，但遗憾的是，快研制成功的时候毁于大火。帕斯卡在 1642 年发明了加法器，该加法器利用一个有 10 个齿的齿轮表示一位数字，几个齿轮并排起来表示一个数，通过齿轮与齿轮之间的关系来表示数的进位，这是世界上第一个研制成功的加法器。莱布尼茨是德国著名的数学家、哲学家，他在 1674 年发明了能直接进行乘法运算的乘法器。以前，数学用表是人工计算的，英国人巴贝奇想使用机器来计算，避免人工计算的错误，于是在 1822 年研制出了差分机。

机电计算机的发展历程较短，主要代表人物有楚泽和艾肯。1938 年，楚泽设计出一台纯机械结构的计算机 Z-1，采用了二进制；1939 年，楚泽设计出 Z-2 计算机，用继电器改进了 Z-1 计算机；1941 年，楚泽研制出 Z-3 计算机；1944 年，楚泽研制出 Z-4 计算机。艾肯于 1937 年了解了巴贝奇的差分机，在 IBM 公司的资助下，1944 年，艾肯研制出马克一号计算机，如图 1-2 所示；1947 年，艾肯研制出马克二号计算机，仍然采用的是继电器；1949 年，艾肯研制出马克三号计算机，部分采用电子元件；1952 年，艾肯研制出马克四号计算机，它是全电子元件的计算机。

图 1-2　马克一号计算机

2. 电子计算机发展的探索奠基期

电子计算机就是以电子管、晶体管、集成电路等电子元件为主要部件的计算机。电子计算机发展的探索奠基期的主要事件包括技术基础的建立、理论基础的建立、ABC、Colossus 计算机、ENIAC 等。

● 技术基础的建立：1883 年，美国发明家爱迪生发现了热电子效应；1904 年，英国电气工程师弗莱明发明了真空二极管；1906 年，美国发明家德福雷斯特发明了真空三极管；1906 年后，具有各种性能的多极真空管、复合真空管相继问世。

● 理论基础的建立：1847 年，英国数学家布尔发表了《逻辑的数学分析》，建立了"布尔代数"，并创造了一套符号系统；1936 年，英国数学家图灵发表的《论数字计算在决断难题中的应用》论文中提出了被称为"图灵机"的抽象计算机模型，为现代计算机的逻辑工作方式奠定了基础。

- ABC：1940 年，阿塔纳索夫和贝瑞成功研制了有 300 个电子管、能做加法和减法运算的阿塔纳索夫-贝瑞计算机（Atanasoff-Berry Computer，ABC），这是有史以来第一台以电子管为元件的有记忆功能的数字计算机。
- Colossus 计算机：1940 年，图灵研制出译码计算机，如图 1-3 所示，并使用它破解了部分德国军事通信密码；1943 年，弗劳尔斯设计出更先进的译码计算机"巨人"（Colossus），用了 1500 个电子管。
- ENIAC：1943 年，为快速计算炮弹的弹道，美国军方出资研制 ENIAC，研发工作由莫奇利和埃克特负责。ENIAC 每秒可完成 5000 次加法运算或 300 多次乘法运算。ENIAC 是计算机发展史上的一座里程碑，它标志着电子计算机时代的到来。ENIAC 有两个问题，一是内部信息采用十进制表示，导致硬件线路复杂、工作状态不稳定；二是需要通过开关连线的方式控制计算机工作，十分麻烦。
- EDVAC：针对 ENIAC 的不足和缺陷，冯·诺依曼提出了 EDVAC 方案。EDVAC 方案做了两项重大改进，第一，机内数制由原来的十进制改为二进制；第二，采用"存储程序"方式控制计算机的运行过程。图 1-4 所示为 EDVAC。冯·诺依曼的设计思想奠定了现代计算机的体系结构。

图 1-3　图灵译码计算机

图 1-4　EDVAC

3. 电子计算机的蓬勃发展时期

电子计算机诞生后，计算机技术成为发展最快的现代技术之一。电子计算机的蓬勃发展经历了多年时间，包含 4 个阶段，如表 1-1 所示。

表 1-1　电子计算机发展的 4 个阶段

阶段	时间	采用的元器件	运算速度（每秒指令数）	主要特点	应用领域
第一代计算机	1946～1957 年	电子管	几千条	主存储器采用磁鼓，体积庞大、耗电量大、运算速度低、可靠性较差、内存容量小	国防及科学研究工作
第二代计算机	1958～1964 年	晶体管	几万至几十万条	主存储器采用磁芯，开始使用高级程序及操作系统，运算速度提高、体积减小	工程设计、数据处理
第三代计算机	1965～1970 年	中小规模集成电路	几十万至几百万条	主存储器采用半导体存储器，集成度高、功能增强、价格下降	工业控制、数据处理
第四代计算机	1971 年至今	大规模、超大规模集成电路	上千万至万亿条	计算机走向微型化，性能大幅度提高，软件也越来越丰富，为网络化创造了条件。同时计算机逐渐走向人工智能化，并采用多媒体技术，具有听、说、读和写等功能	工业、生活等各个方面

1.1.3　我国计算机的发展和重要突破

虽然我国计算机起步较晚，但发展十分迅速。从 1953 年开始，我国便开始了计算机的研究工作。到了 1958 年，我国成功研制出了第一台电子计算机，如图 1-5 所示。此后，我国计算机产业不断发展壮大，涌现出许多优秀的计算机企业和研究机构。

我国计算机的发展大致经历了以下 4 个阶段。

1. 第一代电子管计算机（1958～1964 年）

1957 年，我国开始研制通用数字电子计算机。1958 年，我国成功研制出第一台电子计算机（103 机），该计算机可以运行短程序。1964 年，我国第一台自行设计的大型通用数字电子管计算机（119 机）研制成功，其平均浮点运算速度为每秒 5 万次。

图 1-5　我国第一台电子计算机

2. 第二代晶体管计算机（1965～1972 年）

1965 年，我国成功研制出第一台大型晶体管计算机（109 乙机）。两年后，在对 109 乙机加以改进的基础上推出 109 丙机。第一批晶体管计算机的运算速度为每秒 10 万～20 万次，在我国"两弹"试验中发挥了重要作用。

3. 第三代中小规模集成电路计算机（1973 年～20 世纪 80 年代初）

1973 年，北京大学与北京有线电厂等单位合作，成功研制出了运算速度达到每秒 100 万次的大型通用计算机。20 世纪 80 年代，我国高速计算机（特别是向量计算机）有了新的进展。1983 年，我国成功研制出第一台大型向量计算机（757 机），向量运算速度达到每秒 1000 万次。同年，"银河-Ⅰ"超级计算机研制成功，不仅填补了国内亿次超级计算机的空白，还成功缩小了我国与国外计算机技术的差距。

4. 第四代大规模超大规模集成电路计算机（20 世纪 80 年代中期至今）

与国外一样，我国第四代计算机的研制也是从微机开始的。1980 年初，我国不少单位也开始采用 Z80、x86 和 M6800 芯片研制微机。1983 年，我国成功研制出与 IBM PC 兼容的 DJS-0520 微机。20 世纪 90 年代以来，我国微型计算机形成了大批量、高性能的生产局面，并且发展迅速。

1983 年，我国研制出了运算速度达到每秒 1 亿次的"银河-Ⅰ"超级计算机。

1992 年，我国成功研制出"银河-Ⅱ"超级计算机，峰值速度可达每秒 4 亿次浮点运算，总体上达到 20 世纪 80 年代中后期国际先进水平。1997 年，我国成功研制出"银河-Ⅲ"百亿次超级计算机，峰值速度可达每秒 130 亿次浮点运算，总体上达到 20 世纪 90 年代中期国际先进水平。

1997～1999 年，我国先后推出具有机群结构的曙光 1000A、曙光 2000-Ⅰ、曙光 2000-Ⅱ超级计算机，峰值速度突破每秒 1000 亿次浮点运算。2000 年推出浮点运算速度每秒 4000 多亿次的曙光 3000 超级计算机。2004 年上半年推出浮点运算速度每秒 10 万亿次的曙光 4000 超级计算机。

2009 年，我国成功研制出"天河一号"超级计算机，如图 1-6 所示，其峰值速度可达每秒千万亿次。"天河一号"的诞生是我国高性能计算机发展史上新的里程碑，也是我国战略高新技术和大型基础科技装备研制领域取得的又一重大创新成果，实现了我国自主研制超级计算机能力从百万亿次到千万亿次的跨越，使我国成为继美国之后世界上第二个能够研制千万亿次超级计算机系统的国家。

2013 年，国际 TOP500 组织公布了全球超级计算机 500 强排行榜榜单，我国的"天河二号"超级计算机（见图 1-7）以峰值速度每秒 5.49 亿亿次、持续计算速度每秒 3.39 亿亿次双精度浮点运算的优异性能位居榜首。

图 1-6 "天河一号"超级计算机

图 1-7 "天河二号"超级计算机

2016 年，我国自主研发的"神威·太湖之光"超级计算机问世，如图 1-8 所示。"神威·太湖之光"是全球首台运行速度超过每秒 10 亿亿次的超级计算机，峰值速度可达每秒 12.5 亿亿次。"神威·太湖之光"一分钟的计算能力相当于 70 亿人用计算器不间断计算 32 年，其浮点运算速度为每秒 9.3 亿亿次，效率比之前的"天河二号"高将近 3 倍。

图 1-8 "神威·太湖之光"超级计算机

我国计算机技术的发展历程充满了创新和突破，从最初的电子管计算机到如今的超级计算机和人工智能应用，我国一直在不断探索和前行。

进入新时代以来，我国计算机发展取得了举世瞩目的显著突破。在人工智能领域，我国凭借强大的研发实力和创新能力引领着技术的飞速发展。各大厂商纷纷推出智能计算机产品，将人工智能技术深度融入计算机领域，不仅大幅提升了计算机的性能和智能化水平，还推动了整个计算机产业链的深刻变革。同时，在量子计算领域，我国科学家也取得了重要进展。量子计算的独特优势为计算机未来的发展提供了无限可能，我国在这一领域的突破不仅体现了我国科研实力的强大，也为全球计算机技术的发展贡献了智慧与力量。

1.2　计算机的特点、分类和应用

计算机以其独特的魅力引领着信息技术的潮流，改变着我们的生活方式。然而，计算机不仅是一个简单的工具，其独特的特点、多样的分类以及广泛的应用领域，共同构成了计算机科学与技术这一蓬勃发展领域的基石。接下来，我们将深入分析计算机的特点、分类和应用，领略它所蕴含的无限可能与潜力。

1.2.1 计算机的特点

计算机的特点较多，这些特点共同构成了计算机科学与技术的核心，使其在各个领域中发挥着不可替代的作用。计算机的特点主要体现在以下几个方面。

- 运算速度快：由于采用了高速的电子器件和线路，并利用了先进的计算技术，计算机可以在极短的时间内完成大量的计算和处理工作，实现高效率的数据处理和信息管理。当今计算机系统的运算速度已达到每秒万亿次以上，微机也可达每秒亿次以上。例如，卫星轨道的计算、大型水坝的计算等过去需要花费几年甚至几十年的时间，而现在，用计算机只需几分钟就可完成。
- 计算精度高：计算机的运算结果几乎是完全准确的，避免了人为因素引起的误差和不准确性，使得科学计算、数据处理等领域的工作更加精准和可靠。
- 存储容量大：计算机可以通过硬盘、固态盘、内存等存储介质来存储大量的数据，包括程序、文本、图像、音频、视频等各种形式的信息。这种存储能力使得计算机能够处理更为复杂和庞大的数据集合，为大数据分析、云计算等应用提供了坚实的基础。
- 自动化程度高：由于计算机具有存储记忆能力和逻辑判断能力，所以用户可以将预先编写好的程序置入计算机中，计算机可以通过程序，根据预设的条件和算法自动执行各种操作和任务，从而实现自动化的生产、管理和控制，不需要人为干预。
- 逻辑运算能力强：计算机不仅能进行数值计算，还具有强大的逻辑运算功能，能对信息进行逻辑判断和推理。例如，在编写一个搜索算法时，计算机需要使用逻辑运算来判断某个元素是否满足搜索条件；在编写一个游戏程序时，计算机需要使用逻辑运算来判断玩家的操作是否合法。
- 交互性强：通过输入和输出设备，用户可以方便地与计算机进行信息交互，实现信息的输入、处理和输出。
- 可靠性高：计算机具有较高的稳定性和可靠性，能够长时间稳定运行。计算机采用了先进的技术和可靠的元件，经过了严格的测试，具有质量保证，能够保证系统的正常运行。

1.2.2 计算机的分类

计算机的种类非常多，划分的方法也有很多种。

按计算机的用途可将其分为专用计算机和通用计算机两种。其中，专用计算机是指为满足某种特殊需要而设计的计算机，如计算导弹弹道的计算机等。因为这类计算机强化了计算机的某些特定功能，忽略了一些次要功能，所以有高速度、高效率、使用面窄和专机专用的特点。通用计算机广泛适用于一般科学运算、学术研究、工程设计和数据处理等领域，具有功能多、配置全、用途广和通用性强等特点。目前，市场上销售的计算机大多属于通用计算机。

按计算机的性能、规模和处理能力可以将其分为巨型机、大型机、中型机、小型机和微型机5 类。

1. 巨型机

巨型机即超级计算机，也叫高性能计算机，如图 1-9 所示。巨型机是速度最快、处理能力最强的计算机之一，是为满足少数部门的特殊需要而设计的。巨型机多用于国家高科技领域和尖端技术研究，是一个国家科研实力的体现，现有的超级计算机运算速度大多可以达到每秒 1 万亿次以上。

2. 大型机

大型机也称大型主机，如图 1-10 所示。大型机的特点是运算速度快、存储量大和通用性强，主要针对计算量大、信息流通量大、通信需求多的用户，如银行、政府部门和大型企业等。目前，生产大型机的公司主要有 IBM、惠普和富士通等。

图 1-9　巨型机

图 1-10　大型机

3. 中型机

中型机的性能低于大型机，高于小型机，其特点是处理能力强，能同时执行数万用户的指令，常作为服务器用于中小型企业和公司。

4. 小型机

小型机是指采用精简指令集处理器，性能和价格介于微型机和大型机之间的一种高性能 64 位计算机。小型机的特点是结构简单、可靠性高和维护费用低，常用于中小型企业。随着微型机的飞速发展，小型机被微型机取代的趋势已非常明显。

5. 微型机

微型机即微型计算机（简称微机），是应用最普遍的机型。与其他计算机相比，微型机价格低、功能齐全，被广泛应用于机关、学校、企业和家庭中。微型机按结构和性能可以划分为单片机、单板机、个人计算机（Personal Computer，PC）、工作站和服务器等。其中个人计算机又可分为台式计算机和便携式计算机（如笔记本计算机）两类。图 1-11 所示为台式计算机，图 1-12 所示为便携式计算机。

图 1-11　台式计算机

图 1-12　便携式计算机

> **小贴士**
> 工作站是一种高端的通用微型机，它可以提供比个人计算机更强大的性能，通常配有高分辨率的大屏、多屏显示器及大容量的内存储器和外存储器，并具有极强的信息功能和高性能的图形图像处理功能，主要用于图像处理和计算机辅助设计领域。

1.2.3　计算机的应用

在计算机诞生初期，其主要应用于科研和军事等领域，工作内容主要是大型的高科技研发活动。然而，随着时代的变迁与科技的飞速发展，计算机的功能日益丰富，其应用领域也在不断拓宽，如今计算机已深入社会的各个角落，成为推动社会进步的重要力量。

计算机的应用主要可以概括为以下 7 个方面。

1. 科学计算

科学计算即数值计算，是指利用计算机来完成科学研究和工程设计中提出的数学问题的计算。计算机不仅可以进行数值运算，还可以解微积分方程以及不等式。由于计算机运算速度较快，以往人工难以完成甚至无法完成的数值运算都可以通过计算机来完成，如卫星轨道测算等。

2. 数据处理和信息管理

数据处理和信息管理是指利用计算机来完成对大量数据的分析、加工和处理等工作。这些数据不仅包括"数"，还包括文字、图像和声音等。现代计算机运算速度快、存储容量大，在数据处理和信息管理方面的应用十分广泛，如企业的财务管理、人事档案的文字处理等。计算机数据处理和信息管理方面的应用为实现办公和管理自动化创造了有利条件。

3. 过程控制

过程控制也称实时控制，是指利用计算机对生产过程或其他过程进行自动监测和自动控制设备工作状态的一种控制方式，被广泛应用于各种工业环境中。计算机可以取代人在危险、有害的环境中作业，还不受疲劳等因素的影响，可完成大量有高精度和高速度要求的操作，从而节省大量的人力、物力，大大提高经济效益。图 1-13 所示为采用计算机进行过程控制的电子自动储物柜。

图 1-13　电子自动储物柜

4. 人工智能

人工智能（Artificial Intelligence，AI）研究用计算机模拟人类智力活动的理论和技术，如归纳与演绎推理过程、学习过程、理解过程、形成并使用概念模型的能力、模式识别及环境适应、进行医疗诊断等。目前，人工智能主要应用于智能机器人、机器翻译、医疗诊断、故障诊断、案件侦破和经营管理等方面。

5. 计算机辅助

计算机辅助也称计算机辅助工程应用，是指计算机协助人们完成各种设计工作。计算机辅助是目前正在迅速发展并不断取得成果的重要应用领域，主要包括计算机辅助设计（Computer-Aided Design，CAD）、计算机辅助制造（Computer-Aided Manufacturing，CAM）、计算机辅助工程（Computer-Aided Engineering，CAE）、计算机辅助教学（Computer-Aided Instruction，CAI）和计算机辅助测试（Computer-Aided Testing，CAT）等。

6. 网络通信

网络通信是计算机技术与现代通信技术相结合的产物。网络通信是指利用通信设备和线路将地理位置不同的、功能独立的多个计算机系统连接起来，从而形成一个计算机网络。随着 Internet 技术的快速发展，人们通过计算机网络可以在不同地区和国家间进行数据传递，并可进行各种商务活动。图 1-14 所示为一个计算机网络通信案例。

7. 多媒体技术

多媒体技术（Multimedia Technology）是指通过数字化手段对文字、图像、声音以及视频等多种媒体信息进行采集、加工处理、存储和传递，并能够建立各种媒体信息之间的有机逻辑联系，集成为一个具有良好交互性的系统的技术。多媒体技术拓宽了计算机的应用领域，使计算机被广泛应用于教育、广告宣传、视频会议、服务和文化娱乐等领域。图 1-15 所示为计算机多媒体技术应用于教学领域和视频会议的场景。

图 1-14　计算机网络通信案例

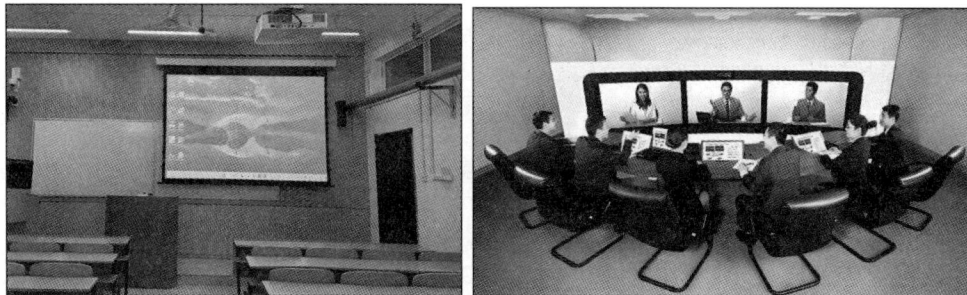

图 1-15　计算机多媒体技术的应用场景

1.3　计算机中数据的表示、存储与处理

利用计算机技术可以采集、存储和处理各种用户信息，也可将这些用户信息转换成用户可以识别的文字、声音或视频进行输出。这些信息在计算机内部是以特定的方式表示、存储和处理的，接下来将介绍相关知识。

1.3.1　计算机中的数据

数据泛指对客观事物进行记录并可以进行鉴别的符号，是对客观事物的性质、状态及相互关系等进行记录的物理符号或符号组合。而在计算机科学领域中，数据则代表所有能被输入计算机中并能被计算机程序处理的符号，通常是一种介质的总称，是具有一定意义的数字、字母、符号和模拟量等。

计算机中处理的数据可分为数值数据和非数值数据（如字母、汉字和图形等）两大类，无论什么类型的数据，在计算机内部都是以二进制代码的形式进行存储和运算的。计算机在与外部交流时会采用人们熟悉和便于阅读的数据形式，如十进制数据、文字和图形等，这之间的转换由计算机系统来完成。

1. 计算机中数值数据的表示

计算机中的信息都是用二进制进行表示的，在二进制中进行数的编码时，可以将数分为定点数和浮点数。在计算机中，小数点位置固定的数叫定点数，小数点位置浮动的数叫浮点数。定点数常用的编码方案有原码、反码、补码、移码4种。

- 原码：原码有3个特点。正数符号位为0，数据部分不变；负数符号位为1，数据部分不变；0既可以看成正0，也可以看成负0。
- 反码：反码编码方案中，正数符号位为0，数据部分不变；负数符号位为1，数据部分求反（0变1，1变0）；0既可以看成正0，也可以看成负0。反码有两个特点，一是0有两种表示方法；二是在进行反码加法运算时，符号位可以作为数值参与运算，但运算后，某些情况下需要调整符号位。
- 补码：补码编码方案中，正数符号位为0，数据部分不变；负数符号位为1，数据部分求反（0变1，1变0），再在最后一位上加1。
- 移码：不管是什么数，都统一加上一个数（称为偏移值），通常 n 位的移码，偏移值为 $2^{n-1}-1$。用移码表示浮点数的阶码时，方便了浮点数中指数的比较，简化了浮点运算部件的设计。

一个浮点数用两个定点数表示。计算机中的浮点数普遍采用 IEEE 754 标准，该标准定义了两种基本类型的浮点数：单精度浮点数（简称单精度数）和双精度浮点数（简称双精度数）。双精度数所表示的数的范围要比单精度数大，精度（有效位数）比单精度数高，但所占用的存储空间是单精度数的两倍。

单精度数和双精度数的阶码采用移码表示，尾数采用原码表示。单精度数共 32 位，包括 1 位符号位、8 位阶码、23 位尾数。双精度数共 64 位，包括 1 位符号位、11 位阶码、52 位尾数。

2. 计算机中非数值数据的表示

非数值数据一般表示为图形、声音、文本和图像等，计算机只能识别二进制数据，因此需要对其进行编码。

- 字母和常用符号的编码：字母和常用符号包含大写、小写英文字母各26个，数码10个，数学运算符号、标点符号以及其他无图形符号等共128个。这些符号采用的编码方案有所不同，而 ASCII（American Standard Code for Information Interchange，美国信息交换标准码）编码方案是应用最广泛的。ASCII 初期主要在远距离和无线通信中使用，为及时发现传输中电磁干扰导致的代码出错的情况，人们设计了几种校验的方法，其中采用最多的是奇偶校验，即在 7 位 ASCII 值前加一位作为校验位，形成 8 位编码。偶校验通过调整校验位让包括校验位在内的编码中"1"的个数是偶数。与偶校验相反，奇校验则需确保校验位在内的编码中"1"的个数是奇数。因为 8 位编码应用广泛，一个 8 位二进制数被称为 1 字节，字节是计算机中的一个重要单位。
- 汉字编码：汉字是世界上使用人数最多的文字，汉字编码处理与西文的区别很大，根据汉字处理阶段的不同，可将汉字编码分为输入码、字形码、机内码和交换码。利用键盘输入汉字应用到的汉字输入码如今已经有数百种，广泛应用的包括自然码、全/双拼音码、五笔字型码等。目前，表示汉字字形常用矢量法与点阵字形法。汉字的输入码、字形码、机内码均不是唯一的，所以在进行不同计算机系统之间的汉字信息交换时不太方便。

1.3.2 常用数制及其转换

数制是指用一组固定的数字符号和统一的规则来表示数值的方法。在日常生活中，人们常用的是十进制，而计算机则采用二进制。任何信息都要先转换成二进制数据后才能由计算机进行处理。

1. 进位计数制

按照进位方式计数的数制称为进位计数制。除了二进制和十进制之外，常用的进位计数制还包括八进制和十六进制等。在计算机中编写程序时一般采用八进制或十六进制表示数据。顾名思义，二进制就是"逢二进一"的数制；以此类推，十进制就是"逢十进一"的数制，八进制就是"逢八进一"的数制等。

进位计数制中，每个数码的数值大小不仅取决于数码本身，还取决于该数码在数中的位置。如十进制数 828.41，整数部分的第 1 个数码"8"处在百位，表示 800；第 2 个数码"2"处在十位，表示 20；第 3 个数码"8"处在个位，表示 8；小数点后第 1 个数码"4"处在十分位，表示 0.4；小数点后第 2 个数码"1"处在百分位，表示 0.01。也就是说，同一数码处在不同位置所代表的数值是不同的。

数码在一个数中的位置称为数制的数位，数制中数码的个数称为数制的基数。十进制数有 0~9 共 10 个数码，其基数（R）为 10；八进制数有 0~7 共 8 个数码，基数为 8，八进制与十进制的关系是"0~7"对应"0~7"；十六进制数有 0~9 和 A~F 共 16 个字符，其基数为 16，十六进制中的"0~9"对应十进制中的"0~9"，"A~F"对应"10~15"。每个数位上的数码代表的数值等于该数位上的数码乘以一个固定值，该固定值称为数制的位权数，数码所在的数位不同，其位权数也有所不同。

无论是何种进位计数制，数值都可写成按位权展开的形式，如十进制数 828.41 的展开形式如下。

$828.41 = 8×100 + 2×10 + 8×1 + 4×0.1 + 1×0.01$ 或 $828.41 = 8×10^2 + 2×10^1 + 8×10^0 + 4×10^{-1} + 1×10^{-2}$

上式中 10^i 称为十进制数的位权数，其基数为 10，使用不同的基数便可得到不同的进位计数制。设 R 表示基数，则称为 R 进制，使用 R 个基本的数码，R^i 就是位权，其加法运算规则是"逢 R 进一"，则任意一个 R 进制数都可以表示为"按位权展开"的多项式之和。

$$(D)_R = \sum_{i=m}^{n} k_i × R^i$$

上式中的 k_i 为第 i 位的系数，可以为 0、1、2、……、$R-1$ 中的任何一个数，R^i 表示第 i 位的位权，n 为最大位权数，m 为最小位权数。表 1-2 所示为计算机中常用的几种进位计数制的表示方式。

表 1-2 计算机中常用的几种进位计数制的表示方式

进位计数制	基数	基本符号（采用的数码）	位权	表示方式
二进制	2	0,1	2^1	B
八进制	8	0,1,2,3,4,5,6,7	8^1	O
十进制	10	0,1,2,3,4,5,6,7,8,9	10^1	D
十六进制	16	0,1,2,3,4,5,6,7,8,9,A,B,C,D,E,F	16^1	H

在计算机中为了区分不同进制数，可以用括号加数制基数下标的方式来表示不同数制的数。例如，$(492)_{10}$ 表示十进制数，$(1001.1)_2$ 表示二进制数，$(101)_8$ 表示八进制数，$(4A9E)_{16}$ 表示十六进制数；也可以用字母下标的形式分别表示为 $(492)_D$、$(1001.1)_B$、$(101)_O$ 和 $(4A9E)_H$。在程序设计中，常在数字后直接加英文字母后缀来区别不同的进制数，如 492D、1001.1B 等。

2. 数制的转换

下面介绍二进制数、八进制数、十进制数和十六进制数这 4 种数制间的转换方法。

（1）非十进制数转换为十进制数

将某个二进制数、八进制数或十六进制数转换为十进制数时，用该数的各位数乘以各自的位权数，然后将乘积相加，即可得到对应的结果。

例如，将二进制数 1010 转换为十进制数。先将 1010 按位权展开，再将其乘积相加，转换过程如下。

$$(1010)_2 = (1×2^3 + 0×2^2 + 1×2^1 + 0×2^0)_{10} = (8+0+2+0)_{10} = (10)_{10}$$

又如，将八进制数 332 转换为十进制数。先将 332 按位权展开，再将其乘积相加，转换过程如下。

$$(332)_8=(3×8^2+3×8^1+2×8^0)_{10}=(192+24+2)_{10}=(218)_{10}$$

（2）十进制数转换为其他进制数

将十进制数转换为二进制数、八进制数或十六进制数时，可将数字分成整数部分和小数部分分别进行转换，再将结果组合起来。例如，将十进制数 225.625 转换为二进制数，可以先用除 2 取余法进行整数部分的转换，再用乘 2 取整法进行小数部分的转换，转换结果为$(225.625)_{10}=(11100001.101)_2$，具体转换过程如图 1-16 所示。

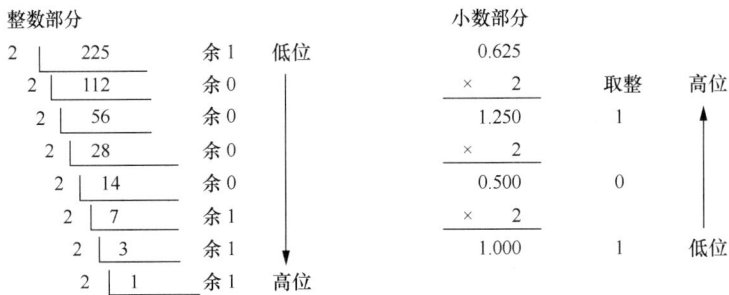

图 1-16 十进制数转换为二进制数的过程

又如，将十进制数 150 转换为二进制数，用十进制数除以 2，余数为位权上的数，得到的商继续除以 2，按此方法继续向下运算直到商为 0，转换结果如下。

$$(150)_{10}=(10010110)_2$$

✎ 小贴士

在进行小数部分的转换时，有些十进制小数不能转换为有限位的二进制小数，此时只有用近似值表示。例如，$(0.57)_{10}$ 不能用有限位二进制表示，如果要求 5 位小数近似值，则得到$(0.57)_{10}≈(0.10010)_2$。

（3）二进制数转换为八进制数或十六进制数

由于二进制、八进制和十六进制之间存在特殊关系（$8^1=2^3$、$16^1=2^4$），即一位八进制数相当于 3 位二进制数，一位十六进制数相当于 4 位二进制数，因此二进制数与八进制数、十六进制数之间的转换就非常简单。

二进制数转换为八进制数所采用的转换原则是"3 位分一组"，即以小数点为界向左右两边分组，每 3 位为一组，两头不足 3 位补 0，然后按照顺序写出每组二进制数对应的八进制数即可。同理，二进制数转换为十六进制数时，采用"4 位分一组"的转换原则，即以小数点为界向左右两边分组，每 4 位为一组，两头不足 4 位补 0。

例如，将二进制数 1101001.101 转换为八进制数，转换过程如下。

$$(1101001.101)_2=\frac{001}{1}\frac{101}{5}\frac{001}{1}.\frac{101}{5}=(151.5)_8$$

将二进制数 1011100110000111011 转换为十六进制数，转换过程如下。

$$(1011100110000111011)_2=\frac{0010}{2}\frac{1110}{E}\frac{0110}{6}\frac{0011}{3}\frac{1011}{B}=(2E63B)_{16}$$

（4）八进制数或十六进制数转换为二进制数

八进制数或十六进制数转换为二进制数时，将一位八进制数或十六进制数转换为 3 位或 4 位二进制数即可。

例如，将八进制数 226 转换为二进制数，转换过程如下。

$$(226)_8 = \frac{2}{010}\frac{2}{010}\frac{6}{110} = (10010110)_2$$

又如，将十六进制数 12A 转换为二进制数，转换过程如下。

$$(12A)_{16} = \frac{1}{0001}\frac{2}{0010}\frac{A}{1010} = (100101010)_2$$

1.3.3　数据的存储

计算机的存储空间可以分为内存和外存两部分。应用程序一般在计算机的内存中运行，可对各种数据进行操作。下面对数据存储的相关知识进行简要介绍。

1. 数据存储单位

在计算机内存储和运算数据时，通常涉及的数据单位有以下 3 种。

● 位（bit）：计算机中的数据都以二进制代码来表示，二进制代码只有"0"和"1"两个数码，采用多个数码（0 和 1 的组合）来表示一个数。其中每一个数码称为一位，位是计算机中最小的数据单位。

● 字节（Byte）：字节是计算机中信息组织和存储的基本单位，也是计算机体系结构的基本单位。在对二进制数据进行存储时，以 8 位二进制代码为一个单元存放在一起，称为 1 字节，即 1 Byte = 8 bit。在计算机中，通常用 B（字节）、KB（千字节）、MB（兆字节）、GB（吉字节）或 TB（太字节）为单位来表示存储器（如内存、硬盘和 U 盘等）的存储容量或文件的大小。所谓存储容量，是指存储器中能够容纳的字节数。存储单位之间的换算关系：1Byte = 8bit，1KB=1024B，1MB=1024KB，1GB=1024MB，1TB=1024GB。

● 字长：计算机一次能够并行处理的二进制代码的位数称为字长。字长是衡量计算机性能的一个重要指标，字长越长，数据所包含的位数越多，计算机的数据处理速度越快。计算机的字长通常是字节的整数倍，如 8 位、16 位、32 位、64 位和 128 位等。

2. 内存单元

日常的文件一般都存储在硬盘等外存中，当需要执行文件或应用程序时，它们将被加载到计算机内存中。因此，没有内存，任何应用程序和文件都不能执行。

在计算机的内存中，每个字节类型的存储单元都具有唯一的编号，称为地址（Address），通过这个地址可对内存中的数据进行保存和读取操作。在计算机中，内存地址主要按照字节顺序依次编码。这样便于程序寻址和数据读写。计算机的外存也是按照相同的方法来存储数据的。

3. 数据存储

在计算机内部，位是最基本的存储单元。不同类型的数据都需要转换成二进制形式，再存放到内存中。

● 数值数据的存储：计算机中一般用 2 字节来存放整数，用 4 字节来存放实数。

● 字符数据的存储：每个字符变量被分配 1 字节的内存空间，因此只能存放一个字符。字符值以 ASCII 的形式存放在变量的内存单元中。

ASCII 是基于拉丁字母的一套编码系统，该标准被国际标准化组织（International Organization for Standardization，ISO）指定为国际标准，是目前使用非常广泛的一种字符编码。

标准 ASCII 使用 7 位二进制编码来表示所有的大写和小写字母、数字 0～9、标点符号，以及在美式英语中使用的特殊控制字符，共有 2^7=128 个不同的编码值，可以表示 128 个不同字符的编码。表 1-3 所示为标准 7 位 ASCII 表。

表1-3　标准7位ASCII表

低位	高位							
	000	001	010	011	100	101	110	111
0000	NUL	DLE	SP	0	@	P	`	p
0001	SOH	DC1	!	1	A	Q	a	q
0010	STX	DC2	"	2	B	R	b	r
0011	ETX	DC3	#	3	C	S	c	s
0100	EOT	DC4	$	4	D	T	d	t
0101	ENQ	NAK	%	5	E	U	e	u
0110	ACK	SYN	&	6	F	V	f	v
0111	BEL	ETB	'	7	G	W	g	w
1000	BS	CAN	(	8	H	X	h	x
1001	HT	EM	)	9	I	Y	i	y
1010	LF	SUB	*	:	J	Z	j	z
1011	VT	ESC	+	;	K	[	k	{
1100	FF	FS	,	<	L	\	l	|
1101	CR	GS	-	=	M	]	m	}
1110	SO	RS	.	>	N	^	n	~
1111	SI	US	/	?	O	_	o	DEL

1.3.4　二进制数的运算

计算机内部采用二进制数表示数据，主要原因是技术实现简单、易于转换。二进制数的运算规则简单，可以方便地进行逻辑代数分析和计算机的逻辑电路设计等。下面将对二进制数的算术运算和逻辑运算进行简要介绍。

1. 二进制数的算术运算

二进制数的算术运算也就是通常所说的四则运算，包括加、减、乘、除，运算比较简单，其具体运算规则如下。

- 加法运算：按"逢二进一"法向高位进位，运算规则为0+0=0、0+1=1、1+0=1、1+1=10。例如，$(10011.01)_2+(100011.11)_2=(110111.00)_2$。

- 减法运算：减法实质上是加上一个负数，主要应用于补码运算，运算规则为0-0=0、1-0=1、0-1=1（向高位借位，结果本位为1）、1-1=0。例如，$(110011)_2-(001101)_2=(100110)_2$。

- 乘法运算：乘法运算与常见的十进制数对应的运算规则类似，运算规则为0×0=0、1×0=0、0×1=0、1×1=1。例如，$(1110)_2×(1101)_2=(10110110)_2$。

- 除法运算：除法运算也与十进制数对应的运算规则类似，运算规则为0÷1=0、1÷1=1，而0÷0和1÷0是无意义的。例如，$(1101.1)_2÷(110)_2=(10.01)_2$。

2. 二进制数的逻辑运算

计算机采用的二进制数1和0可以代表逻辑运算中的"真"与"假"、"是"与"否"和"有"与"无"。二进制数的逻辑运算包括"与""或""非""异或"4种，具体介绍如下。

- "与"运算："与"运算又被称为逻辑乘，通常用符号"∧"来表示，其运算规则为0∧0=0、0∧1=0、1∧0=0、1∧1=1。通过上述运算规则可以看出，当两个参与运算的数中有一个数为0时，其结果为0，此时是没有意义的。只有当数中的数值都为1，其结果才为1，即所有的条件都符合时逻辑结果才为肯定值。

- "或"运算："或"运算又被称为逻辑加，通常用符号"∨"来表示，其运算规则为0∨0=0、0∨1=1、1∨0=1、1∨1=1。该运算规则表明，只要有一个数为1，则运算结果就是1。例如，假定某一个公益组织规定加入该组织的成员可以是女性或慈善家，那么只要其中任意一个条件符合或两个条件都符合即可加入该组织。

- "非"运算："非"运算又被称为逻辑否，通常通过在逻辑变量上加上画线来表示，如变量为 A，则其非运算结果用 $\overline{A}$ 表示，其运算规则为 $\overline{0}=1$、$\overline{1}=0$。例如，假定 A 变量表示男性，$\overline{A}$ 就表示非男性。

- "异或"运算："异或"运算通常用符号"$\oplus$"表示，其运算规则为 $0\oplus0=0$、$0\oplus1=1$、$1\oplus0=1$、$1\oplus1=0$。该运算规则表明，当逻辑运算中变量的值不同时，结果为 1，当变量的值相同时，结果为 0。

1.4　多媒体技术

多媒体技术作为一种综合性的信息处理技术，其发展历程充满了创新和变革。在未来，随着技术的不断进步和应用领域的不断拓展，多媒体技术将继续发挥重要作用，为人们的生活和工作带来更多便利和乐趣。

1.4.1　多媒体技术的含义和特点

多媒体技术通过计算机对文字、图像、声音等多种形式的信息进行采集、存储、处理、传输和展示。它是计算机技术、通信技术、图像处理技术、声音处理技术、电子工程技术等多种学科的交叉融合产物。

多媒体技术的特点主要体现在以下 3 个方面。

- 信息载体的多样性：多媒体技术可以融合文字、图像、音频、视频等多种信息形式，使得信息的表达更为丰富和生动，有助于用户更直观、更深入地理解和接收信息。

- 交互性强：多媒体技术具有强大的交互性，用户可以通过各种输入设备与多媒体信息进行互动，如单击、拖动、缩放等，使得信息的获取和处理更为便捷和高效。

- 信息存储和传输方便：多媒体技术采用数字化方式存储和传输信息，使得信息的存储更为方便，传输更为快捷，同时也方便了用户对信息的复制、修改和共享。

1.4.2　多媒体技术的发展历程

多媒体技术的发展历经了多个关键阶段，从最初的概念萌芽到现在的广泛应用与持续创新，每一阶段都为多媒体技术的不断前进和成熟注入了强大的动力。具体来说，多媒体技术的发展经历了以下 4 个阶段。

1. 启蒙发展阶段

20 世纪 80 年代初，多媒体技术开始进入人们的视野，并初步展现出其潜力和价值。这一时期，研究者们开始探索将不同形式的媒体信息（如文本、图像、音频等）进行集成和交互的可能性。重要的里程碑事件是苹果公司推出的 Macintosh，它首次引入了位图（Bitmap）技术，并提出了视窗和图标的用户界面形式，为多媒体技术的发展奠定了基础。

2. 标准化阶段

随着多媒体技术的不断发展和应用，标准化成了一个迫切的需求。这一阶段制定了各种多媒体技术的标准。

例如，荷兰飞利浦公司和日本索尼公司共同制定了交互式激光盘系统标准，使多媒体信息的存储更加规范化和标准化。这些标准的制定为多媒体技术的广泛应用提供了基础。同时，各种多媒体软件和应用程序的不断涌现进一步推动了多媒体技术的发展。

3. 应用阶段

在这一阶段，多媒体技术开始得到广泛应用，并渗透到各个领域。随着计算机和数字信号处理技术的快速发展，数字多媒体技术逐渐成熟，并被广泛应用于电影、广告、游戏等领域。进入 21 世纪后，随着 Internet 的普及和发展，多媒体技术进入了互联网多媒体时代。人们可以通过网络轻松获取和分享各种多媒体内容，实现信息的快速传播和共享。

例如，RealPlayer、Windows Media Player 等多媒体播放器在这一时期出现，为人们提供了更为便捷和丰富的多媒体体验。

4. 移动多媒体阶段

随着移动设备的普及和通信技术的发展，多媒体技术进入了移动多媒体时代。人们可以通过手机、平板计算机等设备随时随地观看和分享多媒体内容。另外，一些颠覆性的多媒体技术，如虚拟现实和增强现实技术、全息影像等，也逐渐得到广泛应用。这些技术的出现为人们的生活带来了更多惊喜和可能性。

如今，多媒体技术仍在不断发展和创新。随着人工智能、大数据等技术的融入，多媒体技术的应用场景和表现形式将更加多样化和智能化。

1.4.3 媒体数字化与多媒体数据压缩技术

媒体数字化是指将传统的模拟媒体（如音频、视频、图像等）转换为数字形式，以便在数字系统中存储、传输和处理。这种数字化过程涉及模拟信号的采样、量化和编码，以及数字信号的解码和重建。

媒体数字化的主要优势在于其灵活性和交互性。数字化媒体将信息存放在网络服务器上，使得任何人都可以在任何地方，通过有线或无线的方式，根据自己的需求获取这些信息。另外，数字化媒体也改变了传统的单向传播模式，实现了媒体与接收者之间的交互性传播。媒体数字化的身影在我们的日常生活中随处可见，如数字音乐、数字视频、电子书籍等。

- 数字音乐：音乐从传统的 CD、黑胶唱片等形式转变为数字格式，如 MP3、WAV 等。用户可以在手机、计算机等设备上随时播放这些数字音乐。
- 数字视频：传统的电影和电视节目被转化为数字格式，如 MP4、AVI 等。这使得视频内容可以通过互联网、流媒体服务等平台进行全球范围内的传播。
- 电子书籍：传统的纸质书籍被数字化为电子书，使用户可以在电子书阅读器或手机等设备上随时随地阅读。

多媒体数据压缩则是指通过数学运算，能够在允许一定限度失真的前提下对数字化的媒体数据进行压缩，从而节省存储空间和提高传输效率。压缩技术通常分为有损压缩和无损压缩两种。

- 有损压缩：通过去除数据中的一些细节和冗余信息来实现压缩，因此会导致压缩后的数据质量略有下降，但通常对人类的感知影响并不明显。有损压缩广泛应用于语音、图像和视频数据的压缩，例如，常见的 MP3 音频文件和 JPEG 图像文件就采用了有损压缩技术。
- 无损压缩：保留了原始数据的所有信息，不会造成数据的任何损失。无损压缩被广泛用于文本数据、程序和特殊应用场合的图像数据（如指纹图像、医学图像等）的压缩。

> **小贴士**
>
> 有损压缩和无损压缩各有优缺点，选择何种压缩方法取决于具体的应用需求和数据的重要性。对于需要高度保留原始数据完整性的场合，无损压缩是更好的选择；而对于需要节省存储空间和传输时间的场合，有损压缩则更为适用。

1.4.4 多媒体技术的未来展望

随着科技的不断发展，多媒体技术也在不断地改进和创新。展望未来，多媒体技术将以多元化、智能化和一体化的趋势演进，这些特征将极大地提升人们进行信息获取、处理与交互的效率和便捷性，使人们获得更为个性化的体验。

1. 多元化趋势

多媒体技术的多元化趋势将愈发明显。随着技术的不断进步，人们将能够处理更多种类的媒体信息，包括更高分辨率的图像、更逼真的音频以及更为复杂的视频内容。同时，多媒体技术将与增强现实和虚拟现实技术进行深度融合，为用户提供沉浸式、身临其境的体验。这将推动多媒体技术在教育、娱乐、旅游等领域的广泛应用，创造全新的交互方式，给用户全新的体验。

2. 智能化趋势

智能化将是多媒体技术发展的另一大趋势。借助人工智能、大数据等技术，多媒体系统将具备更强的自主学习和适应能力，并能够根据用户的需求和偏好进行智能推荐和个性化服务，使用户与多媒体内容之间的互动更加自然和个性化。例如，智能音箱可以根据用户的语音指令播放音乐、查询信息，甚至控制智能家居设备。智能交互将改变人们与数字世界的互动方式，为用户提供更加智能化的体验。

3. 一体化趋势

多媒体技术的一体化趋势也将日益显著。未来，多媒体技术将在不同设备和平台上实现无缝传递和共享，无论是在智能手机、平板计算机还是在智能家居设备上，用户都可以轻松接入多媒体系统，实现信息的共享和协同工作。这将为用户带来统一的多媒体体验。

1.5　计算机病毒

在数字化时代，计算机病毒已成为网络安全领域的一大隐患。它不仅会对个人和组织的信息安全构成威胁，还会给整个网络环境带来严重冲击。因此，深入了解计算机病毒的特性、常见类型以及预防措施对于保障我们日常数字生活的安全至关重要。

1.5.1　计算机病毒的含义和特性

计算机病毒（Computer Virus）是编制者在计算机程序中插入的破坏计算机功能或数据的代码，是一种能够影响计算机使用，并能进行自我复制的计算机指令或程序代码。

计算机病毒具有破坏性、隐蔽性、传染性、可触发性、潜伏性以及自我复制等特性。

- 破坏性：计算机病毒的首要特征就是破坏性。一旦病毒侵入计算机系统，它可能会破坏文件、数据，甚至导致系统崩溃。同时，病毒还可以自动修改内存容量，消耗大量系统资源，导致系统资源匮乏，严重时会使计算机死机。此外，病毒有可能破坏操作系统的正常运行，导致计算机出现无法打开文件、虚假报警等现象。

- 隐蔽性：计算机病毒通常隐藏在其他可执行程序中，不易被用户察觉。这使得病毒能够在用户毫不知情的情况下进行传播和破坏。

- 传染性：传染性是计算机病毒的重要特征之一。病毒可以通过各种途径，如 U 盘、移动硬盘、网页等，从一台计算机传播到另一台计算机。一台计算机只要感染病毒，如不及时处理，病毒就会在这台计算机上迅速扩散，并通过各种可能的渠道传染给其他计算机。

- 可触发性：可触发性是指某个事件或数值的出现诱使病毒实施感染或进行攻击的特性。这些触发条件可以是多种多样的，如系统时钟的某个时间或日期、系统运行了某些程序等。一旦满足触发条件，计算机病毒就会从潜伏状态被激活，开始执行其恶意代码，对计算机系统进行破坏或窃取计算机系统的信息。

- 潜伏性：计算机病毒具有潜伏性，可以在计算机系统中潜伏很长时间而不被察觉。在潜伏期间，病毒可能会进行各种破坏活动，如修改系统文件、窃取信息等。一旦特定条件被触发，病毒就会展开攻击，造成严重后果。
- 自我复制：计算机病毒能够通过感染其他文件或系统来实现自我复制，从而传播到其他计算机或设备上。一旦感染了一个系统，病毒就可以在系统内部复制自身，使感染范围不断扩大。

1.5.2　计算机病毒的常见类型

计算机病毒作为一种恶意的程序，形式各异，严重威胁着计算机系统的稳定运行和数据安全。接下来将介绍几种常见的计算机病毒类型，以提升用户对病毒的警觉性和应对能力。

- 木马病毒：木马病毒隐藏在合法程序中，一旦用户执行合法程序，木马就会启动并允许"黑客"远程控制受感染的系统。木马病毒可以盗取个人隐私和敏感信息，如账户密码、银行卡信息等，并可能远程操控用户计算机进行恶意操作，如删除文件、监视用户活动等。
- 蠕虫病毒：蠕虫病毒是一种能够自我复制并传播到其他计算机的计算机病毒，通常通过网络迅速传播，而无须依附于其他文件。蠕虫病毒可能导致网络阻塞、邮件带病毒等危害。
- 脚本病毒：脚本病毒通常隐藏在脚本中，一旦脚本执行，脚本病毒就会进行恶意操作。它们还可能有各种前缀，如 VBS、JS，表明是由何种脚本语言编写的。
- 宏病毒：宏病毒是脚本病毒的一种特殊类型，它主要利用办公软件的宏功能进行传播和破坏。
- 网页病毒：网页病毒会利用网页脚本漏洞感染用户访问的网页，从而传播到用户的计算机上。

这些常见的计算机病毒类型有其特定的传播方式和破坏手段，但都会对个人和组织的信息安全构成威胁。因此，为了保护计算机系统的安全，用户需要采取一系列措施，包括安装可信任的杀毒软件、定期更新软件、谨慎打开电子邮件和下载文件等。

1.5.3　计算机病毒的预防措施

计算机感染的病毒不同，其症状差异也较大，当计算机出现如下情况时，可以考虑对计算机病毒进行扫描。

- 计算机系统引导速度或运行速度减慢，经常无故死机。
- Windows 操作系统无故频繁出现错误，计算机屏幕上出现异常显示。
- Windows 操作系统异常，无故重新启动。
- 计算机的存储容量异常减少，执行命令出现错误。
- 在非要求输入密码的时候要求用户输入密码。
- 不应驻留内存的程序一直驻留在内存中。
- 磁盘卷标发生变化，或不能识别硬盘。
- 文件丢失或文件损坏，文件的长度发生变化。
- 文件的日期、时间、属性等发生变化，文件无法正确读取、复制或打开。

计算机病毒的危害性很大，用户可以采取一些方法来防范计算机病毒。在使用计算机的过程中注意以下几点可降低计算机感染病毒的概率。

- 切断病毒的传播途径：最好不要使用和打开来历不明的可移动存储设备，使用前最好先进行查毒操作以确认这些设备中无病毒。
- 养成良好的安全习惯：网络是计算机病毒最主要的传播途径，因此上网时不要随意浏览不良网站，不要打开来历不明的电子邮件，不下载不安全的软件等。在有网络的环境下，还需要建立网络防火墙、入侵监测系统等，以确保网络传输的安全性。
- 提高安全意识：在使用计算机的过程中，应该有较强的安全防护意识，如及时安装系统安全漏洞补丁，从根源上杜绝黑客利用系统漏洞攻击用户计算机的情况。同时，升级杀毒软件、开启病毒实时监控。

● 限制系统的权限：计算机管理员应合理分配系统权限，避免权限过于集中，以减少病毒入侵的机会。对于一些敏感的操作，如文件读写、网络连接等，应进行严格的控制和管理。

● 定期备份重要数据：定期备份重要数据到外部存储设备或云端，以防止数据丢失或被勒索软件加密。这样即使计算机被病毒感染，也可以通过备份恢复数据，减少损失。

● 安装杀毒软件：杀毒软件是一种反病毒软件，主要用于对计算机中的病毒进行扫描和杀除。杀毒软件通常集成了监控识别、病毒扫描清除和自动升级等多项功能，可以防止病毒入侵计算机、查杀病毒、防止进入钓鱼网站等，有的杀毒软件还具备数据恢复、防范黑客入侵、保护网购、保护用户账号、安全沙箱等功能，是计算机防御系统中一个重要的组成部分。现在市面上具有杀毒功能的软件非常多，如 360 杀毒、金山毒霸、诺顿防病毒软件等。

1.6　习题

一、单项选择题

1. 按计算机的用途可将其分为（　　）。
   A. 专用计算机和通用计算机　　　　B. 巨型机
   C. 大型机　　　　　　　　　　　　D. 微型机

2. 电子计算机就是以电子管、晶体管、集成电路等电子元件为主要部件的计算机。电子计算机发展的探索奠基期主要的事件不包括（　　）。
   A. 1906 年后，具有各种性能的多极真空管、复合真空管相继问世
   B. 1936 年，被称为"图灵机"的抽象计算机模型出现
   C. 1940 年，阿塔纳索夫和贝瑞成功研制了 ABC 机
   D. 1952 年，艾肯研制出马克四号计算机

3. （　　）的诞生，奠定了我国高性能计算机发展史上新的里程碑，使我国成为继美国之后世界上第二个能够研制千万亿次超级计算机系统的国家。
   A. "天河一号"　　　　　　　　　B. "银河-Ⅱ"
   C. "天河二号"　　　　　　　　　D. "神威·太湖之光"

4. 将十进制数 150 转换为二进制数，结果正确的是（　　）。
   A. 10100110　　B. 10010110　　C. 10010010　　D. 10010010

5. 将八进制数 3256 转换为二进制数，结果正确的是（　　）。
   A. 10010101110　　B. 11010100110　　C. 11010101110　　D. 11010010010

二、简答题

1. 我国计算机的发展经历了哪几个阶段？各阶段计算机的特点分别是什么？

2. 随着社会的发展和科技的进步，计算机的性能不断提高，简述计算机在各个领域中的具体应用。

3. 简述多媒体技术的特点。

4. 计算机病毒的预防措施有哪些？

第 2 章 计算机系统

计算机系统作为现代科技的基石，是推动社会信息化、智能化的重要力量。因此，掌握计算机系统的相关知识是提升个人技能、推动职业发展的关键。本章将深入剖析计算机系统的工作原理，以及计算机中硬件系统和软件系统是如何共同协作运行应用程序并处理各种实际问题的。本章以直观、易懂的方式来解析计算机系统的奥秘，帮助读者更好地利用这一技术，为生活和工作带来便利和惊喜。

【学习目标】

➤ 了解计算机的结构和工作原理。
➤ 熟悉计算机硬件系统。
➤ 熟悉计算机软件系统。
➤ 熟悉操作系统的基本功能。

2.1 计算机的基本工作原理

随着科学技术的发展，计算机已被广泛应用于各个领域，在人们的生活和工作中起着重要的作用，那么计算机的工作模式和工作原理究竟是怎样的呢?

2.1.1 计算机的工作模式

计算机的工作模式也称为计算模式，指计算应用系统中数据和应用程序的分布方式。计算模式主要有单机模式和网络模式两种。

• 单机模式：单台计算机构成的应用模式。在计算机网络出现之前，计算机的工作模式都是单机模式。

• 网络模式：多台计算机连成计算机网络，分工合作，完成应用系统的功能。在计算机网络中，计算机被分为两大类：一类是向其他计算机提供各种服务（主要有数据库服务、打印服务等）的计算机，称为服务器；另一类是享受服务器提供的服务的计算机，称为客户机。网络模式有"客户机/服务器"模式和"浏览器/服务器"模式两种。客户机/服务器（Client/Server，C/S）模式中，应用系统的数据存放在服务器（数据库服务器系统、文件服务器）中，应用系统的程序通常存放在每一台客户机上。客户机上的应用程序对数据进行采集和初次处理，再将数据传递到服务器端。用户必须使用客户端应用程序才能对数据进行操作。浏览器/服务器（Browser/Server，B/S）模式是在客户机/服务器模式的基础上发展而来的，由原来的两层结构变成3 层结构：浏览器/Web 服务器/数据库服务器。浏览器/服务器模式的系统以服务器为核心，程序处理和数据存储基本上都在服务器端完成，用户无须安装专门的客户端应用程序，只需安装一个浏览器，大大方便了系统的部署。

2.1.2　计算机的结构和工作原理

要深入了解计算机，首先就要探究其结构和工作原理。计算机由多个精密部件构成，其工作原理则是这些部件协同运作的机制。只有了解这些，我们才能更好地利用计算机，发挥其最大效用。

1. 计算机的结构

计算机的结构就是计算机各功能部件之间的相互连接关系。计算机的结构是不断发展与完善的，经历了 3 个发展阶段：以运算器为核心的结构、以存储器为核心的结构和以总线为核心的结构。

* 以运算器为核心的结构：以运算器为核心的结构如图 2-1 所示，运算器是整个系统的核心，控制器、存储器、输入设备和输出设备都与运算器相连。这种结构具有两个特点——输入输出都要经过运算器；运算器负载过多，利用率低。

* 以存储器为核心的结构：以存储器为核心的结构如图 2-2 所示，存储器是整个系统的核心，运算器、控制器、输入设备和输出设备都与存储器相连。这种结构具有两个特点——输入输出不经过运算器；各部件各司其职，利用率高。

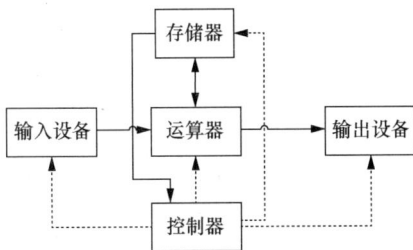

图 2-1　以运算器为核心的结构　　　图 2-2　以存储器为核心的结构

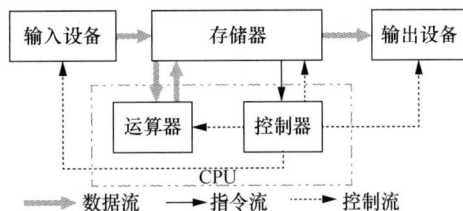

* 以总线为核心的结构：总线（Bus）是计算机各种功能部件之间传送信息的公共通信干线，它是由导线组成的传输线束。总线传送 4 类信息——数据、指令、地址和控制信息。计算机的总线有 3 种——数据总线、地址总线和控制总线。因为处理器读写内存时必须指定内存单元的地址，该地址信息就是内存单元的地址。总线结构有 4 个特点——①各部件都与总线直接连接，或通过接口与总线相连接；②总线结构便于模块化结构设计，简化系统设计；③总线结构便于系统的扩充和升级；④总线结构便于故障的诊断和维修。

2. 计算机的工作原理

随着计算机技术的快速发展，计算机的功能越来越强大，应用范围在不断地扩展，计算机系统也变得越来越复杂，但其工作原理和组成是大致相同的。计算机的原理主要概括为存储程序和程序控制，即"存储程序控制"原理。这一原理最初由美籍匈牙利数学家冯·诺依曼提出，故称为冯·诺依曼原理。这一原理为计算机的逻辑结构设计奠定了基础，已成为计算机设计的基本原则。

冯·诺依曼原理具有以下 3 个核心要点。

* 采用二进制形式表示数据和指令。

* 将控制计算机操作的指令序列（程序）和数据预先存放在主存储器中（存储程序），使计算机在工作时能够高速地自动从存储器中取出数据和指令，并加以分析、处理和执行（程序控制）。

* 计算机硬件体系结构由运算器、存储器、控制器、输入设备、输出设备五大部件组成，被称为冯·诺依曼体系结构，如图 2-3 所示。

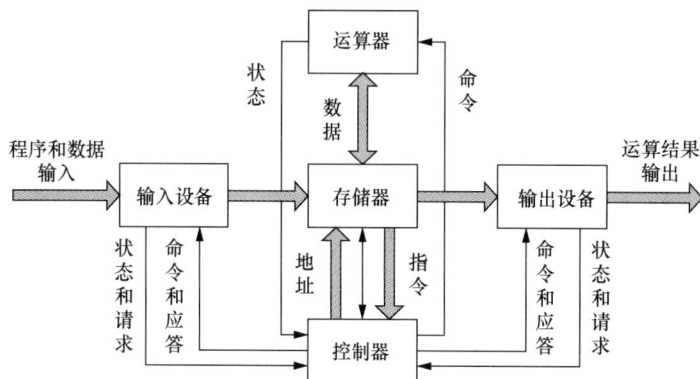

图 2-3 冯·诺依曼体系结构

在冯·诺依曼体系结构被提出之前，图灵机已经备受瞩目，如图 2-4 所示。图灵机旨在创造一个简单且运算能力出众的计算装置，以应对所有可以想象得到的可计算函数。这一模型的构想源于英国数学家艾伦·图灵在 1936 年的理论创新，他将计算机定义为一个数据处理器，这意味着计算机可以被视作一个接收输入数据、对这些数据进行处理，并最终产生输出数据的黑盒子。为了进一步拓展这一构想，图灵还引入了一个关键元素——程序。程序是一个指令集合，它告诉计算机如何对数据进行处理。这一创新性的理论为计算机科学的发展奠定了坚实的基础。

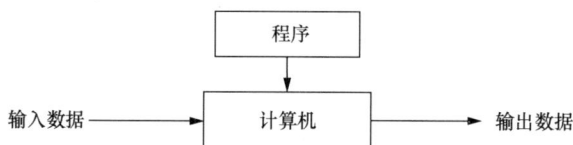

图 2-4 图灵机模型

图灵机不仅是现代计算机的理论基石之一，更深入地揭示了计算的内在本质和潜在可能性，从而对计算机科学和人工智能领域产生了深远且持久的影响。

✎ 小贴士

指令是指挥计算机进行基本操作的指示和命令，是计算机能够识别的一组二进制代码。通常一条指令对应一种基本操作。每条指令由操作码和操作数组成，操作码表示运算性质，即规定计算机要执行的基本操作类型；操作数指参与运算的数据及其所在的单元地址。程序则是对计算任务的处理对象和处理规则的描述，是按照一定顺序执行的、能够完成某一任务的指令集合。计算机能够自动而连续地完成预定的操作，就是运行特定程序的结果。

2.1.3 计算机的主要技术指标

计算机的主要技术指标是用来衡量计算机性能的一系列参数，它们反映了计算机的运算速度、数据处理能力、存储容量以及其他相关性能。计算机的主要技术指标包括以下几种。

- 运算速度：通常表示为每秒能执行的指令条数，用 MIPS（Million Instructions Per Second，百万条指令每秒）来衡量。它反映了计算机执行程序的能力，运算速度越快，计算机处理任务的速度就越快。
- 字长：字长是指计算机运算部件能同时处理的二进制数据的位数，它直接关系到计算机的计算精度、功能和速度。字长越长，表示计算机的数据处理能力和精度就越高。
- 存储容量：存储容量是指存储器可以容纳的二进制信息量，用字节作为度量单位。存储容量是衡量计算机性能的一个重要指标。存储容量越大，计算机可以存储的数据量就越大，运行大型软件或处理大型文件的能力就越强。通常所说的计算机内存容量即 RAM（Random Access Memory，随机存储器）的容量。

- 存取周期：存取周期主要针对存储器而言，它表示存储器进行一次完整的读/写操作所需的时间。存取周期越短，存储器的访问速度就越快。
- 主频：计算机 CPU（Central Processing Unit，中央处理器）的时钟频率，是 CPU 在单位时间内发出的脉冲数，它在很大程度上决定了 CPU 的运算速度。通常主频越高，CPU 的运算速度就越快，计算机的运算速度也就越快。
- 输入输出能力：这涉及计算机与外部设备的连接速度和数据传输速率，如 USB（Universal Serial Bus，通用串行总线）接口的速度、网络接口的速度等。

2.2　计算机硬件系统

　　计算机硬件系统是计算机的重要组成部分，也是计算机运行的基础，它主要负责执行程序、存储数据、输入信息和输出结果。计算机硬件系统主要由控制器、运算器、存储器、输入设备和输出设备五大部件构成，各组成部分的功能如下。

2.2.1　控制器

　　控制器是计算机的指挥中心，它可以根据程序执行每一条指令，并向存储器、运算器、输入设备及输出设备发出控制信号，以达到控制计算机，使其有条不紊地进行工作的目的。

　　控制器由多个部件构成，包括程序计数器、指令寄存器、指令译码器和操作控制器等。这些部件协同工作，完成从存储器中取出指令、进行指令的译码和分析，并产生一系列控制信号的任务。通过这些控制信号，控制器能够指挥计算机的各个部件按照指令的要求进行数据的读取、写入、计算和处理等操作。

2.2.2　运算器

　　运算器可以在控制器的控制下对存储器提供的数据进行各种算术运算（加、减、乘、除）、逻辑运算（与、或、非、异或）和其他处理（如存数、取数等）。

　　运算器的核心部件是加法器和高速寄存器，前者用于实时运算，后者用于存放参与运算的各类数据和运算结果。运算器与控制器都集成在一块大规模或超大规模的芯片中，共同构成了 CPU，如图 2-5 所示。CPU 是整个计算机系统的核心，它被称为"计算机的心脏"。CPU 作为计算机系统的核心部件，在计算机系统中占有举足轻重的地位，也是影响计算机系统运算速度的重要因素。

图 2-5　CPU

　　目前，市场上主要销售 CPU 产品的有英特尔（Intel）、AMD 和龙芯（Loongson）等公司。低端的 CPU 仅能满足上网、办公、看电影等需求；中端的 CPU 不仅能满足上网、办公、看电影等需求，还能支持大型网络游戏的运行；高端的 CPU 不仅能支持常用的网络应用，还能使大型游戏以最好的效果运行。

2.2.3　存储器

　　存储器是计算机系统中的关键组成部分，用于存放程序和数据。它是计算机进行信息存储和记忆的重要设备，可保证计算机正常工作。

存储器是计算机的记忆装置，它以二进制代码的形式存储程序和数据，分为内部存储器和外部存储器。其中，内部存储器也叫主存储器，简称内存。内存直接与 CPU 相连，用于存放当前正在执行的数据和程序，但数据仅在通电时保存，断电后会丢失。内存的容量和存取速度直接影响 CPU 处理数据的速度，图 2-6 所示为内存。内存主要由内存芯片、电路板和金手指等部分组成；外存储器简称外存，是指除计算机内存及 CPU 缓存以外的存储器，此类存储器一般断电后仍然能保存数据，常见的外存储器有硬盘和可移动存储设备（如 U 盘）等。

图 2-6　内存

- 硬盘：硬盘是计算机中最大的存储设备，通常用于存放永久性的数据和程序，通常所说的硬盘指的是机械硬盘。机械硬盘的内部结构比较复杂，主要由主轴电机、盘片、磁头和传动臂等部件组成。在硬盘中，通常将磁性物质附着在盘片上，并将盘片安装在主轴电机上，当硬盘开始工作时，主轴电机将带动盘片一起转动，盘片表面的磁头将在电路和传动臂的控制下移动，并将指定位置的数据读取出来，或将数据存储到指定的位置。硬盘容量是选购硬盘的主要性能指标之一，包括总容量、单片容量和盘片数 3 个参数。其中，总容量是反映硬盘能够存储多少数据的一项重要指标，通常以 TB 为单位，目前主流的硬盘容量从 1TB 到 10TB 以上不等。

- 可移动存储设备：可移动存储设备包括 USB 闪存盘（简称 U 盘，见图 2-7）和移动硬盘等，这类设备即插即用，容量也能满足人们的需求，是计算机的附属配件。

此外，存储器的性能（存储容量、存取速度等）直接影响计算机的整体性能。存储容量决定了计算机可以存储的数据量，存取速度则影响计算机处理数据的速度。随着科技的发展，存储器相关的技术也在不断进步，为计算机的性能提升和数据存储提供了有力支持。新型的存储技术和材料不断涌现，如固态盘等，使得存储器的性能显著提升。

图 2-7　U 盘

2.2.4　输入设备

输入设备是向计算机输入数据和信息的设备，是用户和计算机系统之间进行信息交换的主要装置，用于将文本和图形等转换为计算机能够识别的二进制代码并将其输入计算机。键盘、鼠标、摄像头、扫描仪、光笔、手写输入板和语音输入装置等都属于输入设备。下面介绍 3 种常用的输入设备。

- 鼠标：鼠标是计算机的主要输入设备之一，因为其外形与老鼠类似，所以被称为"鼠标"，如图 2-8 所示。根据鼠标按键的数量可以将鼠标分为三键鼠标和两键鼠标；根据鼠标的工作原理可以将其分为机械鼠标和光电鼠标。

- 键盘：键盘是计算机的另一种主要输入设备，是用户和计算机进行交流的工具。用户可以通过键盘直接向计算机输入各种字符和命令，简化计算机的操作。不同厂商生产出的键盘型号不同，目前常用的键盘有 107 个键位，如图 2-9 所示。

图 2-8　鼠标

图 2-9　键盘

- 扫描仪：扫描仪是利用光电技术和数字处理技术，以扫描的方式将图形或图像信息转换为数字信号的设备，其主要功能是对文字和图像进行扫描与输入。

2.2.5　输出设备

输出设备的功能与输入设备相反，它将计算机处理的结果以人们可以识别的数字、字符、图像和声音等形式输出。常见的输出设备有显示器、打印机、绘图仪和磁记录设备等。下面介绍常用的几种输出设备。

1. 显示器

显示器是计算机的主要输出设备，其作用是将显卡输出的信号（模拟信号或数字信号）以肉眼可见的形式展示出来。随着技术的发展，显示器的性能和功能也在不断增强，为用户提供了更多的选择。目前，主流的显示器是液晶显示器（Liquid Crystal Display，LCD），如图 2-10 所示，它具有无辐射危害、屏幕不闪烁、工作电压低、功耗小、重量轻和体积小等优点。

图 2-10　液晶显示器

2. 打印机

打印机也是计算机常见的一种输出设备，在办公中经常会用到，其主要功能是对文字和图像进行打印。衡量打印机好坏的指标主要包括打印分辨率、打印速度和噪声。打印机种类繁多，现在主要使用的打印机有针式打印机、激光打印机、喷墨打印机等。

针式打印机特点是速度较慢且噪声大，如图 2-11 所示。激光打印机具有速度快、噪声小、分辨率高的特点，如图 2-12 所示。喷墨打印机的各项指标介于前两种打印机之间，如图 2-13 所示。

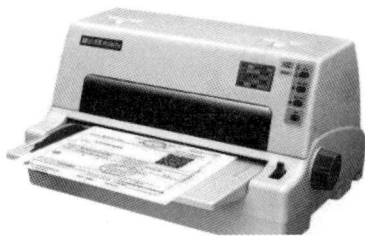

图 2-11　针式打印机

图 2-12　激光打印机

图 2-13　喷墨打印机

3. 投影仪

投影仪又称投影机，是一种可以将图像或视频投射到幕布上的设备，它可以通过特定的接口与计算机相连接并播放相应的视频信号，是一种负责输出的计算机周边设备。投影仪的核心工作原理是凸透镜成像原理，将透明的物体投射到幕布上，形成放大的图像，如图 2-14 所示。

在选择投影仪时，用户需要考虑多种因素。例如，亮度是一个重要的指标，通常以流明（Lumen）为单位来表示。亮度决定了投影画面的明亮程度，尤其在光线较强的环境中，

图 2-14　投影仪

高亮度的投影仪能够保持画面的清晰度和可见性，对于会议室或大型教室等场所，可能需要高亮度的投影仪来确保画面的清晰度和稳定性。分辨率也是一个关键因素，一般来说，分辨率越高，画面越清晰，细节表现越丰富。此外，CPU 和内存、显像技术、投射比等也是影响投影仪性能的重要因素。

4. 耳机

耳机是一种音频设备，它接收媒体播放器或接收器发出的信号，利用贴近耳朵的扬声器将其转化成人们可以听到的声波。

2.3 计算机软件系统

计算机软件（Computer Software）简称软件，是指计算机系统中的程序及其文档。计算机软件系统和硬件系统相互依存，软件依赖于硬件的物质条件，硬件也只有在软件支配下才能有条不紊地工作。

计算机之所以能够按照用户的要求运行，是因为计算机采用了程序设计语言（计算机语言），该语言是人与计算机沟通时需要使用的语言，用于编写计算机程序。计算机程序可控制计算机的工作流程，从而完成特定的设计任务。可以说，程序设计语言是计算机软件的基础和组成部分。

计算机软件总体分为系统软件和应用软件两大类。

2.3.1 系统软件

系统软件能够控制和协调计算机及其外部设备，支持应用软件的开发和运行。其主要功能是调度、监控和维护计算机系统，同时负责管理计算机系统中各种独立的硬件，协调它们的工作。系统软件是应用软件运行的基础，所有应用软件都是在系统软件上运行的。

系统软件主要分为操作系统、语言处理程序、数据库管理系统和系统辅助处理程序等，具体介绍如下。

- 操作系统：操作系统（Operating System，OS）是计算机系统的指挥调度中心，它可以为各种程序提供运行环境。常见的操作系统有 Windows 和 Linux 等，如第 3 章讲解的 Windows 10 就是一种操作系统。

- 语言处理程序：语言处理程序是为用户设计的编程服务软件，用来编译、解释和处理各种程序所使用的计算机语言，是人与计算机相互交流的一种工具，包括机器语言、汇编语言和高级语言 3 种。由于计算机只能直接识别和执行机器语言，因此要在计算机上运行用高级语言编写的程序就必须配备程序语言翻译程序。程序语言翻译程序本身是一组程序，不同的高级语言都有相应的程序语言翻译程序。

- 数据库管理系统：数据库管理系统（Database Management System，DBMS）是一种操作和管理数据库的大型软件，它是位于用户和操作系统之间的数据管理软件，也是用于建立、使用和维护数据库的管理软件。数据库管理系统可以组织不同性质的数据，以便用户能够有效地查询、检索和管理这些数据。常用的数据库管理系统有 SQL Server、Oracle 和 Access 等。

- 系统辅助处理程序：系统辅助处理程序也称为软件研制开发工具或支撑软件，主要有编辑程序、调试程序等，这些程序的作用是维护计算机的正常运行，如 Windows 操作系统中自带的磁盘整理程序等。

2.3.2 应用软件

应用软件是指一些具有特定功能的软件，即为解决各种实际问题而编写的程序，包括各种程序设计语言，以及用各种程序设计语言编写的应用程序。计算机中的应用软件种类繁多，这些软件能够帮助用户完成特定的任务，例如，要编辑文章、制作报表可以使用 WPS Office 或 Microsoft Office，这些软件都属于应用软件。

常见的应用软件种类有办公、图形处理与设计、图文浏览、翻译与学习、多媒体播放和处理、网站开发、程序设计、磁盘分区、数据备份与恢复和网络通信等。

2.4 操作系统

在使用操作系统之前，要对操作系统的基础知识（包括操作系统的含义、基本功能、分类等）有一个全面的了解，只有这样才能更好地掌握操作系统的使用方法，并充分发挥其优势。

2.4.1 操作系统的含义

操作系统是一种系统软件，用于管理计算机系统的硬件与软件资源、控制程序的运行、改善人机工作界面、为其他应用软件提供支持等，可使计算机系统中的所有资源最大限度地发挥作用，并为用户提供方便、有效的工作界面。

操作系统是一个庞大的管理控制程序，它直接运行在计算机硬件上，是最基本的系统软件，也是计算机系统软件的核心，同时还是靠近计算机硬件的第一层软件，其地位如图 2-15 所示。

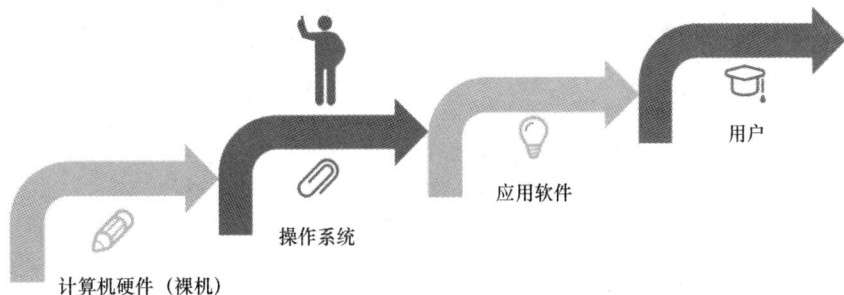

用户

应用软件

操作系统

计算机硬件（裸机）

图 2-15 操作系统的地位

2.4.2 操作系统的基本功能

通过操作系统的含义不难看出，操作系统的基本功能是通过控制和管理计算机的硬件资源和软件资源来提高计算机的利用率，便于用户使用。具体来说，操作系统具有以下 6 个方面的基本功能。

• 进程与处理机管理：通过操作系统处理机管理模块来确定处理机的分配策略，实施对进程或线程的调度和管理。进程与处理机管理包括调度（作业调度、进程调度）、进程控制、进程同步和进程通信等内容。

• 存储管理：存储管理的实质是对存储空间的管理，即对内存的管理。操作系统的存储管理负责将内存单元分配给需要内存的程序以便让它执行，在程序执行结束后再将程序占用的内存单元收回以便再次使用。此外，存储管理还要保证各用户进程之间互不影响，保证用户进程不能破坏系统进程，并提供内存保护。

• 设备管理：设备管理指对硬件设备的管理，包括对各种输入设备和输出设备的分配、启动、完成和回收。

• 文件管理：文件管理又称为信息管理，指利用操作系统的文件管理子系统为用户提供方便、快捷、可共享和安全的文件使用环境，包括文件存储空间管理、文件操作、目录管理、读写管理和存取控制等。

• 网络管理：随着计算机网络功能的加强，网络应用已深入人们生活的各个方面，因此操作系统必须具备使计算机与网络进行数据传输以及网络安全防护的功能，即网络管理功能。

- 提供良好的功能界面：操作系统是计算机与用户之间的接口，为了方便用户的操作，操作系统必须为用户提供良好的功能界面。

2.4.3　操作系统的分类

经过多年的升级换代，操作系统已发展出了众多种类，其功能也相差较大。根据不同的分类方法，可将操作系统分为不同的类型。

- 根据使用界面进行分类：可将操作系统分为命令行界面操作系统和图形界面操作系统。在命令行界面操作系统中，用户只有在命令符（如"C:\>"）后输入命令才可操作计算机，用户需要记住各种命令才能使用系统，如 DOS（Disk Operating System，磁盘操作系统）。图形界面操作系统（如 Windows 系统）不需要用户记忆命令，用户只需按界面的提示进行操作。
- 根据用户数目进行分类：可将操作系统分为单用户操作系统和多用户操作系统。单用户操作系统可分为单任务操作系统和多任务操作系统。多用户操作系统就是在一台计算机上可以建立多个用户，如果一台计算机只支持一个用户使用，就称为单用户操作系统。
- 根据能否运行多个任务进行分类：可将操作系统分为单任务操作系统和多任务操作系统。如果在同一时间可以运行多个应用程序（每个应用程序被称作一个任务），则这样的操作系统被称为多任务操作系统；如果在同一时间只能运行一个应用程序，则这样的操作系统被称为单任务操作系统。
- 根据使用环境进行分类：可将操作系统分为批处理操作系统、分时操作系统、实时操作系统。批处理操作系统是指计算机根据一定的顺序自由地完成若干作业的系统。分时操作系统是一台主机包含若干台终端，CPU 根据预先分配给各终端的时间段来轮流为各个终端进行服务的系统。实时操作系统是在规定的时间内对外来的信息及时响应并进行处理的系统。
- 根据硬件结构进行分类：可将操作系统分为网络操作系统、分布式操作系统、多媒体操作系统。网络操作系统是管理连接在计算机网络上的若干独立的计算机系统，能实现多台计算机之间的数据交换、资源共享、相互操作等网络管理与网络应用的操作系统。分布式操作系统是通过通信网络将物理上分散分布、具有独立运算能力的计算机系统或数据处理系统相连接，实现信息交换、资源共享与协作完成任务的系统。多媒体操作系统是对文字、图形、声音、活动图像等信息与资源进行管理的系统。

2.5　习题

一、单项选择题

1. 计算机的硬件系统主要包括运算器、控制器、存储器、输出设备和（　　）。
   A. 键盘　　　　　　B. 鼠标　　　　　　C. 输入设备　　　D. 显示器
2. 计算机的总线是计算机各部件间传递信息的公共通道，它分为（　　）。
   A. 数据总线和控制总线　　　　　　B. 数据总线、控制总线和地址总线
   C. 地址总线和数据总线　　　　　　D. 地址总线和控制总线
3. 能直接与 CPU 交换信息的存储器是（　　）。
   A. 硬盘存储器　　B. 光盘驱动器　　C. 内存储器　　D. 软盘存储器
4. 下列设备组中，全部属于外部设备的一组是（　　）。
   A. 打印机、移动硬盘、鼠标　　　　B. CPU、键盘、显示器
   C. 内存、光盘驱动器、扫描仪　　　D. U 盘、内存、硬盘
5. 下列软件中，属于应用软件的是（　　）。
   A. Windows 10　　B. WPS 2019　　C. UNIX　　　D. Linux

6. 计算机操作系统的作用是（　　　）。

　　A. 对计算机的所有资源进行控制和管理，为用户使用计算机提供方便

　　B. 对源程序进行翻译

　　C. 对用户数据文件进行管理

　　D. 对汇编语言程序进行翻译

二、简答题

1. 简述计算机的工作原理。

2. 简述常见的计算机软件系统。

3. 简述计算机的主要技术指标。

4. 什么是操作系统？其基本功能是什么？

03 第3章 Windows 10 操作系统

在操作系统领域，Windows 10 操作系统以其出色的性能和广泛的应用领域成为业界的佼佼者。它不仅继承了前代系统的稳定核心，而且在架构优化、功能增强以及用户界面设计等方面实现了显著突破。本章将对 Windows 10 操作系统的功能特性和基本操作进行详细介绍，帮助读者更好地了解和掌握 Windows 10 操作系统。

【学习目标】

➢ 了解 Windows 10 操作系统概述。

➢ 熟悉 Windows 10 的文件管理。

➢ 熟悉 Windows 10 的系统管理。

➢ 熟悉 Windows 10 的网络设置。

3.1 Windows 10 操作系统概述

Windows 10 操作系统凭借其直观、易用的操作界面，在众多领域中都得到了广泛应用。相较于先前的版本，Windows 10 在功能和特性上显得更为丰富和复杂。为了满足不同用户群体的需求，Windows 10 推出了各具特色的版本，如图 3-1 所示，这些版本在功能、性能和适用场景上均有所区别。

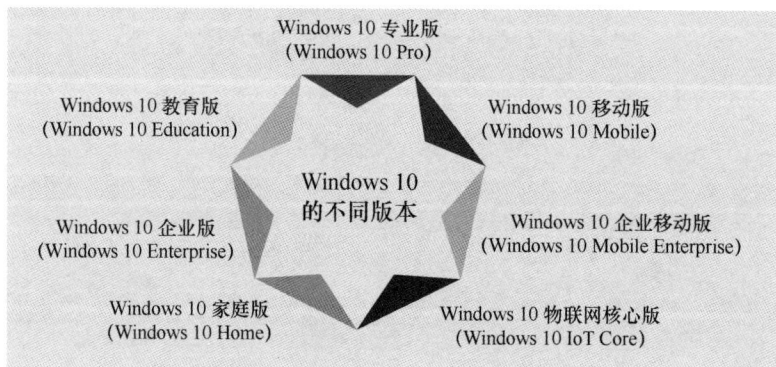

图 3-1　Windows 10 的不同版本

Windows 10 的版本比较多，本书以 Windows 10 专业版为例进行讲解和演示。Windows 10 专业版主要面向计算机技术爱好者和企业技术人员，除了拥有 Windows 10 家庭版所包含的应用商店、Edge 浏览器、Cortana 语音助手及 Windows Hello 等，还增加了一些安全类和办公类功能。例如，允许用户管理设备及应用、保护企业敏感数据、云技术支持等。

3.1.1　Windows 10 的功能特性

Windows 10 操作系统具有众多引人注目的功能特性，这些特性不仅提升了用户体验，也使得 Windows 10 在众多操作系统中脱颖而出。下面将对 Windows 10 的功能特性进行简要介绍。

- 多任务处理：Windows 10 优化了多任务处理功能，用户可以轻松地在不同应用程序之间进行切换，从而提高工作效率。【Alt+Tab】组合键是 Windows 10 中非常流行的多任务切换方法，只需在按住【Alt】键的同时，反复按【Tab】键，便可在弹出的任务视图中选择要切换到的应用程序窗口，如图 3-2 所示。通过这种方式，用户可以快速、轻松地在不同的应用程序之间进行切换操作，从而提高工作效率。

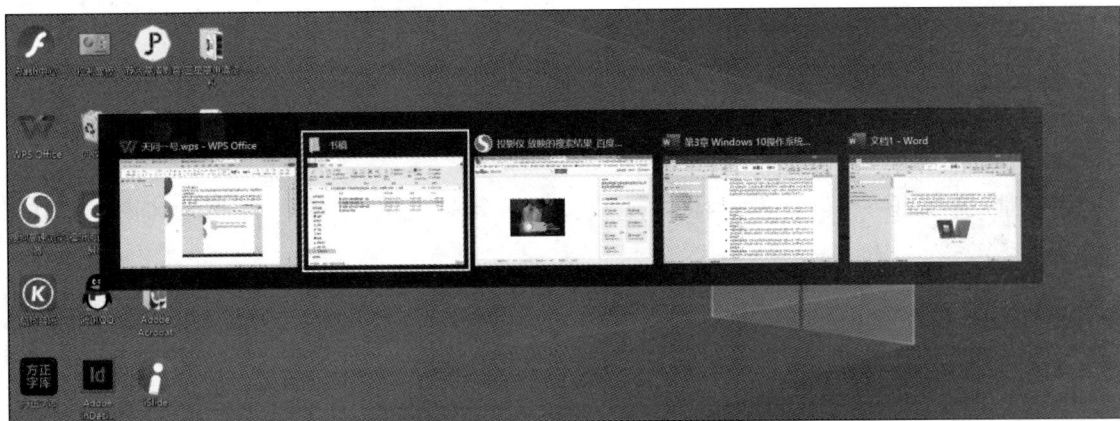

图 3-2　利用【Alt+Tab】组合键进行多任务切换

- 用户界面与交互方式：Windows 10 采用了直观、易用的图形用户界面，包括"开始"菜单、任务栏、动作中心等。"开始"菜单融合了 Windows 7 的经典样式与 Windows 8 的现代元素，提供了更丰富的功能和更便捷的访问方式。任务栏则展示了当前运行的应用程序和常用功能，方便用户快速访问。动作中心则集中了系统通知和操作按钮，让用户能够更方便地管理系统状态和接收信息。
- 搜索与"开始"菜单优化：Windows 10 的搜索功能得到了进一步的优化，系统会自动统计应用的使用频率，将高频应用显示到面板顶部，方便用户快速找到并启动常用的应用。同时，"开始"菜单按字母顺序进行了排列，使得用户能够更清晰地管理和访问自己的应用程序和文件。
- 与新技术融合：Windows 10 在易用性、安全性等方面进行了深入的改进与优化，与云服务、智能移动设备、自然人机交互等新技术进行融合。
- 安全性与隐私保护：Windows 10 在安全性方面进行了改进，增强了防火墙、病毒防护和恶意软件防护等功能。此外，Windows 10 还提供了丰富的隐私设置选项，让用户能够控制个人信息的共享和使用，保护个人隐私。
- 兼容性增强：计算机只要能运行 Windows 7，就能更加流畅地运行 Windows 10。针对固态盘、生物识别设备、高分辨率屏幕等硬件，Windows 10 都进行了支持与完善。

3.1.2 认识 Windows 10 桌面

启动 Windows 10 后，屏幕上将显示 Windows 10 桌面。Windows 10 有不同的版本，如家庭版、专业版、企业版等，并且每个版本的桌面样式有所不同，但在默认情况下，Windows 10 桌面都包含桌面图标、桌面背景和任务栏这 3 个主要的组成部分，如图 3-3 所示。

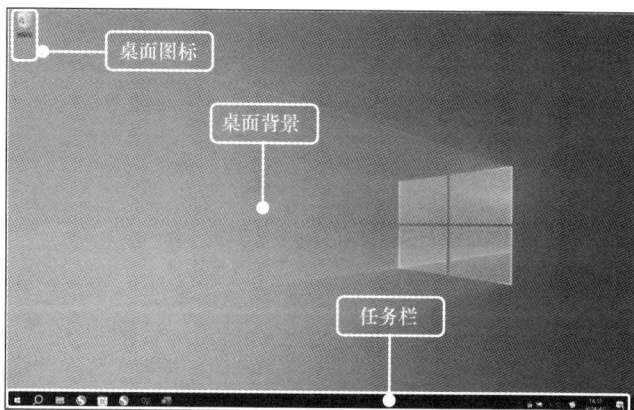

图 3-3　Windows 10 桌面

1. 桌面图标

桌面图标是用户打开程序的快捷途径，双击桌面图标可以打开相应的操作窗口或应用程序。桌面图标包括系统图标、快捷方式图标和文件/文件夹图标 3 种。默认情况下，桌面只有"回收站"一个系统图标。安装新软件后，桌面上一般会增加相应软件的快捷方式图标，如腾讯 QQ 的快捷方式图标为 🐧，WPS Office 的快捷方式图标为 ▰。

2. 桌面背景

桌面背景是指应用于桌面的图片或颜色。用户可根据个人的喜好将喜欢的图片或颜色设置为桌面背景，丰富桌面内容，美化工作环境。

3. 任务栏

默认情况下，任务栏位于桌面的底部，主要由"开始"按钮、任务区、"显示桌面"按钮和通知区域 4 部分组成。

* "开始"按钮 ▦：："开始"按钮位于任务栏最左边，单击"开始"按钮可以打开"开始"菜单，如图 3-4 所示，"开始"菜单左侧为菜单列表，右侧为"开始"屏幕。菜单列表中的选项和"开始"屏幕中的磁贴可帮助用户更快地打开计算机中的相应应用程序和设置窗口。

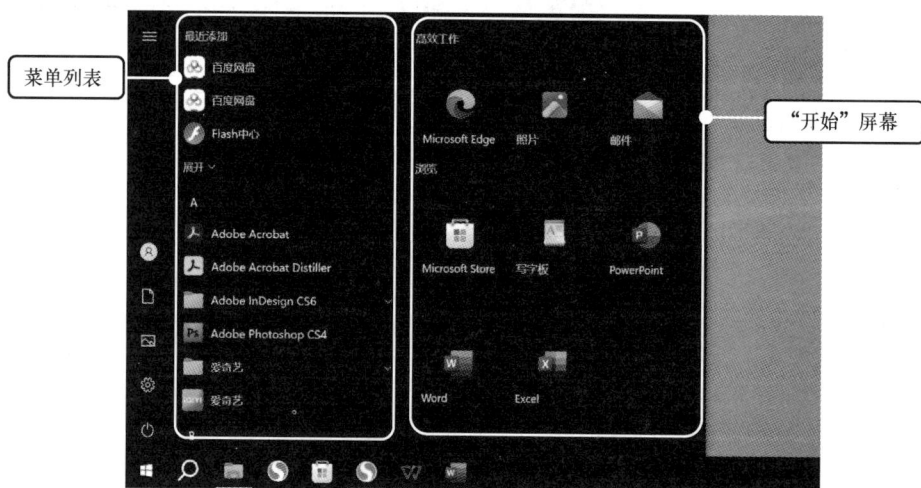

图 3-4　"开始"菜单

* 任务区：任务区位于"开始"按钮右侧，用于切换各个打开的窗口。用户每打开一个窗口，任务区中就会显示该窗口的任务图标，将鼠标指针移动到任务图标上，可以在该图标的上方显示出

对应窗口的预览图。

- "显示桌面"按钮："显示桌面"按钮位于任务栏最右边，单击该按钮将切换至桌面。
- 通知区域：通知区域位于"显示桌面"按钮左侧，包括时间、音量以及一些告知用户特定程序和计算机设置状态的图标，单击这些图标可查看相应的信息。

> 🖉 小贴士
>
> 在菜单列表中的应用程序选项上单击鼠标右键，然后在弹出的快捷菜单中选择"固定到'开始'屏幕"命令，可将该程序的启动选项添加到"开始"屏幕。

3.2 Windows 10 操作系统的基本操作与应用

介绍了 Windows 10 的功能特性和桌面后，接下来详细介绍 Windows 10 操作系统的基本操作与应用，帮助读者更好地利用这一强大工具来提升工作效率。

3.2.1 Windows 10 文件管理

在使用计算机的过程中，管理文件和文件夹等资源是十分常见的操作。下面介绍文件管理的概念，以及文件管理的相关操作。

1. 文件管理的概念

文件管理需要在文件资源管理器中进行，在此之前，需要了解硬盘分区与盘符、文件、文件夹、文件路径等相关概念的含义。

- 硬盘分区与盘符：硬盘分区是指将硬盘划分为多个独立的逻辑区域，以便更有效地存储和管理数据。通常在系统安装过程中，就需要完成硬盘的分区工作。格式化操作则将这些分区配置为可存储数据的标准单位。盘符是 Windows 系统磁盘存储设备的标识符，一般使用 26 个英文字符加上一个冒号":"来标识，如"本地磁盘(C:)"，"C:"就是该盘的盘符。
- 文件：文件是指保存在计算机中的各种信息和数据，计算机中文件的类型有很多，如文档、表格、图片、音乐和应用程序等。默认情况下，文件在计算机中是以图标形式显示的，它由文件图标和文件名称两部分组成，如 index 表示一个名为"index"的网页文件。
- 文件夹：用于保存和管理计算机中的文件，其本身没有任何内容，但可用于放置多个文件和子文件夹，让用户能够快速地找到需要的文件。文件夹一般由文件夹图标和文件夹名称两部分组成。如 Fonts 表示一个名为"Fonts"的文件夹。
- 文件路径：在对文件进行操作时，除了要知道文件名，还需要指出文件所在的磁盘和文件夹，即文件在计算机中的位置，也就是文件路径。文件路径包括相对路径和绝对路径两种。其中，相对路径以"."（表示当前文件夹）、".."（表示上级文件夹）或文件夹/文件名称（表示当前文件夹中的子文件夹或文件）开头；绝对路径是指文件或文件夹在硬盘上存放的绝对位置，如"D:\图片\标志.jpg"，表示"标志.jpg"文件在 D 盘的"图片"文件夹中。在 Windows 10 系统的文件资源管理器中单击地址栏的空白处，即可查看打开的文件夹的路径。

2. 文件管理窗口

文件管理主要是在文件资源管理器中实现的。文件资源管理器将计算机资源分为快速访问、OneDrive、此电脑、网络 4 个类别，可以方便用户更好、更快地组织、管理及应用资源。打开文件资源管理器的方法为，双击桌面上的"此电脑"图标或单击任务栏中的"文件资源管理器"按钮 。打开文件资源管理器，单击导航窗格中各类别图标左侧的"展开"按钮 可依次按层级展开文件夹，选择某个需要的文件夹后，其右侧将显示相应的内容，如图 3-5 所示。为了便于查看和管理文件，用户可根据当前窗口中文件和文件夹的多少、文件的类型来更改当前窗口中文件和文件夹的显示方式。在打开的文件夹窗口中单击右下角的"在窗口中显示每一项的相关信息"按钮，将在窗口中显示每一项内容的相关信息；若单击"使用大缩略图显示项"按钮，则会以大缩略图方式在窗口中显示每一项内容。

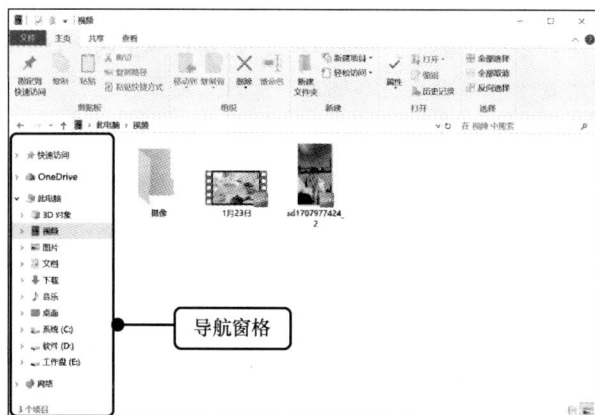

图 3-5　文件资源管理器

3. 选择文件和文件夹

对文件或文件夹进行各种基本操作前要选择文件或文件夹，选择文件或文件夹的方法主要有以下几种。

● 选择单个文件或文件夹：直接单击文件或文件夹图标即可，被选择的文件或文件夹的周围将呈蓝色透明状。

● 选择多个相邻的文件或文件夹：在窗口空白处拖动鼠标框选需要选择的多个对象，再释放鼠标即可。

● 选择多个连续的文件或文件夹：单击第一个要选择的对象，按住【Shift】键不放，再单击最后一个要选择的对象，可选择两个对象及其中间的所有对象。

● 选择多个不连续的文件或文件夹：按住【Ctrl】键不放，再依次单击要选择的文件或文件夹，可选择多个不连续的文件或文件夹。

● 选择所有文件或文件夹：直接按【Ctrl+A】组合键，或在"主页"选项卡的"选择"组中单击"全部选择"按钮，可以选择当前窗口中显示的所有文件或文件夹。

4. 新建文件和文件夹

新建文件是指根据计算机中已安装的程序类别新建一个相应类型的空白文件，新建后可以打开该文件并编辑文件内容。如果需要将一些文件分类整理在一个文件夹中以便日后管理，就需要新建文件夹。新建文件和文件夹的具体操作如下。

步骤 1：双击桌面上的"此电脑"图标，打开"此电脑"窗口，双击"软件(D:)"图标，切换到 D 盘。

步骤 2：在"主页"选项卡的"新建"组中单击"新建项目"按钮，在打开的下拉列表中选择"文本文档"选项，或在窗口的空白处单击鼠标右键，在弹出的快捷菜单中选择"新建"/"文本文档"命令，如图 3-6 所示。

步骤 3：系统将在文件夹中新建一个默认名为"新建文本文档"的文本文件，且文件名呈可编辑状态，切换到汉字输入法并输入"公司简介"，然后单击空白处或按【Enter】键，效果如图 3-7 所示。

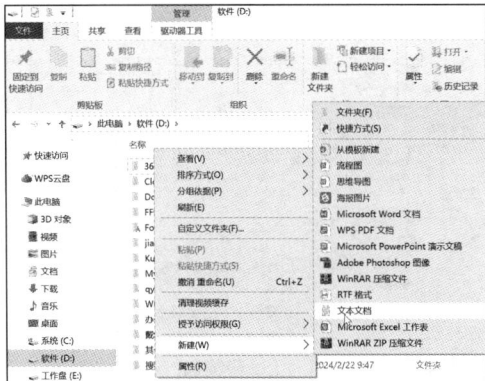

图 3-6　选择"文本文档"命令

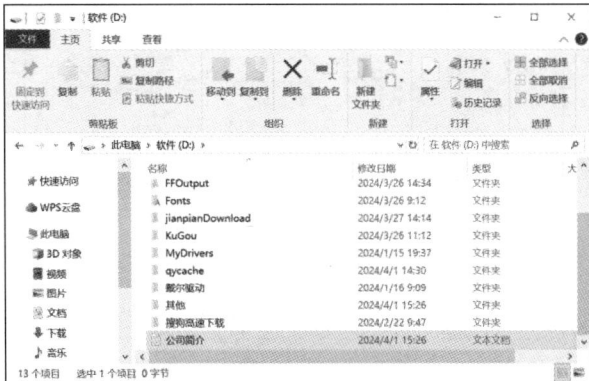

图 3-7　新建文本文档

✍ **小贴士**

　　默认情况下，Windows 10 系统只会在桌面显示"回收站"这一个系统图标，其他的系统图标需要用户手动添加。其方法为，在桌面空白处单击鼠标右键，在弹出的快捷菜单中选择"个性化"命令，打开"设置"窗口，选择左侧列表中的"主题"选项，然后在"主题"界面中单击"桌面图标设置"，在打开的"桌面图标设置"对话框中选中"桌面图标"栏中相应的复选框后，单击"确定"按钮即可将该图标添加到 Windows 10 桌面。例如，要将"此电脑"图标添加到桌面，只需选中"桌面图标设置"对话框中的"计算机"复选框后单击"确定"按钮。

　　步骤 4： 在"主页"选项卡的"新建"组中单击"新建项目"按钮，在打开的下拉列表中选择"Microsoft Excel 工作表"选项，或在窗口的空白处单击鼠标右键，在弹出的快捷菜单中选择"新建"/"Microsoft Excel 工作表"命令。此时将新建一个 Excel 文件，输入文件名"公司员工名单"，按【Enter】键，效果如图 3-8 所示。

　　步骤 5： 在"主页"选项卡的"新建"组中单击"新建文件夹"按钮，或在窗口空白处单击鼠标右键，在弹出的快捷菜单中选择"新建"/"文件夹"命令，输入文件夹的名称"办公"后按【Enter】键，即可完成新文件夹的创建，效果如图 3-9 所示。

图 3-8　新建 Excel 文件

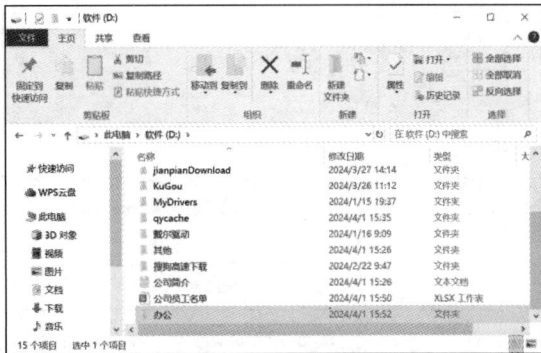

图 3-9　新建文件夹

　　步骤 6： 双击新建的"办公"文件夹，在"主页"选项卡的"新建"组中单击"新建文件夹"按钮，输入子文件夹名称"表格"后按【Enter】键，然后再新建一个名为"文档"的子文件夹，效果如图 3-10 所示。

　　步骤 7： 单击地址栏左侧的↑按钮，返回上一级窗口，效果如图 3-11 所示。

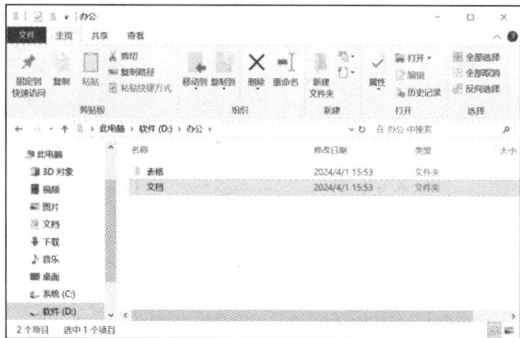

图 3-10　新建子文件夹

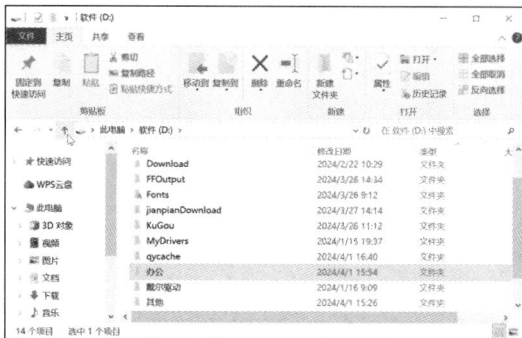

图 3-11　返回上一级窗口

> **✍ 小贴士**
>
> 如果用户对新建的文件或文件夹不满意，可以将其删除。方法为，选中要删除的文件或文件夹，在"主页"选项卡的"组织"组中单击"删除"按钮✕，或者直接按【Delete】键。

5. 移动、复制、重命名文件和文件夹

移动操作可以将文件或文件夹移动到另一个文件夹中，复制操作相当于为文件或文件夹做一个备份，原文件夹下的文件或文件夹仍然存在，重命名操作即为文件或文件夹更换一个新的名称。下面移动"公司员工名单"文件，复制"公司简介"文件，并重命名复制的文件为"招聘信息"，其具体操作如下。

步骤 1：在导航窗格中选择"此电脑"选项，然后在导航窗格中选择"软件(D:)"选项。

步骤 2：在"公司员工名单"文件上单击鼠标右键，然后在弹出的快捷菜单中选择"剪切"命令，或在"主页"选项卡的"剪贴板"组中单击"剪切"按钮✂（或直接按【Ctrl+X】组合键），将选择的文件剪切到剪贴板中，此时文件图标呈灰色透明效果，如图 3-12 所示。

步骤 3：在导航窗格中展开"办公"文件夹，再打开其下的"表格"子文件夹，在右侧空白处单击鼠标右键，在弹出的快捷菜单中选择"粘贴"命令，或在"主页"选项卡的"剪贴板"组中单击"粘贴"按钮（或直接按【Ctrl+V】组合键），即可将剪切到剪贴板中的"公司员工名单"文件粘贴到"表格"子文件夹中，如图 3-13 所示。

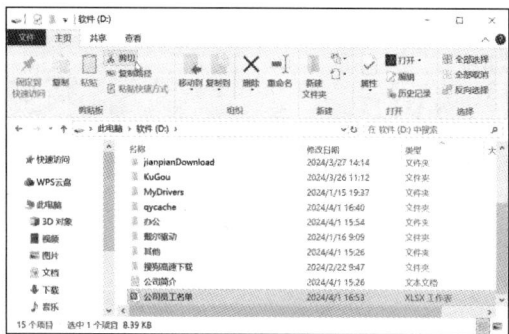

图 3-12　剪切文件

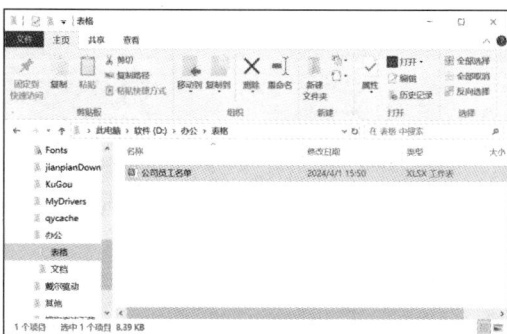

图 3-13　粘贴文件

步骤 4：单击地址栏左侧的↑按钮，返回上一级窗口，即可看到窗口中没有"公司员工名单"文件了。

步骤 5：在"公司简介"文件上单击鼠标右键，然后在弹出的快捷菜单中选择"复制"命令，如图 3-14 所示，或在"主页"选项卡的"剪贴板"组中单击"复制"按钮（或直接按【Ctrl+C】组合键），将选择的文件复制到剪贴板中，此时窗口中的文件不会发生任何变化。

步骤 6：在导航窗格中选择"文档"文件夹，在右侧空白处单击鼠标右键，在弹出的快捷菜单中选择"粘贴"命令，或在"主页"选项卡的"剪贴板"组中单击"粘贴"按钮▯（或直接按【Ctrl+V】组合键），即可将所复制的"公司简介"文件粘贴到该子文件夹中，效果如图 3-15 所示。

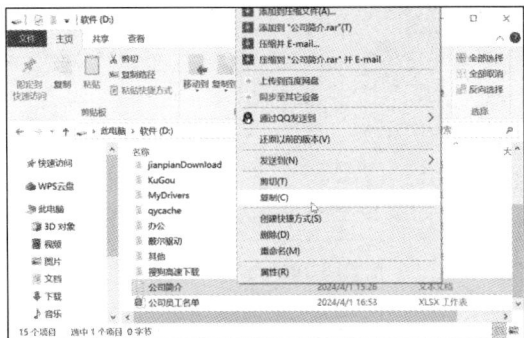

图 3-14　选择"复制"命令

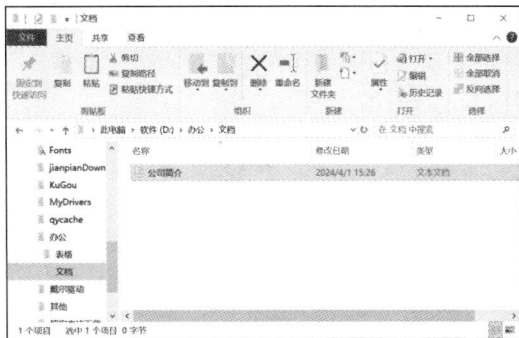

图 3-15　粘贴文件到指定文件夹中

步骤 7：选择复制后的"公司简介"文件，在其上单击鼠标右键，在弹出的快捷菜单中选择"重命名"命令，此时文件名称呈可编辑状态，输入新的名称"招聘信息"，如图 3-16 所示，然后按【Enter】键对文件进行重命名操作。

步骤 8：在导航窗格中选择"软件(D:)"选项，也可以单击地址栏中的"软件(D:)"链接，可以看到该磁盘根目录下的"公司简介"文件仍然存在，如图 3-17 所示。

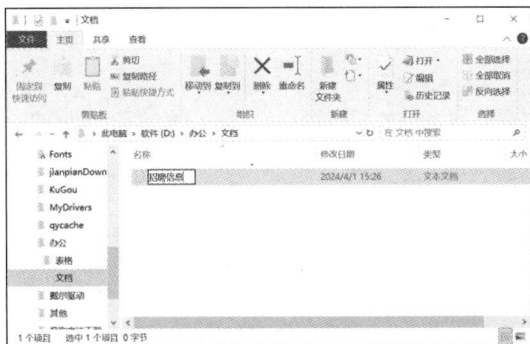

图 3-16　重命名文件

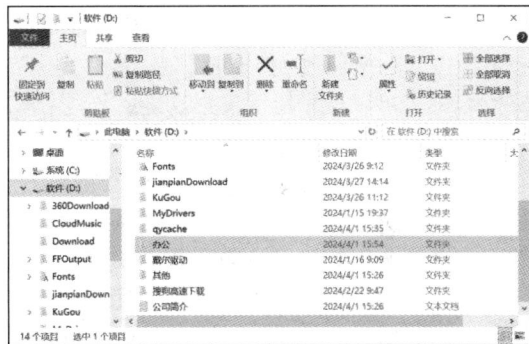

图 3-17　查看原文件

需要注意的是，将选择的文件或文件夹直接拖动到同一磁盘下的其他文件夹中或拖动到左侧导航窗格中的某个文件夹上，可以实现移动文件或文件夹的操作。而在拖动过程中若按住【Ctrl】键不放，则可实现复制文件或文件夹的操作。

6. 删除和还原文件或文件夹

删除一些没有用的文件或文件夹可以减少磁盘上的多余文件，释放磁盘空间，同时也便于管理。删除的文件或文件夹实际上被移动到了回收站中，若误删除文件，则可以通过还原操作将其还原。下面先删除"公司简介"文件，然后再将其还原，其具体操作如下。

步骤 1：在导航窗格中选择"软件(D:)"选项，在右侧选择"公司简介"文件。

步骤 2：在选择的文件的图标上单击鼠标右键，在弹出的快捷菜单中选择"删除"命令，如图 3-18 所示，即可将所选文件放入回收站。

步骤 3：单击任务栏最右侧的"显示桌面"按钮，切换至桌面，双击"回收站"图标，在打开的窗口中可查看最近删除的文件和文件夹等。

步骤 4：在要还原的"公司简介"文件上单击鼠标右键，在弹出的快捷菜单中选择"还原"命令，如图 3-19 所示，即可将其还原到被删除前的位置。

图 3-18　删除文件

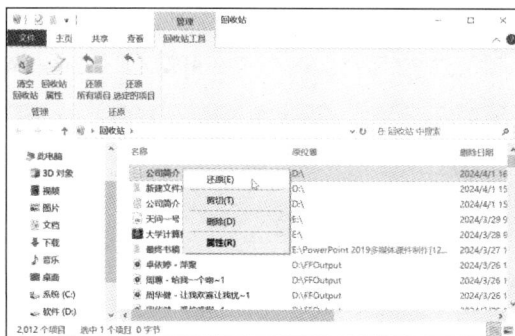

图 3-19　还原文件

> **🖐 小贴士**
>
> 需要注意的是，放入回收站中的文件或文件夹仍然会占用磁盘空间，只有将回收站中的文件或文件夹删除后才能释放更多的磁盘空间。另外，回收站中被删除的文件或文件夹不能通过快捷菜单中的命令来还原，只能通过专业的数据恢复工具，如 FinalData 来还原。

7. 搜索文件或文件夹

如果用户不知道文件或文件夹的保存位置，可以使用 Windows 10 的搜索功能进行搜索。如果在"此电脑"窗口的搜索框中进行搜索，则搜索范围为计算机硬盘；如果在文件夹窗口的搜索框中搜索，则搜索范围为该文件夹。搜索时如果不记得文件或文件夹的名称，可以使用模糊搜索功能，通配符"*"代表任意数量的任意字符，"?"代表某一位置上的任意字母或数字，如"*.mp3"表示搜索当前位置下所有格式为".mp3"的文件，而"pin?.mp3"则表示搜索当前位置下名称前 3 位是字母"pin"、第 4 位是任意字符的".mp3"格式的文件。图 3-20 所示为在 D 盘中搜索所有格式为".mp3"的文件。

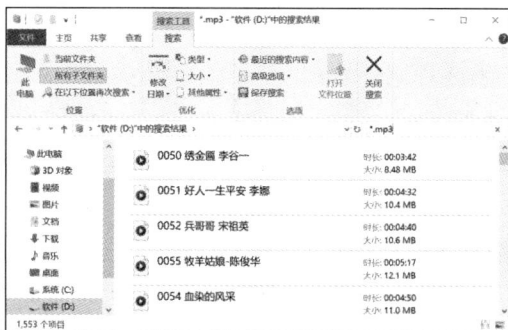

图 3-20　搜索 .mp3 文件

8. 隐藏文件或文件夹

隐藏文件或文件夹是保护文件或文件夹的一种手段。其方法为，在需要隐藏的文件或文件夹上单击鼠标右键，在弹出的快捷菜单中选择"属性"命令，如图 3-21 所示；打开文件或文件夹的属性对话框，选中"隐藏"复选框，单击"确定"按钮，如图 3-22 所示，即可实现文件或文件夹的隐藏操作。

图 3-21　选择"属性"命令

图 3-22　隐藏文件夹

3.2.2　Windows 10 系统管理

在 Windows 10 中可对系统进行管理，如账户管理、设置系统的日期和时间、系统个性化设置、安装与卸载应用程序、添加与删除输入法、格式化磁盘、清理磁盘以及整理磁盘碎片等。下面将对系统管理中经常使用或实用的功能设置进行详细介绍。

1. 设置账户登录密码

用户在使用计算机时可设置账户登录密码，防止他人在未经自己同意的情况下进入计算机，避免信息泄露或文件被篡改。设置账户登录密码的具体操作如下。

步骤 1： 双击桌面上的"控制面板"图标，在打开的"控制面板"窗口中单击"用户账户"。

步骤 2： 打开"用户账户"窗口，单击"在电脑设置中更改我的账户信息"，如图 3-23 所示。单击其他链接还可以更改账户名称、更改账户类型和管理其他账户等。

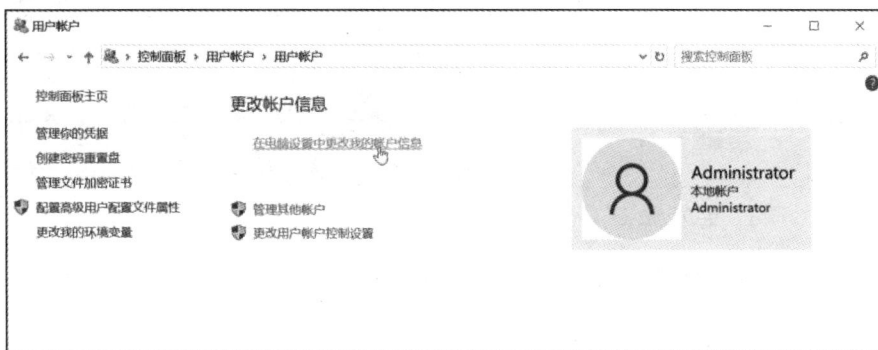

图 3-23　单击"在电脑设置中更改我的账户信息"

步骤 3： 打开"设置"窗口，在左侧选择"登录选项"选项，在右侧选择"密码"选项，再在展开的内容中单击"添加"按钮，如图 3-24 所示。

步骤 4： 打开"创建密码"对话框，在"新密码"和"确认密码"文本框中输入相同的密码，单击"下一页"按钮，如图 3-25 所示。

步骤 5： 在打开的对话框中单击"完成"按钮，完成登录密码设置。此时"设置"窗口中"密码"选项的"添加"按钮将显示为"更改"按钮，单击该按钮可更改密码。

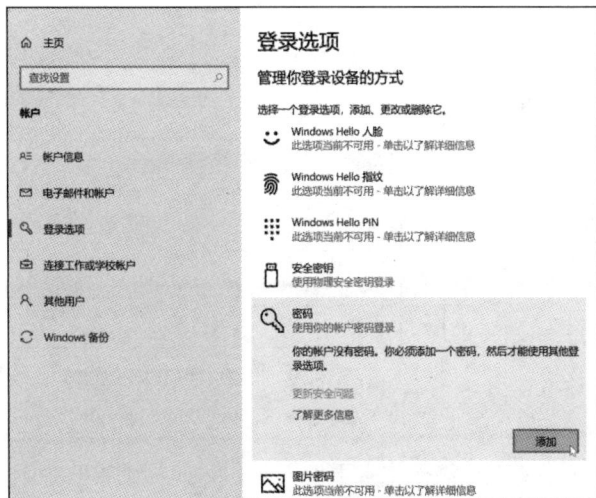

图 3-24　单击"添加"按钮

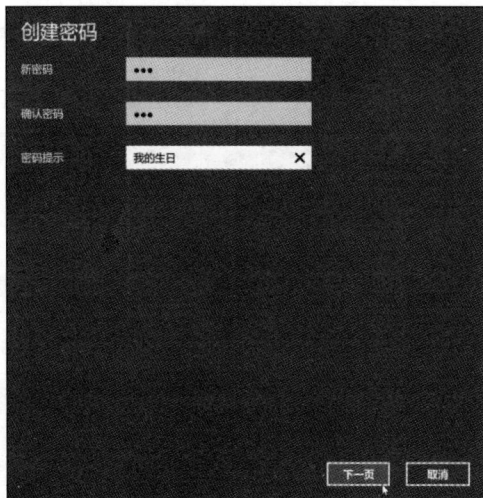

图 3-25　创建密码

2. 设置系统的日期和时间

若系统的日期和时间不是当前的日期和时间，可将其设置为当前的日期和时间，还可对日期的格式进行设置。下面将对系统的日期和时间进行设置，并对日期的显示格式进行更改，其具体操作如下。

步骤 1：在任务栏上的数字时钟上单击鼠标右键，在弹出的快捷菜单中选择"调整日期/时间"命令，打开"设置"窗口，在当前界面中单击"更改"按钮，如图3-26所示。

步骤 2：打开"更改日期和时间"对话框，在其中可设置指定的日期和时间，完成后单击"更改"按钮，如图3-27所示。

图3-26　单击"更改"按钮

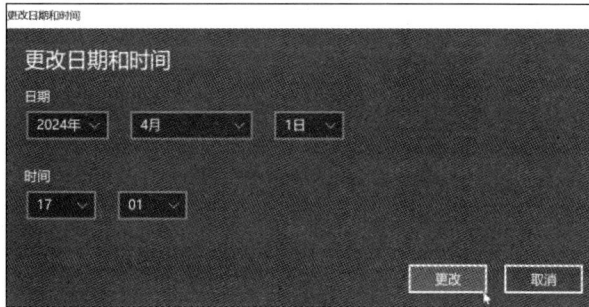

图3-27　更改日期和时间

步骤 3：选择"区域"选项，在右侧的"区域格式数据"栏中单击"更改数据格式"，如图3-28所示。

步骤 4：打开"更改数据格式"界面，在其中可设置日历、一周的第一天、短日期格式、长日期格式、短时间格式和长时间格式，如图3-29所示。

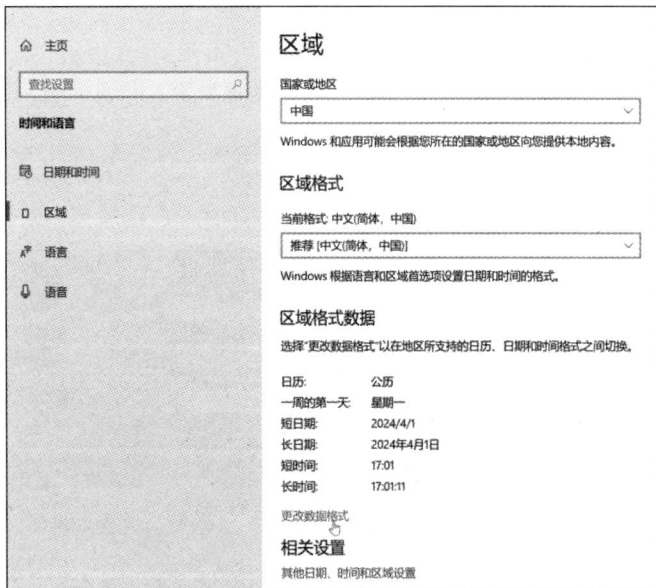

图3-28　单击"更改数据格式"

图3-29　设置日期和时间的格式

3. Windows 10 个性化设置

Windows 10 系统的使用人群越来越庞大，为了让系统操作起来更加方便、快捷，用户可以根据自己使用计算机的习惯对系统进行个性化设置，包括桌面背景、颜色、锁屏界面、"开始"菜单等。

对 Windows 10 系统进行个性化设置的方法为，在桌面空白处单击鼠标右键，然后在弹出的快捷菜单中选择"个性化"命令，进入个性化设置界面，如图 3-30 所示，选择不同的选项后可进行对应的个性化设置。

- 选择"背景"选项：在"背景"界面中可以更改图片，选择图片契合度，设置纯色或幻灯片放映等参数。
- 选择"颜色"选项：在"颜色"界面中可以为 Windows 系统选择不同的主题颜色，也可以单击"自定义颜色"按钮，在打开的对话框中自定义喜欢的主题颜色。

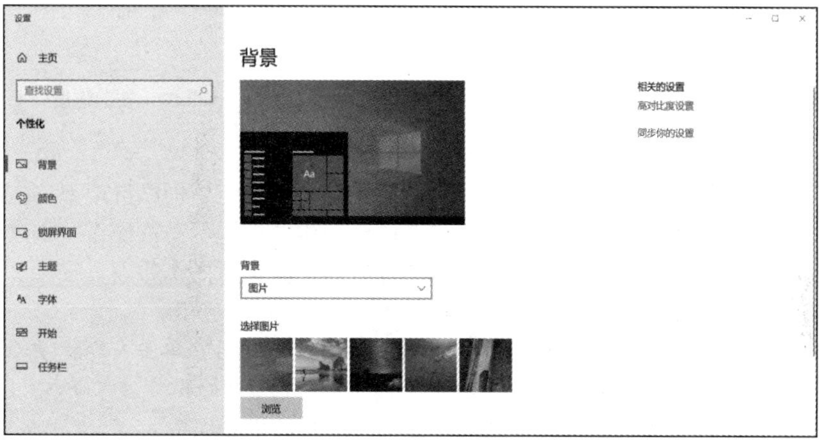

图 3-30　个性化设置界面

- 选择"锁屏界面"选项：在"锁屏界面"界面中，可以选择系统默认的图片，也可以单击"浏览"按钮，将本地图片设置为锁屏界面。
- 选择"主题"选项：在"主题"界面中，可以自定义主题的背景、颜色、声音以及鼠标光标样式等，设置后单击"保存主题"按钮保存主题。
- 选择"字体"选项：在"字体"界面中，可以为设备安装并添加字体。
- 选择"开始"选项：在"开始"界面中，可以设置"开始"菜单中需要显示的应用。
- 选择"任务栏"选项：在"任务栏"界面中，可以设置任务栏在屏幕上的显示位置和显示内容等。

4. 安装与卸载应用程序

要在计算机上安装应用程序，应先获取该应用程序的安装程序，其文件扩展名一般为".exe"。一般来说，用户可在网上下载应用程序的安装程序，另外，用户在购买软件相关书籍时可能会获得附赠的应用程序的安装程序。下面分别介绍安装与卸载应用程序的方法。

（1）安装应用程序

准备好应用程序的安装程序后，便可以开始安装应用程序了，安装后的应用程序将会显示在"开始"菜单的菜单列表中，部分应用程序还会自动在桌面上创建快捷方式。下面在计算机中安装搜狗五笔输入法，其具体操作如下。

步骤 1：打开搜狗五笔输入法安装程序所在的文件夹，双击安装程序。

步骤 2：打开"安装向导"对话框，选中"我已阅读并同意《用户服务协议》&《个人信息保护政策》"复选框，如图 3-31 所示，然后单击"立即安装"按钮，一般默认安装在 C 盘（系统盘）中，单击"自定义安装"按钮，可在打开的对话框中自定义应用程序的安装位置。

步骤 3：此时，系统开始安装搜狗拼音输入法，并显示安装进度，如图 3-32 所示，安装完成后，即可使用搜狗五笔输入法。

图 3-31 "安装向导"对话框

图 3-32 安装进度

（2）卸载应用程序

卸载应用程序有两种方法。在"开始"菜单的菜单列表中的应用程序选项上单击鼠标右键，在弹出的快捷菜单中选择"卸载"命令，然后在打开的窗口中根据提示进行操作。如果该应用程序的快捷菜单中没有"卸载"命令，则需要通过控制面板卸载，其具体操作如下。

步骤 1：在"控制面板"窗口中单击"卸载程序"，如图 3-33 所示。

步骤 2：打开"程序和功能"窗口，选择需要卸载的应用程序后，单击"卸载/更改"按钮，也可以在所选应用程序上单击鼠标右键，然后在弹出的快捷菜单中选择"卸载/更改"命令，如图 3-34 所示。

步骤 3：在打开的对话框中根据提示进行操作，即可卸载应用程序。

图 3-33 单击"卸载程序"

图 3-34 利用快捷菜单卸载程序

5. 添加与删除输入法

用户可以将系统自带的输入法添加到语言栏中，也可自行安装或删除输入法。下面先在 Windows 10 中添加搜狗五笔输入法，然后将万能五笔输入法删除，其具体操作如下。

步骤 1：在任务栏右下角单击输入法按钮，在打开的列表中选择"语言首选项"选项。

步骤 2：打开"设置"窗口，在左侧列表中选择"语言"选项，在打开的"语言"界面中选择"中文（简体，中国）"选项，然后单击"选项"按钮，如图 3-35 所示。

步骤 3：打开"语言选项：中文（简体，中国）"界面，在"键盘"栏中单击"添加键盘"按钮 ，在打开的列表中选择"搜狗五笔输入法"选项，如图 3-36 所示，即可添加该输入法到语言栏中。

步骤 4：此时在该界面的"键盘"栏中可以查看已添加的输入法。另外，在任务栏中单击输入法按钮，在打开的列表中也可查看新添加的输入法，如图 3-37 所示。

步骤 5：在"语言选项：中文（简体，中国）"界面中的"键盘"栏中选择"万能五笔输入法"选项，单击"删除"按钮，如图 3-38 所示，可将万能五笔输入法从语言栏中删除。

图 3-35　单击"选项"按钮

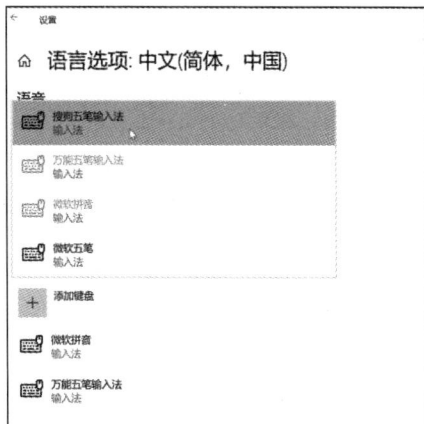

图 3-36　选择要添加的输入法

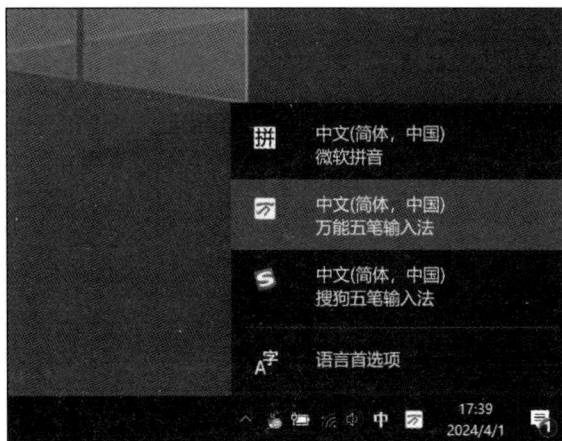

图 3-37　查看添加的输入法

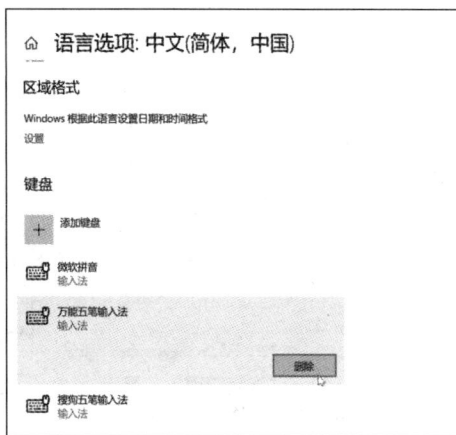

图 3-38　删除输入法

✎ **小贴士**

　　用户还可以在网上下载其他输入法的安装程序进行安装。按【Ctrl+Shift】组合键能快速地在已安装的输入法之间进行切换。

6. 格式化磁盘

　　格式化磁盘是指对磁盘或磁盘中的分区（Partition）进行初始化的一种操作，这种操作通常会导致现有的磁盘或分区中所有的文件被清除。因此，用户在执行格式化磁盘操作之前，一定要备份重要数据以防止数据丢失。格式化磁盘可通过以下两种方法实现。

- 通过文件资源管理器格式化磁盘：在文件资源管理器中选择需要格式化的磁盘，单击鼠标右键，在弹出的快捷菜单中选择"格式化"命令，打开格式化对话框，如图 3-39 所示，进行格式化设置后单击"开始"按钮即可。
- 通过"磁盘管理"工具格式化磁盘：在桌面上的"此电脑"图标 上单击鼠标右键，在弹出的快捷菜单中选择"管理"命令，打开"计算机管理"窗口，然后选择左侧列表中"存储"栏中的"磁盘管理"选项，打开"磁盘管理"工具，如图 3-40 所示。在要格式化的磁盘上单击鼠标右键，在弹出的快捷菜单中选择"格式化"命令，如图 3-41 所示，或者选择"操作"/"所有任务"/"格式化"命令，打开"格式化"对话框，在其中设置格式化限制和参数后，单击"确定"按钮，如图 3-42 所示，完成格式化操作。

图 3-39　通过文件资源管理器格式化磁盘

图 3-40　打开"磁盘管理"工具　　图 3-41　选择"格式化"命令　　图 3-42　进行格式化设置

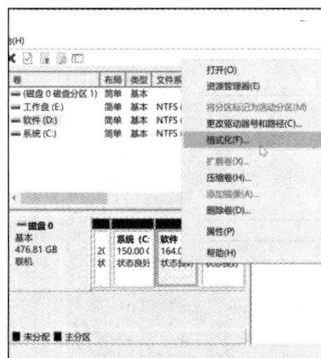

7. 清理磁盘

计算机在使用的过程中会产生一些垃圾文件和临时文件，这些文件会占用磁盘空间，让系统的运行速度变慢，因此需要定期清理磁盘。下面对 C 盘中已下载的程序文件和 Internet 临时文件进行清理，其具体操作如下。

步骤 1：在"开始"菜单中选择"Windows 管理工具"/"磁盘清理"选项，打开"磁盘清理：驱动器选择"对话框。

步骤 2：在对话框中选择需要进行清理的 C 盘，然后单击"确定"按钮。

步骤 3：打开"系统(C:)的磁盘清理"对话框，选中"要删除的文件"列表框中的"已下载的程序文件"和"Internet 临时文件"复选框，然后单击"确定"按钮，如图 3-43 所示。

步骤 4：打开确认对话框，单击"删除文件"按钮，系统将执行磁盘清理操作。

8. 整理磁盘碎片

如果计算机使用太久，系统运行速度会变慢，其中有一部分原因是系统磁盘碎片太多，整理磁盘碎片可以让系统运行更流畅。对磁盘进行碎片整理需要在"优化驱动器"窗口中进行。下面整理 C 盘中的碎片，其具体操作如下。

步骤 1：在"开始"菜单中选择"Windows 管理工具"/"碎

图 3-43　选中要清除的文件

片整理和优化驱动器"选项,打开"优化驱动器"窗口。

步骤 2:选择要整理的 C 盘,单击"分析"按钮,开始对所选的磁盘进行分析,当分析结束后,单击"优化"按钮,开始对所选的磁盘进行碎片整理,如图 3-44 所示。在"优化驱动器"窗口中,还可以同时选择多个磁盘进行分析和优化。

要注意,固态硬盘不能整理磁盘碎片。

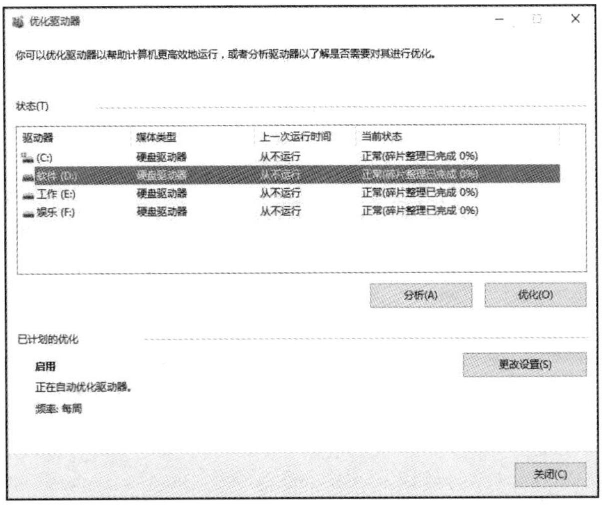

图 3-44 "优化驱动器"窗口

3.2.3 Windows 10 网络设置

网络设置是用户使用计算机时经常接触的设置内容。计算机只有通过合理的网络设置才能实现上网、资源共享等功能。Windows 10 的网络设置主要包括接入 Internet、组建无线局域网、配置无线局域网 TCP/IP、共享设置等。

1. 接入 Internet

将用户的计算机接入 Internet 的方法有多种,一般都是先联系互联网服务提供商(Internet Service Provider,ISP),对方派专人查看当前的实际情况后,再分配 IP 地址、设置网关等,从而实现上网。目前,接入 Internet 的主要方法是光纤宽带上网。

光纤宽带是目前宽带网络中多种传输媒介中最理想的一种,它具有传输容量大、传输质量高、损耗小和中继距离长等优点。光纤接入 Internet 一般有两种方法,一种是通过光纤接入小区节点或楼道,再由网线连接到各个共享点上;另一种是"光纤到户",将光纤一直扩展到每一台计算机终端上。

在 Windows 10 中接入 Internet 的具体操作如下。

步骤 1:在"控制面板"窗口中单击"查看网络状态和任务",打开"网络和共享中心"窗口,单击"更改网络设置"栏中的"设置新的连接或网络",如图 3-45 所示。

步骤 2:打开"设置连接或网络"窗口,选择"连接到 Internet"选项,单击"下一步"按钮,如图 3-46 所示。

步骤 3:打开"连接到 Internet"窗口,选择"宽带(PPPoE)"选项,如图 3-47 所示。

步骤 4:在打开的窗口中输入互联网服务提供商提供的宽带连接的用户名与密码,在下面的"连接名称"文本框中为该连接命名,单击"连接"按钮,如图 3-48 所示。稍后,系统自动开始连接,显示连接成功后便可进行上网操作。

图 3-45　单击"设置新的连接或网络"

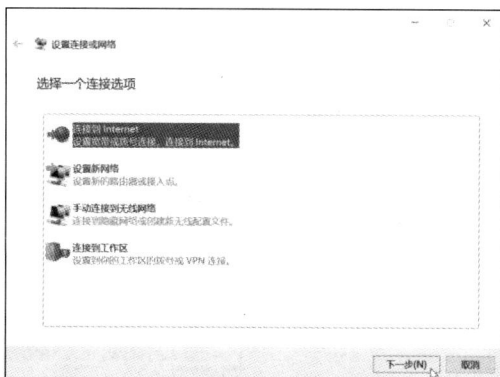

图 3-46　单击"下一步"按钮

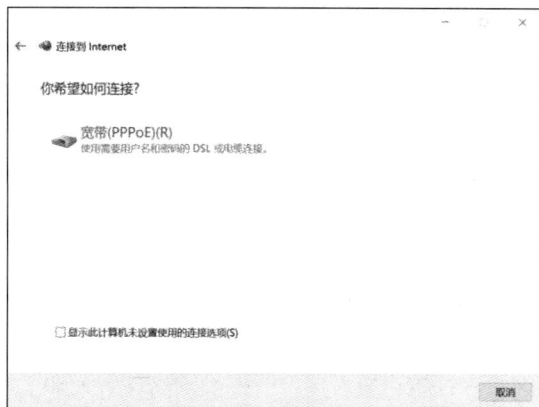

图 3-47　选择连接方式

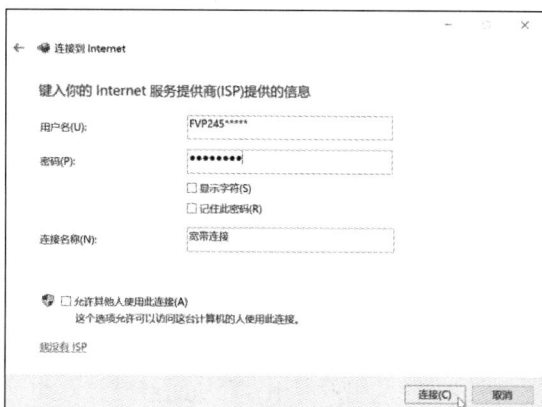

图 3-48　输入账户信息

2. 组建无线局域网

为了让多台计算机实现通信与资源共享，可以构建局域网。局域网分为有线和无线两种，它们的硬件要求相似，但无线局域网需使用无线设备。无线局域网通过无线网卡与无线路由器连接，而路由器与外部网络则为有线连接。与有线局域网相比，无线局域网不受网线长度限制，移动更自由，因此更受欢迎。

连接无线路由器后，要将局域网连接到 Internet 并实现多台计算机同时共用一个账户上网，需要设置无线路由器的参数。设置无线路由器的具体操作如下。

步骤 1： 在局域网中的任意一台连接 Internet 的计算机中启动 Microsoft Edge 浏览器，在地址栏中输入路由器地址（通常为 192.168.1.1，其登录用户名和密码默认为 admin），并正确输入路由器的用户名和密码登录路由器。

步骤 2： 在打开的页面左侧选择"设置向导"选项，打开"设置向导"页面后，选中"让路由器自动选择上网方式（推荐）"单选项，然后单击"下一步"按钮。

步骤 3： 在打开的页面中输入路由器的登录用户名和密码（通常在路由器背面或说明书中），然后单击"下一步"按钮。

步骤 4： 在打开的页面的"SSID"文本框中输入无线网络的名称，选中"WPA-PSK/ WPA2-PSK"单选项，在"PSK 密码"文本框中输入无线网络的密码，然后单击"下一步"按钮，如图 3-49 所示。

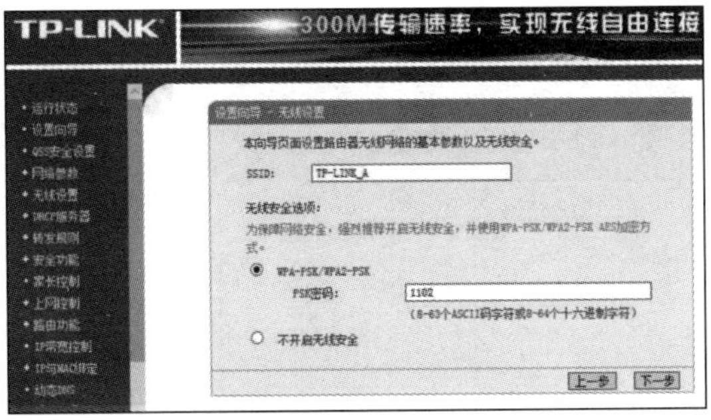

图 3-49　设置无线网络连接密码

步骤 5：成功设置无线路由器后，在任务栏的通知区域单击网络按钮，在打开的网络列表中选择无线网络选项，选中"自动连接"复选框，然后单击"连接"按钮，如图 3-50 所示。

步骤 6：输入无线网络的密码，单击"下一步"按钮，如图 3-51 所示。连接成功后，在无线网络选项中将显示"已连接……"的字样。

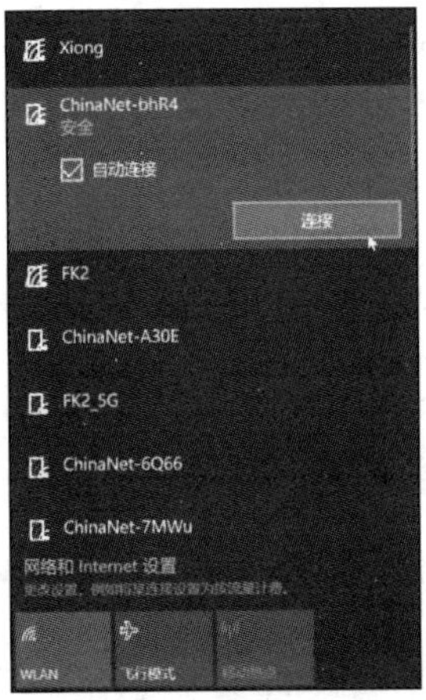

图 3-50　连接无线网络

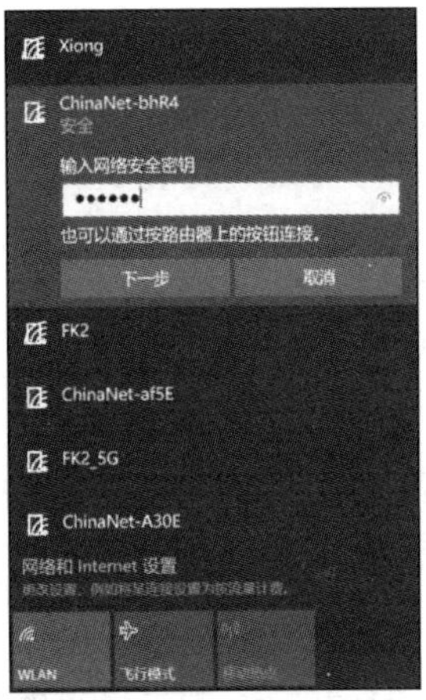

图 3-51　输入密码

3. 配置无线局域网 TCP/IP

要使用无线局域网实现计算机之间的资源共享，需要在计算机中设置 IP 地址，其具体操作如下。

步骤 1：在"控制面板"窗口中单击"网络和 Internet"，打开"网络和 Internet"窗口，单击"网络和共享中心"，如图 3-52 所示。

步骤 2：打开"网络和共享中心"窗口，在"查看活动网络"栏中单击无线网络的链接，如图 3-53 所示。

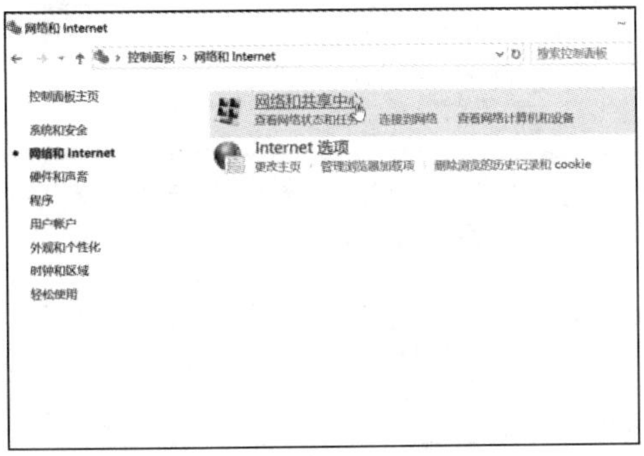

图 3-52　单击"网络和共享中心"

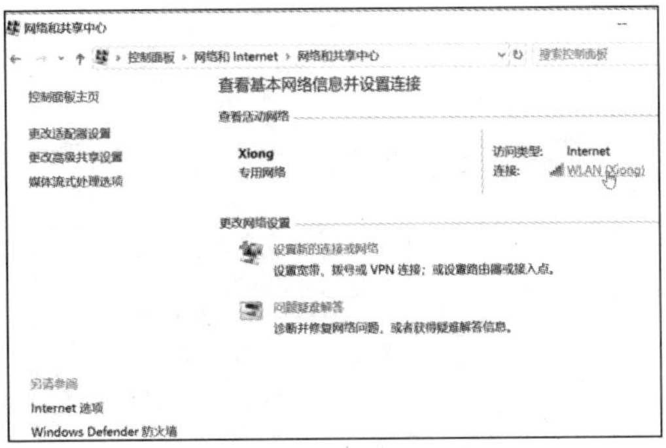

图 3-53　单击无线网络的链接

47

步骤 3：打开"WLAN 状态"对话框，单击"属性"按钮，如图 3-54 所示。

步骤 4：打开"WLAN 属性"对话框，在其中的"此连接使用下列项目"列表框中双击"Internet 协议版本 4（TCP/IPv4）"选项，如图 3-55 所示。

图 3-54　单击"属性"按钮

图 3-55　双击协议属性选项

步骤 5：打开"Internet 协议版本 4（TCP/IPv4）属性"对话框，选中"使用下面的 IP 地址"单选项，在"IP 地址"文本框中输入由 4 组数字序列组成的 IP 地址，如"192.168.1.5"；单击"子网掩码"文本框，系统将根据 IP 地址自动分配子网掩码为"255.255.255.0"，在"默认网关"文本框中输入由 4 组数字序列组成的默认网关，如"192.168.1.1"，所有地址设置好后，单击"确定"按钮，如图 3-56 所示。

步骤 6：用相同方法为无线局域网中的其他计算机设置 IP 地址，如"192.168.1.6""192.168.1.7"等。

4. 共享设置

若要局域网中的计算机之间实现资源共享，还需要根据网络位置开启 Windows 10 的资源共享功能。开启"专用"网络的共享功能的具体操作如下。

图 3-56　设置 IP 地址

步骤 1：在"控制面板"窗口中单击"网络和 Internet"，打开"网络和 Internet"窗口，单击"网络和共享中心"，在打开的"网络和共享中心"窗口中单击左侧的"更改高级共享设置"，如图 3-57 所示。

步骤 2：打开"高级共享设置"窗口，展开"专用（当前配置文件）"栏，选中"启用网络发现"单选项，并选中"启用文件和打印机共享"单选项，单击"保存更改"按钮，如图 3-58 所示。

图 3-57　单击"更改高级共享设置"

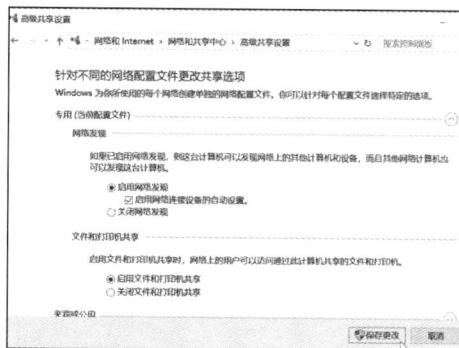

图 3-58　开启"专用"网络的共享功能

步骤 3：如果要为计算机设置登录密码，还需要在"高级共享设置"窗口中展开"所有网络"栏，在"密码保护的共享"栏中选中"无密码保护的共享"单选项，然后单击"保存更改"按钮。

步骤 4：开启网络共享功能后，在"此电脑"窗口的导航窗格中选择"网络"选项，打开"网络"窗口，该窗口显示了局域网中开启了共享功能的所有计算机。

3.3　习题

一、单项选择题

1. 在 Windows 10 中，要选择多个连续的文件或文件夹，应先单击第一个文件或文件夹，然后按住（　　）键不放，单击最后一个文件或文件夹。

　　A. Tab　　　　　　　　B. Alt　　　　　　　C. Shift　　　　　　D. Ctrl

2. 对文件或文件夹进行各种基本操作前，要选择文件或文件夹，下列操作中不能选择文件或文件夹的是（　　）。

　　A. 在窗口空白处拖动鼠标框选需要选择的多个对象，再释放鼠标

　　B. 单击第一个要选择的对象，按住【Shift】键不放，再单击最后一个要选择的对象，可选择两个对象及其中间的所有对象

　　C. 按住【Ctrl】键不放，再依次单击要选择的文件或文件夹，可选择多个不连续的文件或文件夹

　　D. 直接按【Ctrl+Z】组合键，或选择"编辑"/"全选"命令，可以选择当前窗口中的所有文件或文件夹

3. 下列关于 Windows 10 桌面的表述中，错误的是（　　）。

　　A. 可以任意排列桌面上的图标　　　　B. 桌面是指放计算机的桌子

　　C. 桌面可以按个人的喜好重新设置　　D. 桌面上可以放置应用程序的快捷方式

4. 下列操作中不正确的是（　　）。

　　A. 在"背景"界面中可以更改图片，选择图片契合度，设置纯色或幻灯片放映等参数

　　B. 在"颜色"界面中可以为 Windows 系统选择不同的主题颜色，也可以单击"自定义颜色"按钮，在打开的对话框中自定义喜欢的主题颜色

　　C. 在"锁屏界面"界面中可以选择系统默认的图片，也可以单击"浏览"按钮，将本地图片设置为锁屏界面

　　D. 在"开始"界面中可以设置自定义主题的背景、颜色、声音及鼠标指针样式等

二、操作题

1. 从网上下载搜狗拼音输入法的安装程序，将其安装到计算机中。

2. 新建文本文档，将输入法切换为搜狗拼音输入法，在文本文档中输入"公司十周年庆典活动"文本。

3. 管理文件和文件夹，具体要求如下。

（1）在计算机 D 盘中新建 FENG、WARM 和 SEED 这 3 个文件夹，再在 FENG 文件夹中新建 WANG 子文件夹，在该子文件夹中新建 JIM.txt 文件。

（2）将 WANG 子文件夹中的 JIM .txt 文件复制到 WARM 文件夹中。

（3）将 WARM 文件夹中的 JIM .txt 文件删除。

4. 对 C 盘进行磁盘分析，然后使用磁盘清理工具对已下载的程序文件、Internet 临时文件、回收站、临时文件和安装日志文件等进行清理。

04 第4章 WPS 文字

WPS 文字是金山公司打造的 WPS Office 办公软件的重要构成部分，是一款卓越的文字处理软件。它不仅能进行基础的文字编辑与处理，还能轻松创建丰富多彩、图文并茂的文档。同时，WPS Office 还集成了 WPS AI 功能模块，通过人工智能技术为用户提供智能写作辅助、自动排版、内容优化等服务。除此之外，WPS 文字还具备强大的排版功能，可以灵活地处理长文档，并满足各种特殊版式的创作需求。本书将以"WPS Office 教育版"软件为例，详细介绍 WPS 文字的使用方法，让用户轻松掌握这一强大的文字处理工具。

【学习目标】
➢ 了解 WPS 文字的工作界面。
➢ 了解 WPS AI 的基本操作方法。
➢ 掌握 WPS 文字的基本操作方法。
➢ 熟悉文档的美化设置。
➢ 了解文档中插图和表格的应用。
➢ 熟悉文档的版面设计。

4.1 WPS 文字的工作界面

在编辑文档前，了解 WPS 文字的工作界面至关重要，其人性化的设计和合理的功能布局能够帮助用户高效地完成文档编辑工作。在计算机中安装 WPS Office 教育版后，在 Windows 10 操作系统桌面的左下角单击"开始"按钮▦，在"开始"菜单中选择"WPS Office 教育版"/"WPS Office 教育版"选项，便可启动 WPS Office，进入其主界面后便可发现 WPS 文字、WPS 表格、WPS 演示等功能已统一集成在主界面中。

在 WPS Office 主界面中单击"新建"按钮，打开"新建"对话框，其中提供了"Office 文档""在线智能文档""应用服务"3 项功能，这里在"Office 文档"栏中单击"文字"按钮�，在打开的"新建文档"界面中单击"空白文档"按钮 +，进入 WPS 文字的工作界面，如图 4-1 所示。

• 标题栏：标题栏位于 WPS 文字的工作界面的顶端，主要用于显示文档名称，其中有一个"关闭"按钮×，单击该按钮便可关闭当前文档。

• "新建"按钮+："新建"按钮的主要作用是帮助用户快速创建一个新的文档、表格、演示文稿、PDF 或在线文档。通过单击该按钮，可以在打开的"新建"对话框中进行选择创建，如图 4-2 所示。如果单击"新建"按钮+右侧的下拉按钮，则可以在打开的下拉列表中进行选择创建，如图 4-3 所示。

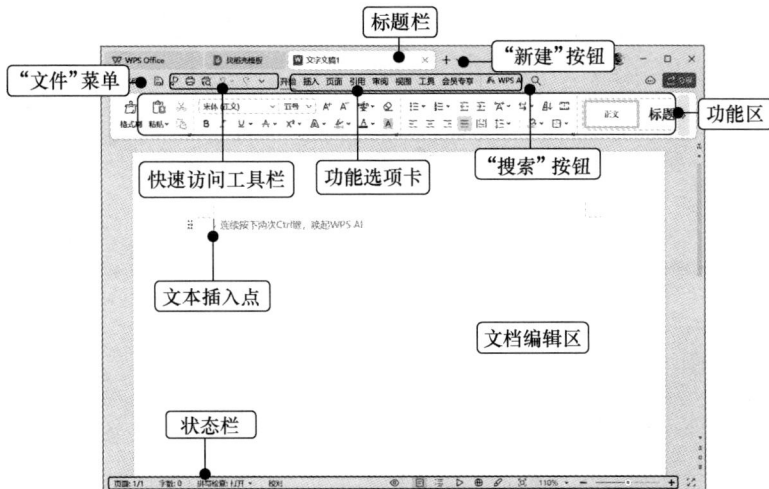

图 4-1　WPS 文字的工作界面

图 4-2　"新建"对话框

图 4-3　"新建"下拉列表

- "文件"菜单："文件"菜单中的内容与其他版本的 WPS Office 中的"文件"菜单类似，主要用于执行文档的新建、打开、保存、加密、备份与恢复等基本操作。选择菜单下方的"选项"命令可打开"选项"对话框，在其中可对 WPS 文字组件进行"编辑""视图""常规与保存""修订""自定义功能区"等多项设置。

- 快速访问工具栏：快速访问工具栏中显示了一些常用的工具按钮，默认按钮有"保存"按钮 、"输出为 PDF"按钮 、"打印"按钮 、"打印预览"按钮 、"撤销"按钮 、"恢复"按钮 。用户还可自定义按钮，只需单击该工具栏右侧的"自定义快速访问工具栏"按钮 ，在打开的下拉列表中选择相应选项。

- 功能选项卡：WPS 文字默认包含 9 个功能选项卡。单击前 8 个选项卡可以打开对应的功能区，其中包含相应的功能集合。但单击"WPS AI"选项卡，将会打开"WPS AI"任务窗格，如图 4-4 所示，用户通过该窗格可以实现文档阅读和内容生成功能。需要注意的是，WPS AI 功能需开通会员后才能正常使用。

- "搜索"按钮 ："搜索"按钮位于功能选项卡的右侧，单击该按钮将打开搜索框，搜索框包括"查找功能"和"搜索模板"两种功能，用户通过该搜索框可轻松找到相关的操作说明。例如，需要在文档中插入目录时，便可以直接在搜索框中输入"目录"，此时会显示一些关于目录的信息，如图 4-5 所示，在显示的搜索结果列表中选择所需选项后，软件便会执行相应的操作。

- 功能区：功能区位于功能选项卡的下方，其作用是对文档进行快速编辑。功能区中主要集中显示了对应选项卡的功能集合，包括一些常用按钮或下拉列表。例如，“开始”选项卡中就包括“字号”下拉列表、“加粗”按钮B、“居中对齐”按钮≡等。

图 4-4 “WPS AI”任务窗格

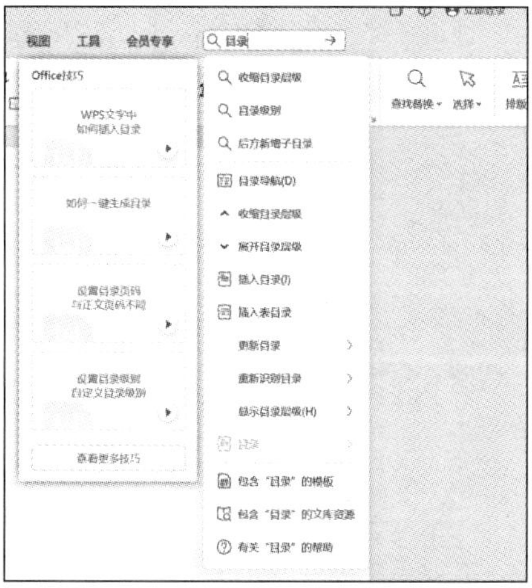

图 4-5 使用搜索功能

- 文本插入点：新建一篇空白文档后，文档编辑区的左上角将显示一个闪烁的光标，称为文本插入点，该光标所在位置便是文本的起始输入位置。
- 文档编辑区：文档编辑区是输入与编辑文字的区域，对文字进行的各种操作及结果都显示在该区域中。
- 状态栏：状态栏位于工作界面的底部，主要用于显示当前文档的工作状态，包括当前页码、字数等，右侧依次是视图模式切换按钮和显示比例调节滑块。

> **小贴士**
>
> 在新建的空白文档中，连续按两次【Ctrl】键，可以快速唤起 WPS AI 浮动工具条。在该工具条中，用户可以输入相关问题或选择场景进行提问，WPS AI 将根据用户提出的问题，快速生成相应的内容。

4.2 WPS 文字的基本操作

无论是为了提升工作效率，还是为了满足个人学习和发展的需要，掌握 WPS 文字的基本操作都是非常有必要的。WPS 文字的基本操作包括新建与保存文档、输入与选择文本、复制和移动文本、查找与替换文本等。

4.2.1 新建与保存文档

在着手编辑 WPS 文档之前，需要新建一个文档，为后续的编辑工作搭建起基础框架。待文档编辑完成后，还需要将编辑好的文档妥善保存，以便下次使用。

1. 新建文档

进入 WPS Office 的主界面后，用户需要手动创建符合要求的文档。单击“新建”按钮，打开“新建”对话框，在“Office 文档”栏中单击“文字”按钮W，然后在打开的“新建文档”界面中单击“空白文档”按钮＋，如图 4-6 所示，即可新建一个名为“文字文稿 1”的空白文档。

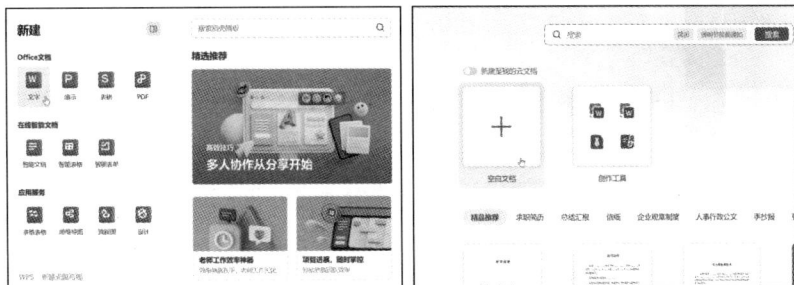

图 4-6 新建文档

2. 保存文档

编辑好的文档需要及时进行保存，这样不仅可以避免计算机死机、断电等外在因素和突发状况造成的文档丢失，还可以提高计算机的运行速度。

在新建文档中选择"文件"/"保存"命令或按【Ctrl+S】组合键，打开"另存为"对话框，在左侧列表中可以选择将文档保存到 WPS 的云文档或保存在本地，然后选择文档的保存路径，最后在"文件名称"文本框中输入文件的保存名称，完成后单击"保存"按钮，如图 4-7 所示。

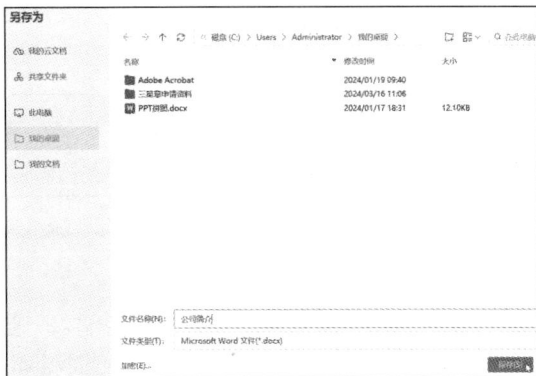

图 4-7 保存文档

4.2.2 输入与选择文本

文字是 WPS 文档最基本的组成部分，因此，输入文字是 WPS 文字中最常见的操作。常见的文字内容包括基本字符、特殊符号、日期和时间等。另外，对输入的文字进行编辑前还需要选择文字。

1. 输入基本字符

基本字符通常是指通过键盘可以直接输入的汉字、英文、标点符号和阿拉伯数字等。在 WPS 文字中输入基本字符的方法比较简单，将文本插入点定位到需要输入文字的位置，切换到所需输入法后，通过键盘直接输入即可，其具体操作如下。

步骤 1：切换到中文输入法，在新建的"文字文稿 1"文档中输入"工作会议纪要"标题，将文本插入点定位到文档的开始位置，按【Space】键将文档标题移动到首行中间的位置，如图 4-8 所示。

步骤 2：将文本插入点定位到标题后，按两次【Enter】键将文本插入点定位到第 3 行，按【Backspace】键将文本插入点定位到第 3 行的开始位置，输入"时间"文字，按【Shift+;】组合键输入标点符号"："，如图 4-9 所示。

图 4-8 输入汉字

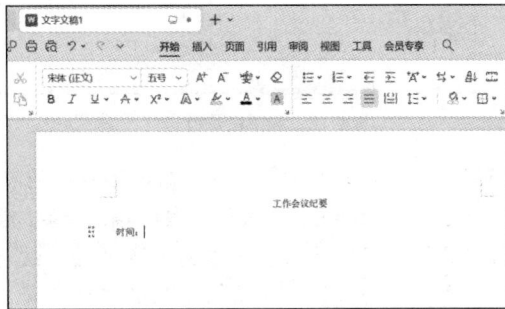

图 4-9 输入标点符号

步骤3：在第3行的文字"时间："右侧依次按【2】【0】【2】【4】键，输入数字"2024"，如图4-10所示。

步骤4：按照相同的操作方法继续输入工作会议纪要的剩余文字内容，通过按【Enter】键换行，效果如图4-11所示。

图4-10　输入数字

图4-11　输入剩余文字内容

2. 输入特殊符号

在制作文档的过程中，难免会需要输入一些特殊的图形化的符号来使文档变得更丰富、美观。一般的符号可通过键盘直接输入，但一些特殊的图形化的符号却不能直接输入，如"☆""○"等。如果要输入这些图形化的符号，可打开"符号"对话框，在其中选择相应的类别，找到需要的符号后将其插入。下面就在文档中插入几何图形符"◎"，其具体操作如下。

步骤1：将文本插入点定位到需要插入特殊符号的位置，在"插入"选项卡中单击"符号"按钮Ω，打开"符号"对话框，其中"字体"默认为"宋体"，这里在"子集"下拉列表中选择"几何图形符"选项。

步骤2：在显示的几何图形符中选择"◎"选项，单击"插入"按钮，然后单击"关闭"按钮，如图4-12所示，关闭"符号"对话框。

步骤3：返回WPS文字工作界面，文本插入点处显示了新插入的几何图形符"◎"，如图4-13所示。

图4-12　选择特殊符号

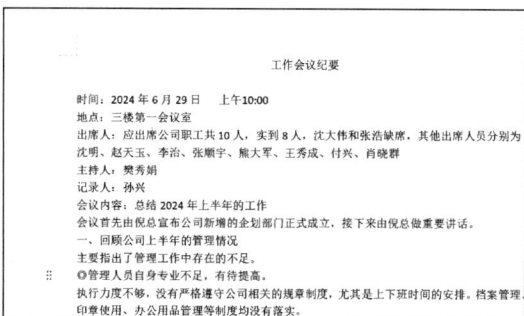

图4-13　查看插入的几何图形符

步骤4：将文本插入点定位到需要插入相同特殊符号的位置，在"插入"选项卡中单击"符号"按钮Ω下方的下拉按钮，打开的下拉列表中的"近期使用的符号"栏中显示了最近添加的符号，直接选择"◎"选项可直接在文本插入点处插入该符号，如图4-14所示。

步骤5：拖动鼠标指针选择插入的特殊符号，按【Ctrl+C】组合键复制该符号，然后将文本插入点定位到需要的位置，按【Ctrl+V】组合键粘贴符号，效果如图4-15所示。

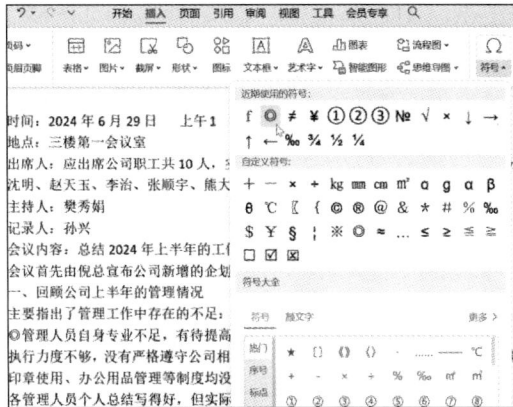

图 4-14　继续插入几何图形符

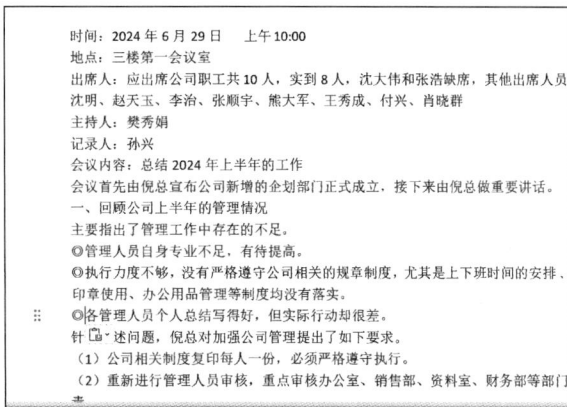

图 4-15　复制并粘贴符号

3. 输入日期和时间

在文档中可以结合中文和数字直接输入日期和时间，也可以通过 WPS 文字提供的日期和时间插入功能快速输入当前的日期和时间。下面将在"文字文稿 1"文档中输入当前的日期，其具体操作如下。

步骤 1：将文本插入点定位到最后一段文字的最右侧，按【Space】键调整文本插入点的位置，然后在"插入"选项卡中单击"文档部件"按钮，在打开的下拉列表中选择"日期"选项，如图 4-16 所示。

步骤 2：打开"日期和时间"对话框，在"可用格式"列表框中选择"2024 年 4 月 2 日"选项，然后单击"确定"按钮，如图 4-17 所示。返回 WPS 文字的工作界面，即可查看输入当前时间的效果。

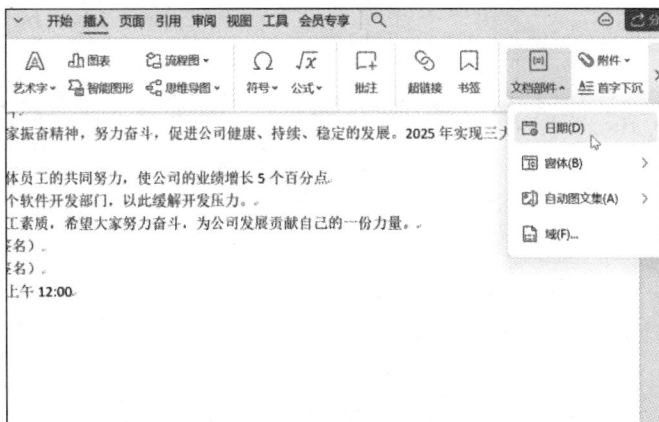

图 4-16　选择"日期"选项

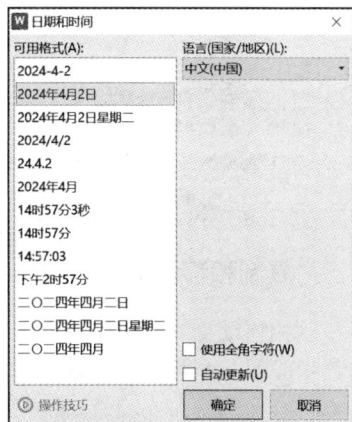

图 4-17　选择日期格式

4. 选择文本

如果需要对文档内容进行修改、删除、移动或复制等操作，首先要选定目标文本。文本的选择具有多样性，可以是任意文本，也可以是一整行或一整段，甚至是整篇文档，不同的选择适用于不同的编辑需求。

- 选择任意文本：从需要选择的文本的开始位置拖动鼠标到文字结束处，释放鼠标，选择的文本呈灰底黑字，如图 4-18 所示。
- 选择一行文本：除了用选择任意文本的方法拖动选择一行文本外，还可将鼠标指针移动到该行左边的空白位置，当鼠标指针变成形状时单击，即可选择整行文本，如图 4-19 所示。

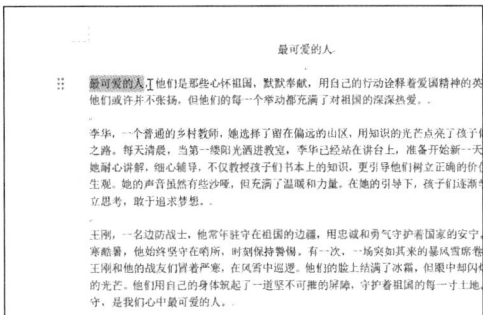

图 4-18　选择任意文本

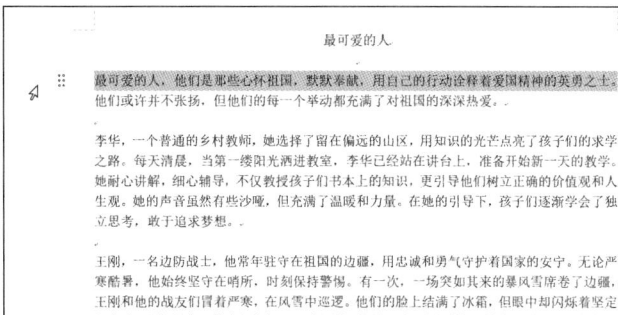

图 4-19　选择一行文本

- 选择一段文本：除了用选择任意文本的方法拖动鼠标选择一段文本之外，还可将鼠标指针移动到段落左边的空白位置，当鼠标指针变为↗形状时双击，或在该段文本中任意一处连续单击 3 次，如图 4-20 所示。
- 选择整篇文档：将鼠标指针移动到文档左边的空白位置，当鼠标指针变成↗形状时，连续单击 3 次；或将鼠标指针定位到文本的起始位置，按住【Shift】键不放，然后单击文本末尾位置；或直接按【Ctrl+A】组合键，都可选择整篇文档，如图 4-21 所示。

图 4-20　选择一段文本

图 4-21　选择整篇文档

4.2.3　复制和移动文本

复制和移动文本都可以将文本放到剪贴板中，不同的是移动文本后原文本将被删除，而复制文本后将生成另一个相同的文本。

- 复制文本：在文档中选择要复制的文本内容后，在"开始"选项卡中单击"复制"按钮🗎，或按【Ctrl+C】组合键，然后将文本插入点定位到文档中的目标位置，在"开始"选项卡中单击"粘贴"按钮🗎，或按【Ctrl+V】组合键即可将文本复制到目标位置。
- 移动文本：在文档中选择要移动的文本内容后，在"开始"选项卡中单击"剪切"按钮✂，或按【Ctrl+X】组合键，然后将文本插入点定位到文档中的目标位置，在"开始"选项卡中单击"粘贴"按钮🗎，即可将文本移动到目标位置。

✍ 小贴士

在文档中选定文本内容后，若希望实现复制操作，可在按住【Ctrl】键的同时拖动文本至目标位置，然后释放鼠标。若拖动文本时不按住【Ctrl】键，则可实现文本的移动操作，即将选定文本移动至目标位置。这样的操作方式既灵活又高效，同时还能提升编辑文档的效率。

4.2.4　查找与替换文本

在文档中若要查看某个字词的位置，或是将某个字词全部替换为另外的字词，逐个查找并替换会花费较多的时间，且容易出错，此时可使用 WPS 的查找与替换功能实现快速查找与替换文本。其具体操作如下。

步骤 1：将文本插入点定位到文档开始处，在"开始"选项卡中单击"查找"按钮 🔍，或按【Ctrl+F】组合键，打开"查找和替换"对话框中的"查找"选项卡，在"查找内容"文本框中输入需要查找的文本内容，如图 4-22 所示。

步骤 2：单击"查找下一处"按钮，可在文档中查找设置的查找内容，切换到"替换"选项卡，在"替换为"文本框中输入替换内容，如图 4-23 所示。单击"替换"按钮可替换当前查找到的内容；单击"全部替换"按钮，则替换全部查找内容。

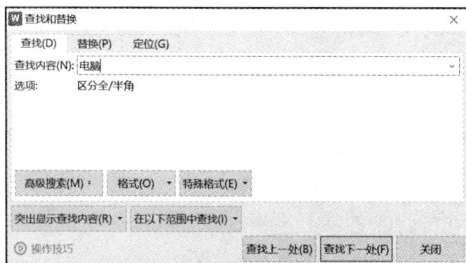

图 4-22　输入查找内容　　　　图 4-23　输入替换内容

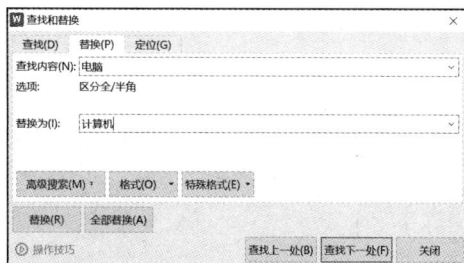

步骤 3：替换完成后将打开提示框，提示完成替换的次数，直接单击"确定"按钮，完成查找与替换操作。

4.3　文档的美化设置

在文档制作过程中，除了输入内容外，对文字格式的设置同样重要。WPS 文字提供了丰富的格式设置功能，包括设置字符格式、设置段落格式、添加边框与底纹以及添加项目符号和编号等。这些功能可以帮助用户打造出美观、易读的文档，提升文档的视觉效果和阅读体验。

4.3.1　设置字符格式

为了使制作出的文档更加专业和美观，有时需要对文档中的字符格式（如字体类型、字号等）进行设置。在 WPS 文字中，可以通过浮动工具栏、功能区和"字体"对话框设置字符的格式。

1. 通过浮动工具栏设置

选择一段文字后，所选文字的右上角将会自动显示一个浮动工具栏，如图 4-24 所示，该浮动工具栏最初为不透明状态，此时若将鼠标指针远离该浮动工具栏，浮动工具栏将变为透明或淡出状态。其中包含常用的设置选项，单击相应的按钮或选择相应选项即可对文字的字符格式进行设置。

浮动工具栏中部分选项的含义如下。

图 4-24　浮动工具栏

- 字体：字体指文字的外观，如黑体、楷体等字体，不同的字体外观也不同。

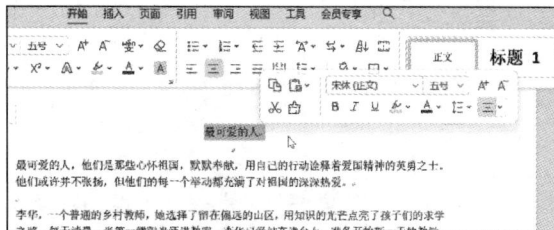

- 字号：字号指文字的大小，默认为五号。其度量单位有"字号"和"磅"两种，字号越大，文字越小，最大的字号为"初号"，最小的字号为"八号"。

2. 通过功能区设置

在 WPS 文字默认功能区的"开始"选项卡中可直接设置文字的字符格式，包括字体、字号、颜色、字形等，如图 4-25 所示。

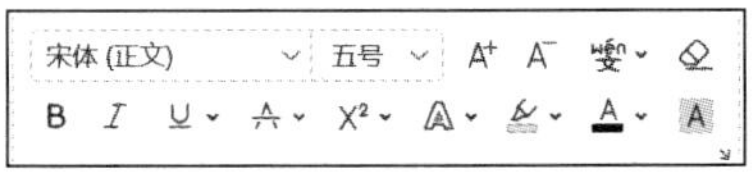

选择需要设置字符格式的文字后，在"开始"选项卡中单击相应的按钮或选择相应的选项即可进行相应设置。相关按钮含义如下。

图 4-25　通过功能区设置文字格式

- "增大字号"按钮A^+与"减小字号"按钮A^-：单击"增大字号"按钮，所选文字的字号将随之变大，更加醒目；单击"减小字号"按钮，则会使所选文字的字号缩小，满足更紧凑的排版需求。
- "清除格式"按钮：单击"清除格式"按钮将清除所选文字的所有格式，仅保留纯文字内容，即使文字恢复至初始状态。
- "上标"按钮X^2：单击"上标"按钮可以将选择的文字设置为上标；单击"上标"按钮右侧的下拉按钮，在打开的下拉列表中选择"下标"选项，可将选择的文字设置为下标。
- "拼音指南"按钮：单击"拼音指南"按钮，打开"拼音指南"对话框，如图 4-26 所示，在其中可以为所选的文字添加拼音。单击该按钮右侧的下拉按钮，打开图 4-27 所示的下拉列表，选择"更改大小写"选项可打开"更改大小写"对话框以设置英文字母的大小写；选择"带圈字符"选项可打开"带圈字符"对话框为字符设置圆圈，达到强调的效果；选择"字符边框"选项可为选择的文字设置边框。

图 4-26　"拼音指南"对话框

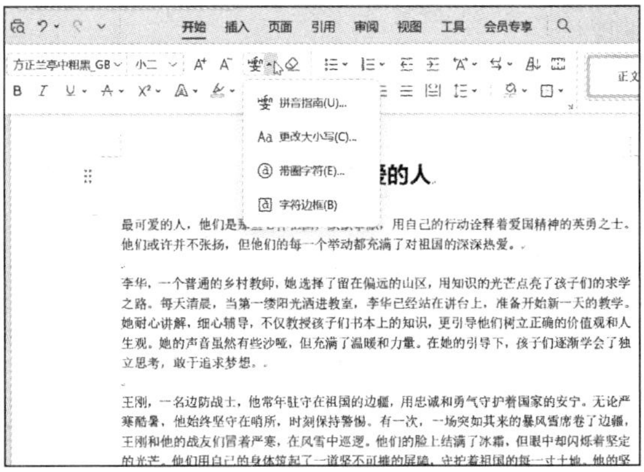

图 4-27　"拼音指南"下拉列表

- "文字效果"按钮：单击该按钮，在打开的下拉列表中可选择需要的文字效果，如"艺术字""阴影""倒影""发光"等。图 4-28 所示为"艺术字"文字效果。

图 4-28　"艺术字"文字效果

● "删除线"按钮A：单击"删除线"按钮可为选择的文字添加删除线效果。单击该按钮右侧的下拉按钮，在打开的下拉列表中选择"着重号"选项，则可以为选择的文字设置着重号效果。

3. 通过"字体"对话框设置

在"开始"选项卡中单击字体设置区域右下角的"字体"按钮或按【Ctrl+D】组合键，打开"字体"对话框。在"字体"选项卡中可设置"字体""字形""字号""字体颜色""下画线线型"等，如图 4-29 所示。在对话框底部的"预览"栏中还可以即时预览设置效果。

在"字体"对话框中切换到"字符间距"选项卡，可以设置"缩放""间距""位置"等，如图 4-30 所示。

图 4-29　"字体"选项卡　　　　　图 4-30　"字符间距"选项卡

"字符间距"选项卡中常用设置选项的功能如下。

● 缩放：默认字符缩放值是 100%，表示正常大小，大于 100%时得到的字符趋于宽扁，小于 100%时得到的字符趋于瘦高。

● 间距：包括"标准""加宽""紧缩"3 种，可在其后的"值"数值框中设置加宽或紧缩的具体值。当末行文字只有一两个字符时可通过紧缩的方法将其调到上一行。

● 位置：字符在当前行的垂直位置，包括"标准""上升""下降"3 种。

4.3.2　设置段落格式

段落是指字符、图形及其他对象的集合。WPS 文字中，段落格式包括段落对齐方式、段落缩进、段落行间距和前后间距等，通过对段落格式进行设置可以使文档内容的结构更清晰、层次更分明。

1. 设置段落对齐方式

段落对齐方式主要包括左对齐、居中对齐、右对齐、两端对齐、分散对齐等，其设置方法主要有以下 3 种。

● 选择要设置的段落，在"开始"选项卡中单击相应的对齐按钮，即可设置文档段落的对齐方式，如图 4-31 所示。

● 选择要设置的段落，在浮动工具栏中单击相应的对齐按钮，可以设置段落对齐方式。

● 选择要设置的段落，在"开始"选项卡中单击段落设置区域右下角的"段落"按钮ⅴ，打开"段落"对话框，在"缩进和间距"选项卡中的"对齐方式"下拉列表中选择对应的选项，如图 4-32 所示，即可设置段落的对齐方式。

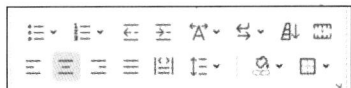

图 4-31 利用功能区设置段落对齐方式

图 4-32 利用对话框设置段落对齐方式

2. 设置段落缩进

段落缩进是指对段落缩进后留下的空白位置进行调整，使文档排版更加整齐，易于阅读。在 WPS 文字中，段落缩进包括左缩进、右缩进、首行缩进、悬挂缩进、对称缩进 5 种，一般利用标尺和"段落"对话框来设置缩进效果。

- 利用标尺设置：在"视图"选项卡中选中"标尺"复选框，启用 WPS 文字的标尺功能，此时在 WPS 文字工作界面中将显示水平和垂直标尺，然后拖动水平标尺上的各缩进滑块，以直观地调整段落缩进。其中▽表示首行缩进，△表示悬挂缩进，□表示左缩进，如图 4-33 所示。
- 利用对话框设置：选择要设置的段落，在"开始"选项卡中单击段落设置区域右下角的"段落"按钮↘，打开"段落"对话框，在"缩进和间距"选项卡中的"缩进"栏中进行相关的设置，包括"文本之前""文本之后""特殊格式"等，如图 4-34 所示。

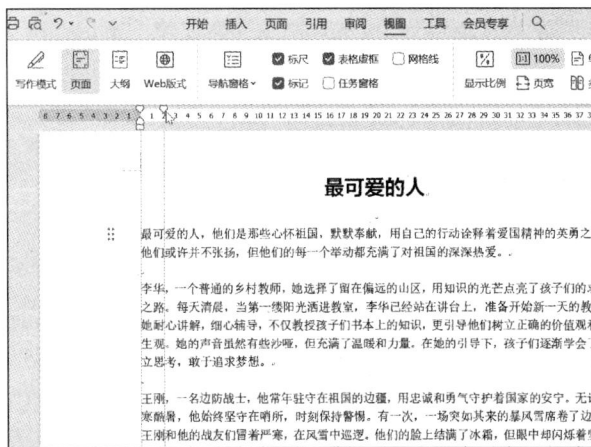

图 4-33 通过标尺设置段落缩进

图 4-34 通过对话框设置段落缩进

3. 设置段落行间距和前后间距

合适的间距可使文档一目了然，间距的调整包括设置段落行间距和前后间距两种。

- 选择要设置的段落，在"开始"选项卡中单击"行距"按钮≡▾，然后在打开的下拉列表中可选择"1.5"等行距倍数选项。
- 选择要设置的段落，打开"段落"对话框，在"间距"栏中的"段前"和"段后"数值框中输入值，在"行距"下拉列表中选择相应的选项，即可设置段落前后间距和行间距。

4.3.3　添加项目符号和编号

WPS 文字提供项目符号与编号功能，用户可以为文档中属于并列关系的段落添加●、★、◆等项目符号，也可添加"1.2.3."或"A.B.C."等编号，还可编制多级项目符号列表，使文档层次分明、条理清晰。

1. 设置项目符号

在"开始"选项卡中单击"项目符号"按钮 ：≡，可添加默认样式的项目符号；单击"项目符号"按钮 ：≡右侧的下拉按钮，在打开的下拉列表的"预设样式"栏中可选择更多的项目符号样式。设置项目符号的具体操作方法为，选择需要设置项目符号的文字后，在"开始"选项卡中单击"项目符号"按钮 ：≡右侧的下拉按钮，在打开的下拉列表的"预设样式"栏中选择"箭头项目符号"选项即可设置项目符号，返回文档，如图 4-35 所示。

图 4-35　设置项目符号

2. 自定义项目符号

WPS 文字默认提供了 7 种项目符号样式，但这些样式往往无法满足用户多样化的编辑需求，所以，用户可以根据需要自定义项目符号。下面将在文档中自定义"数字形式"的项目符号，其具体操作方法如下。

步骤 1：在文档中选择需要添加自定义项目符号的段落，单击"开始"选项卡中"项目符号"按钮 ：≡右侧的下拉按钮，在打开的下拉列表中选择"自定义项目符号"选项，如图 4-36 所示。

步骤 2：打开"项目符号和编号"对话框，任意选择一种项目符号样式后，单击"自定义"按钮，打开"自定义项目符号列表"对话框，单击其中的"字符"按钮，如图 4-37 所示。

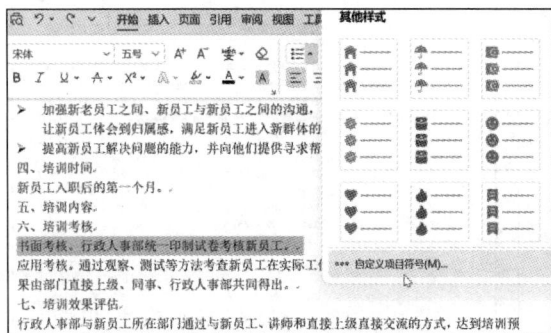

图 4-36　选择"自定义项目符号"选项

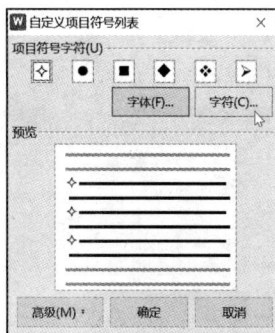

图 4-37　单击"字符"按钮

步骤 3：打开"符号"对话框，在"字体"下拉列表中选择"宋体"选项，在其右侧的"子集"下拉列表中选择"数字形式"选项，然后选择图 4-38 所示的项目符号样式，单击"插入"按钮，即可将自定义的项目符号添加到文本中。

步骤 4：按照相同的操作思路，为"应用考核"文本所在段落添加自定义项目符号"Ⅱ"。

图 4-38　选择自定义的项目符号

✎ 小贴士

在"自定义项目符号列表"对话框中单击"高级"按钮，将展开图 4-39 所示的高级设置列表，在其中可以对项目符号的缩进位置和制表位位置进行精确设置，以满足文档的编辑需求。

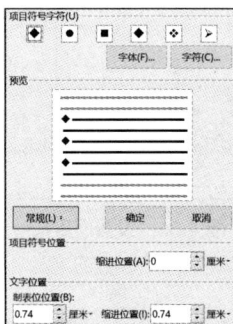

图 4-39　自定义缩进位置和制表位位置

3. 设置编号

编号主要用于一些按一定顺序排列的项目，如操作步骤或合同条款等。设置编号的方法与设置项目符号相似，即在"开始"选项卡中单击"编号"按钮 ≔ 或单击该按钮右侧的下拉按钮，在打开的下拉列表中选择所需的编号样式即可，如图 4-40 所示。

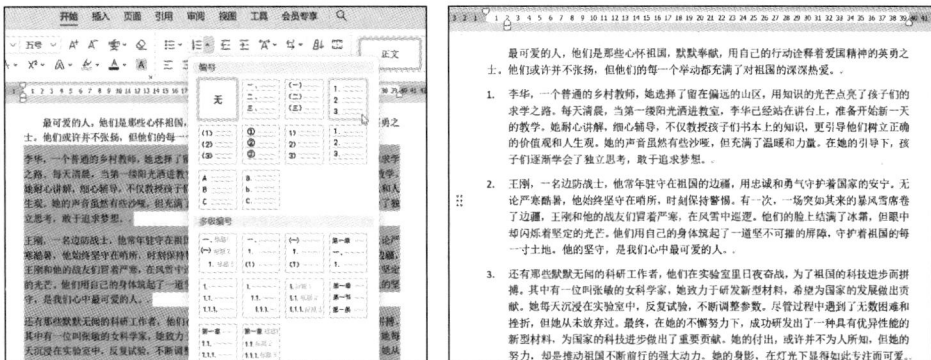

图 4-40　设置编号

4. 设置多级列表

多级列表主要用于规章制度等需要各种级别编号的文档。设置多级列表的方法为，选择需要设置的段落，在"开始"选项卡中单击"编号"按钮 ≡ 右侧的下拉按钮，在打开的下拉列表的"多级编号"栏中选择一种样式即可。对段落设置多级列表后默认各段落级别是相同的，可以在下一级段落编号后面按【Tab】键，对当前内容进行降级处理。

4.3.4　设置边框和底纹

在 WPS 文档中不仅可以为字符设置边框和底纹，还可以为段落设置边框和底纹。

1. 为字符设置边框和底纹

选择需要设置边框和底纹的字符，在"开始"选项卡中单击"字符底纹"按钮 A，可为字符设置底纹效果；单击"拼音指南"按钮 变 右侧的下拉按钮，在打开的下拉列表中选择"字符边框"选项，可为字符设置边框效果，如图 4-41 所示。

图 4-41　为字符添加边框

2. 为段落设置边框和底纹

选择需要设置边框和底纹的段落，在"开始"选项卡中单击"底纹颜色"按钮 ⬗ 右侧的下拉按钮，在打开的下拉列表中可设置底纹的颜色，如图 4-42 所示；单击"边框"按钮 ⊞ 右侧的下拉按钮，在打开的下拉列表中可设置不同类型的框线，若选择了该下拉列表中的"边框和底纹"选项，可打开"边框和底纹"对话框，如图 4-43 所示，在该对话框中可详细设置边框和底纹样式。

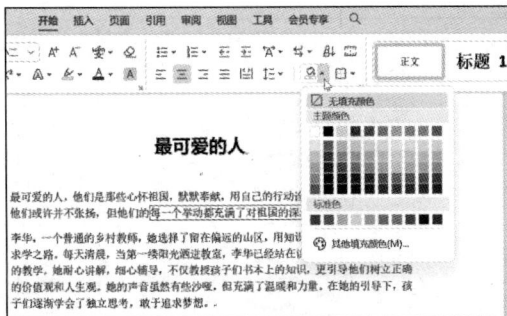

图 4-42　设置段落底纹颜色

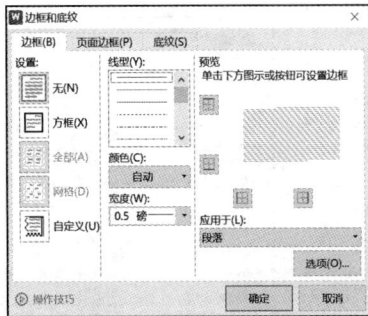

图 4-43　"边框和底纹"对话框

4.3.5　设置首字下沉

首字下沉是一种突出显示段落中的第一个文字的排版方式，可使 WPS 文档中的文字更加醒目。在 WPS 文字中设置首字下沉的方法为，将文本插入点定位到需要进行首字下沉的段落中，然后单击"插入"选项卡中的"首字下沉"按钮≝，打开"首字下沉"对话框，如图 4-44 所示，在该对话框中可设置首字下沉的位置、下沉行数和距离等参数。

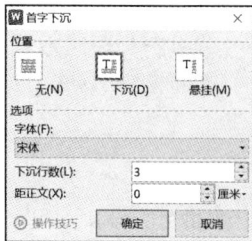

图 4-44 "首字下沉"对话框

4.4 文档中插图和表格的应用

在 WPS 文字中巧妙运用插图与表格，不仅能够有效地传达文档的核心信息，而且能显著提升文档的可读性。因此，熟练掌握 WPS 文字中插图与表格的应用技巧，已成为提升文档质量的关键技能。接下来详细介绍这两种元素的使用方法，帮助读者打造出既专业又美观的文档。

4.4.1 插入和编辑图片

在 WPS 文字中，插入与文本内容相契合的图片，不仅可以直观地表达文档的核心内容，而且能增强文档的美观性。

1. 插入图片

在 WPS 文字中可以插入多种来源的图片，包括本地图片、来自扫描仪的图片和手机图片 3 种，添加这些不同渠道的图片资源，可以轻松实现图文并茂的文档效果。鉴于插入手机图片需要用户在手机端安装 WPS 软件，所以接下来主要介绍前两种图片资源的插入方法。

• 插入本地图片：将文本插入点定位到文档中需要插入图片的位置，单击"插入"选项卡中的"图片"按钮图，在打开的下拉列表中选择"本地图片"选项。打开"插入图片"对话框，选择图片的保存路径，在下方的列表框中选择要插入的单张或多张图片，然后单击"打开"按钮，如图 4-45 所示。

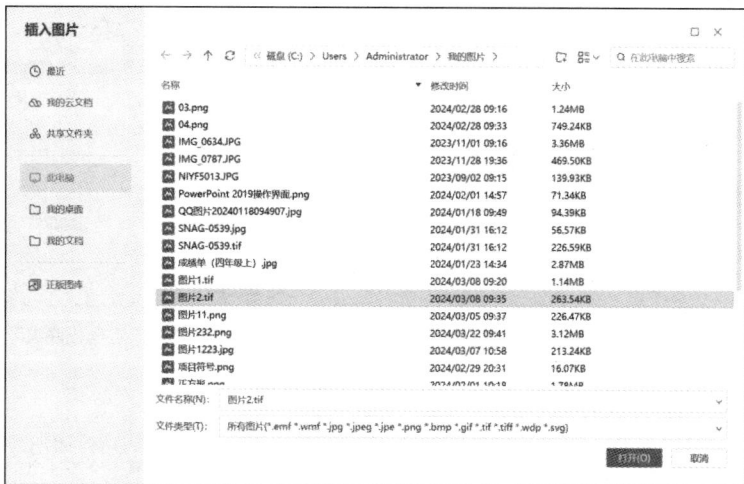

图 4-45 "插入图片"对话框

● 插入来自扫描仪的图片：将文本插入点定位到文档中需要插入图片的位置，单击"插入"选项卡中的"图片"按钮，在打开的下拉列表中选择"来自扫描仪"选项，此时会弹出"选择来源"对话框，选择相应的扫描仪设备，并进行预览或直接扫描图片。完成扫描后，选择扫描的文件，然后单击"确定"或"插入"按钮即可将扫描的图片添加到 WPS 文档中。

2. 编辑图片

编辑图片的作用是美化图片，使图片与文档内容更协调。在文档编辑区选择图片，"图片工具"选项卡会被激活，如图 4-46 所示，在其中可对图片进行编辑操作。

图 4-46　"图片工具"选项卡

"图片工具"选项卡中常用功能组（从左向右）的主要功能如下。

● "调整"组："调整"组包括"更改图片"按钮和"添加图片"按钮，单击"更改图片"按钮可以在打开的"更改图片"对话框中选择新插入的图片，此时文档中现有的图片将被替换为新插入的图片；单击"添加图片"按钮则可以在文档中添加新的图片，原文档中的图片依然存在。

● "大小"组："大小"组中的"裁剪"按钮用于裁剪图片；"形状高度"和"形状宽度"数值框用于精确设置图片大小。

● "图片样式"组："图片样式"组用于设置图片的亮度、对比度、颜色、边框，以及阴影、柔化边缘等特殊效果。在该组中单击"重设样式"按钮可以取消对所选图片做出的所有样式修改，即使图片恢复设置样式之前的效果。

● "排列"组："排列"组可以设置图片的文字环绕方式，如"嵌入型""四周型环绕""衬于文字下方"等，如图 4-47 所示。单击"旋转"按钮或"对齐"按钮可以设置图片的旋转角度或多张图片的对齐方式。

● "进阶功能"组："进阶功能"组提供了一系列高级图片处理功能，如清晰度调整、批量处理以及图片压缩等。然而，大部分功能仅限付费会员使用。

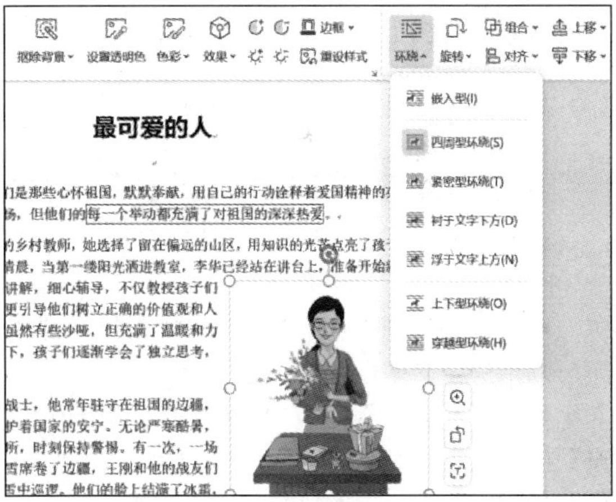

图 4-47　设置图片的文字环绕方式

4.4.2　插入和编辑形状

在 WPS 文字中可通过形状绘制工具绘制出如线条、矩形、椭圆、箭头、流程图、星和旗帜等多种形状。这些形状既可以注释文本、串联文本，又可以丰富文档内容和美化文档。

插入和编辑形状的方法为，在"插入"选项卡中单击"形状"按钮，在打开的下拉列表中选择相应的形状选项，如图 4-48 所示；然后将鼠标指针移动到文档编辑区中，拖动鼠标绘制形状，如图 4-49 所示，释放鼠标即可完成形状的绘制。在所绘形状上单击鼠标右键，在弹出的快捷菜单中选择"编辑文字"命令，可以在绘制的形状中输入文本。

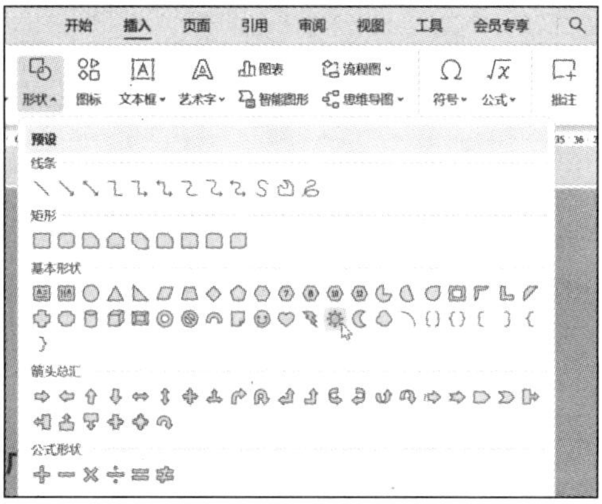

图 4-48　选择所需形状

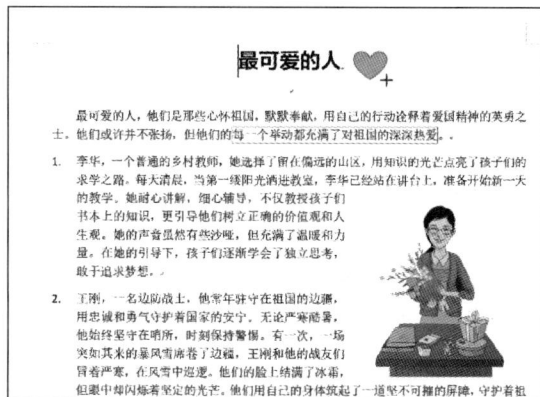

图 4-49　绘制形状

> **小贴士**
>
> 在工作中，有时需要绘制标准的圆形，然而 WPS 文字默认提供的是椭圆。选择椭圆形状后，可以在按住【Shift】键的同时拖动鼠标，这样就能够绘制出一个圆形。同理，当需要绘制一个正五边形时，也可以在绘制过程中按住【Shift】键，这样就能确保绘制出的五边形具有规则的边和角。

插入形状后将自动激活“绘图工具”选项卡，如图 4-50 所示，该选项卡为用户提供了丰富的编辑和美化选项，可让插入形状更符合文档的编辑需求。另外，通过该选项卡还可以设置形状的对齐方式。对“绘图工具”选项卡中常用组的功能的简单介绍如下。

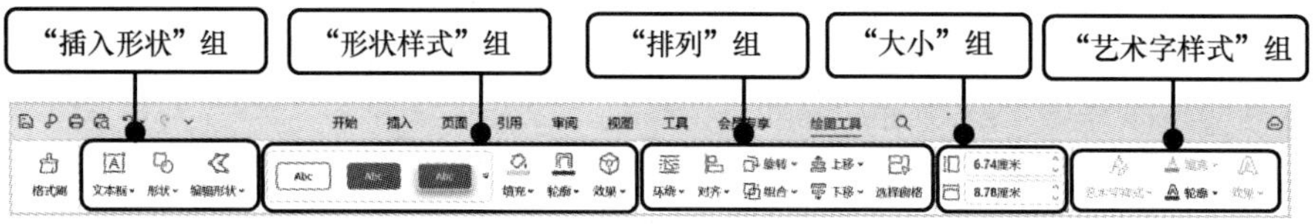

图 4-50　“绘图工具”选项卡

- “插入形状”组：“插入形状”组主要用于插入新形状和对已插入的形状进行编辑，另外，还可以单击“文本框”按钮插入文本框。
- “形状样式”组：“形状样式”组中所有的选项和按钮都是用于美化插入形状的。例如“填充”按钮、“轮廓”按钮、“效果”按钮，分别用于设置插入形状的填充颜色、轮廓及特殊效果（如阴影、发光、柔化边缘等）。
- “排列”组：“排列”组主要用于设置插入形状的环绕方式、旋转角度，以及多个形状的对齐方式。
- “大小”组：“大小”组主要用于设置插入形状的高度和宽度。
- “艺术字样式”组：“艺术字样式”组主要用于设置添加到形状中的文本格式，如文本填充颜色、轮廓、效果等。

4.4.3　插入和编辑图标

图标是 WPS 文字中提供的一种直观且富有表现力的视觉元素，它们以简洁、明了的图形形式丰富了文档内容。在 WPS 文字中，用户可以轻松插入各种预设的图标，同时，还可以对插入的图标进行编辑。

1. 插入图标

插入图标的方法与插入图片的方法类似，具体方法为，将文本插入点定位至文档中需要插入图标的位置，然后单击"插入"选项卡中的"图标"按钮￼，打开"图库"窗口中的"图标"选项卡，如图 4-51 所示，在中间的列表框中可选择不同类型的图标插入文档中。

需要注意，WPS 文字中提供的图标绝大部分都是需要付费的，需要开通 WPS Office 会员后才能使用。

图 4-51　"图库"窗口中的"图标"选项卡

2. 编辑图标

插入图标后将激活"图形工具"选项卡，如图 4-52 所示，该选项卡主要用于编辑插入的图标，其中大部分功能组的功能与"绘图工具"选项卡中的相似。

图 4-52　"图形工具"选项卡

- "更改图片"按钮￼：单击"更改图片"按钮，打开"更改图片"对话框，在其中选择要使用的图片后单击"打开"按钮，即可将文档中插入的图标替换为图片。
- "图形样式"组："图形样式"组中所有的选项和按钮都用于更改图标的样式。例如"图形填充"按钮￼、"图形轮廓"按钮￼、"图形效果"按钮￼，分别用于设置图标的填充颜色、轮廓及特殊效果（如阴影、发光、柔化边缘等）。

4.4.4　插入和编辑文本框

文本框在 WPS 文字中是一种特殊的文档版式，它可以被置于页面中的任何位置，而且用户可在文本框中输入文本、插入图片等，并且所插入的对象不会影响文本框外的内容。WPS 文字提供了横向、竖向和多行文字 3 种类型的文本框，用户可以根据实际需要选择插入。

在文档中插入文本框的方法为，在"插入"选项卡中单击"文本框"按钮￼下方的下拉按钮，在打开的下拉列表中选择需要的文本框样式，如图 4-53 所示。然后将鼠标指针移动到文档编辑区中，在目标位置单击即可插入横向文本框、竖向文本框或多行文字文本框。其中，在横向文本框中输入的文本将横向显示，在竖向文本框中输入的文本将竖向显示，在多行文字文本框中可以输入多行文本，同时将自动调整文本框的高度。

图 4-53 "文本框"下拉列表

插入文本框后将激活"绘图工具"选项卡（见图 4-54）和"文本工具"选项卡（见图 4-55），在这两个选项卡中可编辑文本框。其中，"绘图工具"选项卡与插入形状后激活的"绘图工具"选项卡相同，其操作和设置方法也相同。

图 4-54 "绘图工具"选项卡

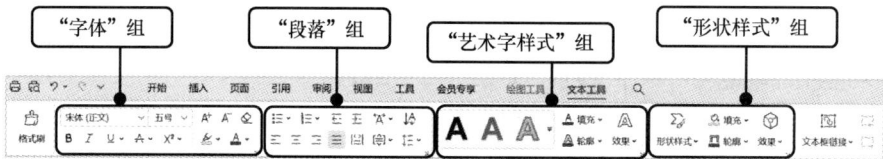

图 4-55 "文本工具"选项卡

"文本工具"选项卡主要用于编辑文本框中的文本，其常用功能组的功能如下。

● "字体"组："字体"组用于设置文本框中文本的字符格式，如字体、字号、字形及字体颜色等。

● "段落"组："段落"组用于设置文本框中文本的段落格式，如对齐方式、编号、项目符号及行距等。

● "艺术字样式"组："艺术字样式"组中的各选项和按钮用于设置文本框中的文本样式，如文本填充颜色、文本轮廓、文本特殊效果（如阴影、倒影、发光）及文本的艺术字样式等。

● "形状样式"组："形状样式"组中的各选项和按钮用于设置文本框的样式，如文本框填充颜色、文本框轮廓、文本框特殊效果（如阴影、倒影、发光）等。

4.4.5 插入和编辑艺术字

艺术字是对传统文字的一种创意化展现，起到突出显示和美化文字的作用。实质上是在文本框的基础上内置了具有某种特殊样式的文本。利用 WPS 文字提供的艺术字功能，用户可以轻松地制作出带有轮廓、阴影、透视和发光效果的特殊文字。

1. 插入艺术字

插入艺术字的方法很简单，将文本插入点定位至文档中需要插入艺术字的位置，然后单击"插入"选项卡中的"艺术字"按钮🅰，打开的下拉列表中提供了多种不同的艺术字预设，如图 4-56 所示；选择需要的艺术字预设即可插入艺术字，效果如图 4-57 所示，选择"请在此放置您的文字"文本，更改为所需文本即可。

图 4-56　艺术字预设样式

图 4-57　默认插入的艺术字效果

2. 编辑艺术字

插入艺术字后将自动激活"绘图工具"和"文本工具"选项卡，在其中可对插入的艺术字进行编辑操作。这两个选项卡与插入文本框后激活的"绘图工具"和"文本工具"选项卡相同，其操作和设置方法也相同。

4.4.6　创建和绘制表格

表格是一种可视化的交流模式，是一种组织、整理数据的手段，由多条在水平方向和垂直方向平行的直线构成，其中直线交叉形成了单元格，水平方向的一排单元格称为行，垂直方向的一排单元格称为列。表格是文字编辑过程中非常有效的工具，可以将杂乱无章的信息管理得井井有条，从而提高文档内容的可读性。

1. 创建表格

在 WPS 文字中可以通过"表格"下拉列表和对话框创建表格。

● 通过"表格"下拉列表插入表格：将文本插入点定位到文档中需要插入表格的位置，单击"插入"选项卡中的"表格"按钮▦，在打开的下拉列表中移动鼠标指针，以选择需要插入的表格的行数和列数，如图 4-58 所示。确认后单击即可在文档中自动生成相应的表格，效果如图 4-59 所示。

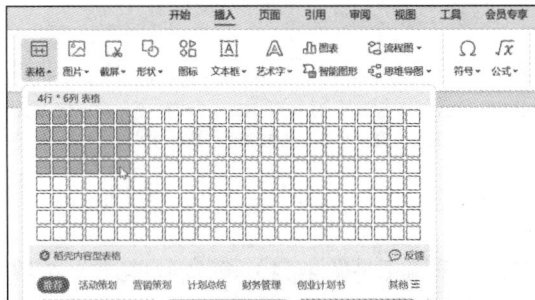

图 4-58　移动鼠标指针选择预设的行列数

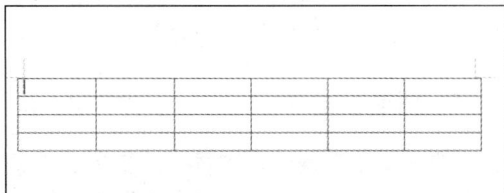

图 4-59　插入表格的效果

● 通过对话框插入表格：将文本插入点定位到文档中需要插入表格的位置，单击"插入"选项卡中的"表格"按钮▦，在打开的下拉列表中选择"插入表格"选项，如图 4-60 所示，打开"插入表格"对话框。在该对话框中可以自定义表格的列数和行数，如图 4-61 所示，单击"确定"按钮即可创建表格。

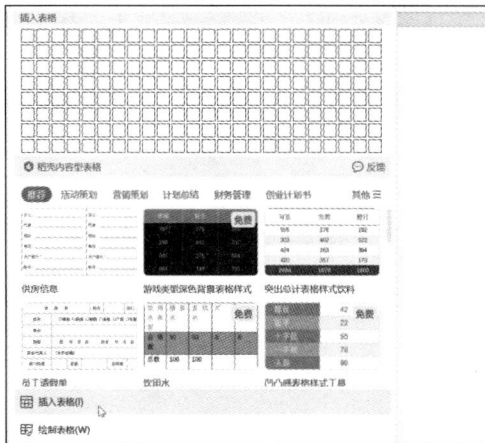

图 4-60　选择"插入表格"选项

图 4-61　自定义表格行数和列数

✍️ **小贴士**

　　采用上述两种方式插入的表格是规则的：表格的左右边框对齐文档的左右边框，且每行、每列的行高和列宽是相等的。

2. 绘制表格

使用绘制表格功能可以在文档中绘制不同行列数和不同样式的表格。

绘制表格的具体方法为，单击"插入"选项卡中的"表格"按钮⊞，在打开的下拉列表中选择"绘制表格"选项，将鼠标指针移至文档编辑区后其呈 ✎ 形状，此时拖动鼠标便可开始绘制表格，如图 4-62 所示。绘制表格时，WPS 文字会根据鼠标拖动的高度和宽度自动设置表格的行数和列数。将鼠标指针移至表格中任意单元格的边框线处，向左右两侧拖动鼠标，可绘制表格横线；向上下两侧拖动鼠标，可绘制表格竖线，如图 4-63 所示。完成绘制后，按【Esc】键退出表格绘制状态。

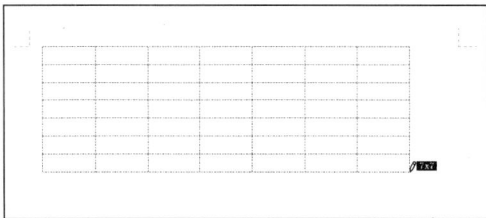

图 4-62　绘制表格

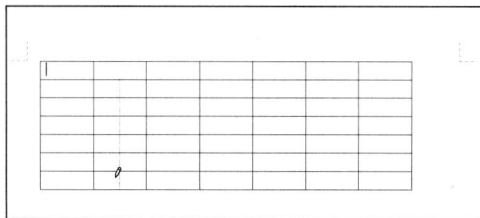

图 4-63　绘制表格内线

4.4.7　编辑表格

在文档中成功创建表格后将自动激活"表格工具"选项卡（见图 4-64）和"表格样式"选项卡（见图 4-65），在这两个选项卡中，用户可以根据实际需要对表格现有的结构和样式进行调整，其中涉及表格的选择、布局、美化等操作。

图 4-64　"表格工具"选项卡

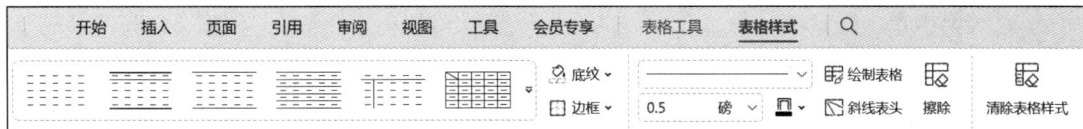

图 4-65　"表格样式"选项卡

1. 选择表格

在文档中可对插入的表格进行调整，调整表格前需选中表格，在 WPS 文字中选中表格有以下 3 种情况。

（1）选择整行

选择整行主要有以下两种方法。

- 将鼠标指针移至表格左侧，当鼠标指针呈 ⌐ 形状时，单击可以选择整行，如图 4-66 所示。如果向上或向下拖动鼠标，则可以选择多行。

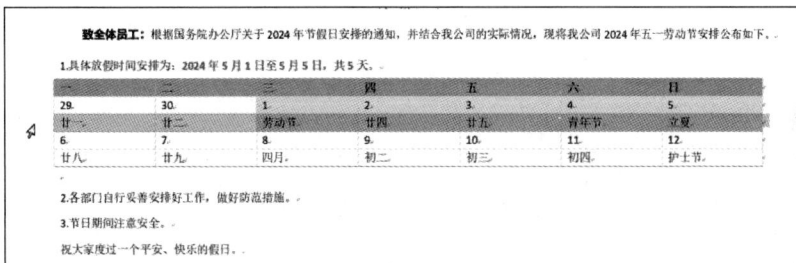

图 4-66　单击以选择整行

- 在需要选择的行中单击任意单元格，在"表格工具"选项卡中单击"选择"按钮 ↘，在打开的下拉列表中选择"行"选项即可选择该行。

（2）选择整列

选择整列主要有以下两种方法。

- 将鼠标指针移动到表格顶端，当鼠标指针呈 ↓ 形状时，单击可选择整列，如图 4-67 所示。如果向左或向右拖动鼠标，则可选择多列。

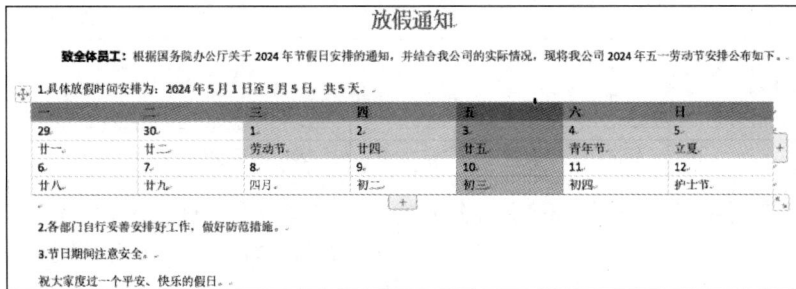

图 4-67　单击以选择整列

- 在需要选择的列中单击任意单元格，在"表格工具"选项卡中单击"选择"按钮 ↘，在打开的下拉列表中选择"列"选项即可选择该列。

（3）选择整个表格

选择整个表格主要有以下 3 种方法。

- 将鼠标指针移动到表格边框线上，然后单击表格左上角的"全选"按钮 ⊕，可选择整个表格。
- 在表格内部拖动鼠标选择整个表格。

- 在表格内单击任意单元格，在"表格工具"选项卡中单击"选择"按钮，在打开的下拉列表中选择"表格"选项，如图 4-68 所示，即可选择整个表格。

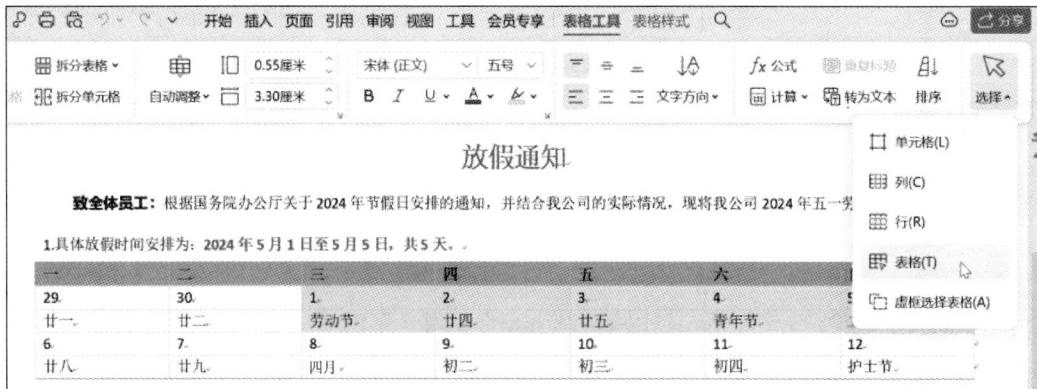

图 4-68　利用"选择"按钮选择整个表格

2. 将表格转换为文字

单击表格左上角的"全选"按钮选择整个表格，然后在"表格工具"选项卡中单击"转为文本"按钮，打开"表格转换成文本"对话框，在其中选择合适的文字分隔符，单击"确定"按钮，如图 4-69 所示，即可将表格转换为文字。

图 4-69　"表格转换成文本"对话框

3. 将文字转换为表格

拖动鼠标选择需要转换为表格的文字，然后在"插入"选项卡中单击"表格"按钮，在打开的下拉列表中选择"文本转换成表格"选项，在打开的"将文字转换成表格"对话框中根据需要设置表格尺寸和文字分隔位置，完成后单击"确定"按钮，即可将文字转换为表格。

4. 布局表格

布局表格主要包括删除、插入、合并和拆分等操作。布局方法为，选择表格中的单元格、行或列，在"表格工具"选项卡中单击相关按钮，如图 4-70 所示。其中部分按钮的作用介绍如下。

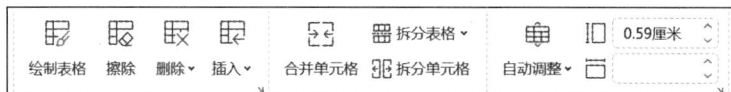

图 4-70　"表格工具"选项卡中布局表格的相关按钮

- "删除"按钮：单击该按钮，可在打开的下拉列表中执行删除单元格、列、行或表格的操作。当删除单元格时，会打开"删除单元格"对话框，如图 4-71 所示，要求设置单元格删除后剩余单元格的调整方式，如右侧单元格左移、下方单元格上移等。
- "插入"按钮：单击该按钮，可在打开的下拉列表中执行插入行、列或单元格的操作。当插入单元格时，会打开"插入单元格"对话框，如图 4-72 所示，要求设置插入单元格的具体位置，如活动单元格右移、活动单元格下移等。
- "合并单元格"按钮：选择要合并的多个单元格后，单击该按钮，可将所选的多个连续的单元格合并为一个新的单元格。
- "拆分单元格"按钮：单击该按钮，将打开"拆分单元格"对话框，如图 4-73 所示，在其中可设置拆分后的列数和行数，单击"确定"按钮后即可将所选的单元格按设置的参数进行拆分。

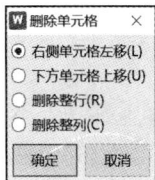

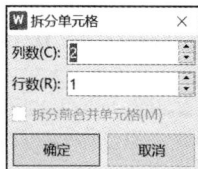

图 4-71　"删除单元格"对话框　　图 4-72　"插入单元格"对话框　　图 4-73　"拆分单元格"对话框

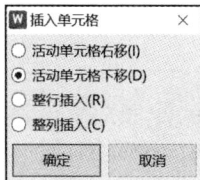

- "拆分表格"按钮▦：单击该按钮，可在所选单元格处将表格拆分为两个独立的表格。需要注意的是，WPS 文字只允许将表格上下拆分为两个表格，不允许将表格左右拆分为两个表格。
- "自动调整"按钮▦：单击该按钮，可根据表格中内容的长度和宽度自动调整行高及列宽。

5. 美化表格

美化表格主要包括套用表格样式、设置单元格边框和底纹等。美化方法为，选择表格中的单元格、行或列，在"表格样式"选项卡中对相关参数进行设置，如图 4-74 所示。

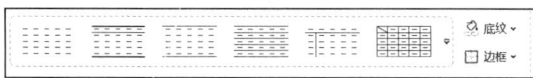

图 4-74　"表格样式"选项卡中美化表格的相关按钮

- 套用表格样式：选择要美化的表格，在"表格样式"选项卡中单击"样式"列表框右侧的"展开"按钮▾，打开图 4-75 所示的下拉列表，在其中选择所需的表格样式即可将其应用到所选表格中。
- 设置单元格边框：选择需设置边框的单元格，在"表格样式"选项卡中单击"边框"按钮▦右侧的下拉按钮，打开图 4-76 所示的下拉列表，在其中选择相应的边框样式。
- 设置单元格底纹：选择需设置底纹的单元格，在"表格样式"选项卡中单击"底纹"按钮▦右侧的下拉按钮，打开图 4-77 所示的下拉列表，在其中选择所需的底纹颜色。

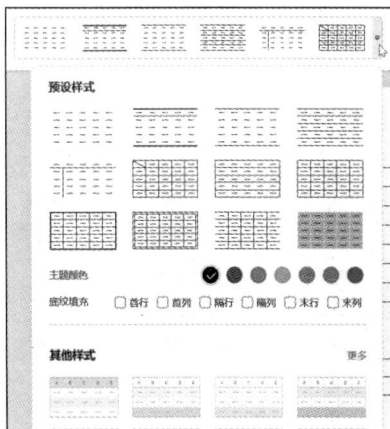

图 4-75　预设样式下拉列表　　　图 4-76　"边框"下拉列表　　　图 4-77　"底纹"下拉列表

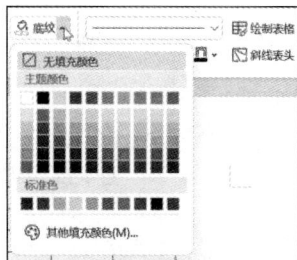

✍ 小贴士

对表格进行一系列的美化设置后，若最终效果并未达到预期，可清除之前对表格所做的美化设置，重新赋予表格新的样式。选择要清除设置的表格，单击"表格样式"选项卡中的"清除表格样式"按钮▦，即可轻松清除对表格所进行的美化设置。注意该操作只能清除表格样式，并不会清除表格布局。

4.5 文档的版面设计

文档的版面设计通常是指对文档的整体页面布局进行规划和调整，它涵盖纸张大小的选择、纸张方向的确定、封面的设计、页眉和页脚的设置、页码的编排，以及分栏和分页的设置等。

4.5.1 设置纸张大小和纸张方向

WPS 文字默认的"纸张大小"为 A4（21 厘米×29.7 厘米）、"纸张方向"为"纵向"、"页边距"为"普通"，在"页面"选项卡中单击相应的按钮便可修改，如图 4-78 所示。

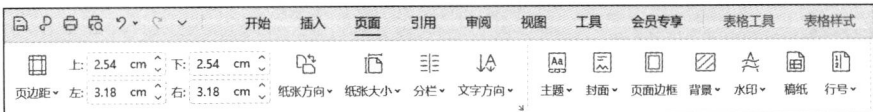

图 4-78 "页面"选项卡

- 单击"纸张大小"按钮，在打开的下拉列表中选择一种纸张大小；或选择"其他页面大小"选项，在打开的"页面设置"对话框中设置纸张的宽度和高度，如图 4-79 所示。
- 单击"纸张方向"按钮，在打开的下拉列表中选择"横向"选项，可将纸张方向设置为横向。
- 单击"页边距"按钮，在打开的下拉列表中选择一种页边距；或选择"自定义页边距"选项，在打开的"页面设置"对话框中设置上、下、左、右页边距的值，如图 4-80 所示。

图 4-79 "纸张"选项卡

图 4-80 "页边距"选项卡

4.5.2 设置封面

封面作为文档的重要组成部分，可用于展示文档的标题、制作者姓名以及文档名称等关键信息。WPS 文字内置了封面功能，用户既可以直接选择并使用系统预设的封面样式，也可以根据自己的需求制作独具特色的封面。

WPS 文字自带的封面样式较美观且操作简单，只需经过少量改动即可生成一个美观、实用的封面。具体方法是打开要插入封面的文档，然后单击"插入"选项卡中的"封面"按钮，在打开的下拉列表中可查看多种封面样式，如图 4-81 所示。选择所需封面样式即可在文档首页插入封面，然后根据实际需要修改封面内容。

图 4-81　预设封面样式

4.5.3　设置页眉、页脚和页码

页眉实际上可以位于文档中的任何区域，但根据用户浏览文档的习惯，页眉一般就是指文档中每个页面顶部区域内的对象，常用于补充说明公司标识、文档标题、文件名和作者姓名等。

1. 创建页眉

在 WPS 文字中创建页眉的方法为，在"插入"选项卡中单击"页眉页脚"按钮，激活"页眉页脚"选项卡（见图 4-82），在该选项卡中单击"页眉"按钮，在打开的下拉列表中选择一种预设的页眉样式，然后在文档中按所选的页眉样式输入所需的内容即可。

2. 编辑页眉

若需要自行设置页眉的内容和格式，则可在"页眉页脚"选项卡中单击"页眉"按钮，在打开的下拉列表中选择"编辑页眉"选项，此时将进入页眉页脚编辑状态，利用"页眉页脚"选项卡便可对页眉内容进行编辑。该选项卡中部分按钮的作用如下。

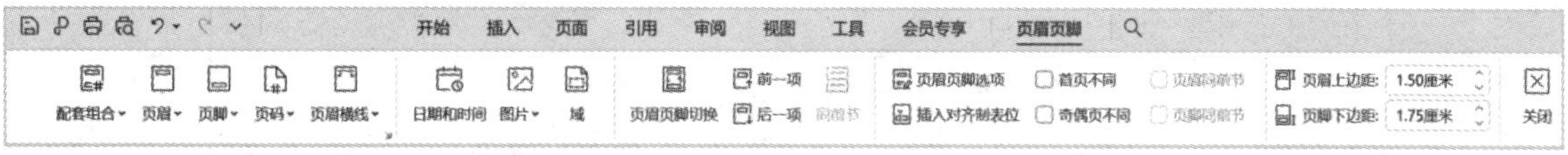

图 4-82　"页眉页脚"选项卡

- "配套组合"按钮：单击该按钮，可在打开的下拉列表中选择 WPS 文字提供的带有页眉和页脚的组合样式，以便用户快速设置页眉和页脚。
- "页眉横线"按钮：单击该按钮，可快速在页眉处设置一条带有样式的横线。
- "日期和时间"按钮：单击该按钮，可在打开的"日期和时间"对话框中设置需插入日期和时间的显示格式。
- "图片"按钮：单击该按钮，可在打开的下拉列表中选择多种来源的图片，包括本地图片、来自扫描仪的图片，以及手机图片，选择这些图片并在页眉中使用。
- "域"按钮：单击该按钮，打开"域"对话框，如图 4-83 所示，可在其中选择需插入的与本文档相关的信息，如"公式""当前时间""创建目录"等。
- "页眉页脚选项"按钮：单击该按钮将打开"页眉/页脚设置"对话框，如图 4-84 所示，在其中可设置文档第一页不显示页眉和页脚，也可单独设置文档奇数页和偶数页的页眉、页脚。

图 4-83 "域"对话框　　　　　　　　图 4-84 "页眉/页脚设置"对话框

3. 创建页脚

页脚一般位于文档中每个页面的底部区域，也用于显示文档的附加信息，如日期、公司标识、文件名和作者名等。创建页脚和创建页眉的方法类似：在"插入"选项卡中单击"页眉页脚"按钮▤或者在页脚区域双击，进入页眉页脚编辑状态，在页脚处输入文本或插入图片并进行编辑即可。

4. 插入页码

页码用于显示文档的页数，在文档中插入页码的方法为，在"插入"选项卡中单击"页眉页脚"按钮▤，激活"页眉页脚"选项卡，在该选项卡中单击"页码"按钮下方的下拉按钮，在打开的下拉列表中选择"页码"选项，如图 4-85 所示，打开"页码"对话框。在其中设置页码的样式、位置、编号以及应用范围等，如图 4-86 所示，单击"确定"按钮即可。

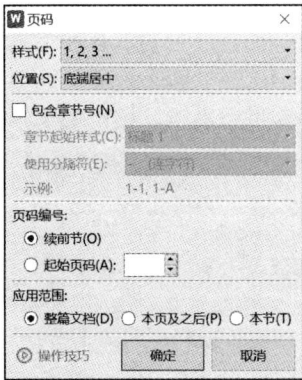

图 4-85 选择"页码"选项　　　　　　图 4-86 "页码"对话框

> **✎ 小贴士**
>
> 进入页眉页脚编辑状态后，文档编辑区的上方会显示"插入页码"按钮，单击该按钮，在打开的对话框中设置页码的样式、位置和应用范围后，可在页眉或页脚处添加页码。

4.5.4　设置分栏和分页

在 WPS 文字中，用户可以将文档灵活设置为多栏，以便更清晰地查看文档内容。同时，WPS 文字还提供了分隔符功能，能够自动进行分页，以确保文档内容的连贯性和易读性。

1. 设置分栏

分栏即将文本拆分为两栏或多栏，设置分栏的方法是选择需要进行分栏的内容后，单击"页面"选项卡中的"分栏"按钮≣，在打开的下拉列表中选择分栏的数目，或在打开的下拉列表中选择"更多分栏"选项，打开"分栏"对话框，如图 4-87 所示。在"预设"栏中可选择预设的栏数，或在"栏数"数值框中输入栏数，在"宽度和间距"栏中设置栏的宽度与间距，单击"确定"按钮应用分栏设置。

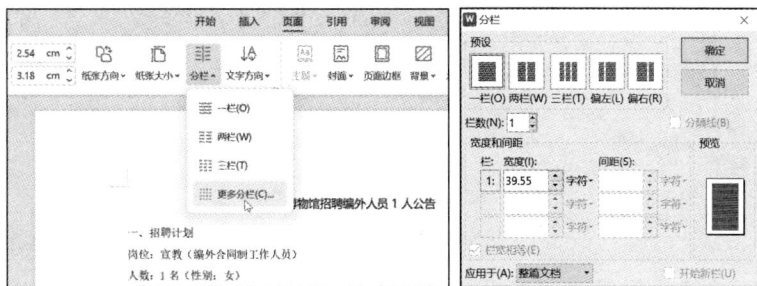

图 4-87　设置分栏

2. 设置分页

分页可通过分隔符实现，分隔符主要用于标识文字分隔的位置。设置分页的方法为，将文本插入点定位到文档中需要设置分页的位置，在"插入"选项卡中单击"分页"按钮≣右侧的下拉按钮，在打开的下拉列表中选择"分页符"选项或按【Ctrl+Enter】组合键，如图 4-88 所示。

图 4-88　设置分页

4.5.5　设置页面边框和背景

为了使制作的文档更加美观，用户还可以为文档设置页面边框和背景，从而提升整体视觉效果和阅读体验。

1. 设置页面边框

在"页面"选项卡中单击"页面边框"按钮▢，打开"边框和底纹"对话框，在"设置"栏中选择边框的类型，在"线型"列表框中选择边框的样式，在"颜色"下拉列表中设置边框的颜色，如图 4-89 所示，单击"确定"按钮应用设置。

2. 设置页面背景

在 WPS 文字中，页面背景可以是纯色背景、渐变色背景和图片背景。设置页面背景的方法为，在"页面"选项卡中单击"背景"按钮▢，在打开的下拉列表中选择一种页面背景颜色，如图 4-90 所示。选择"其他背景"选项，打开的子列表中有"纹理"和"图案"两种不同的填充效果，选择其中任意一种填充效果后，将打开"填充效果"对话框，如图 4-91 所示，在其中可以对页面背景应用渐变、纹理、图案、图片等不同的填充效果。

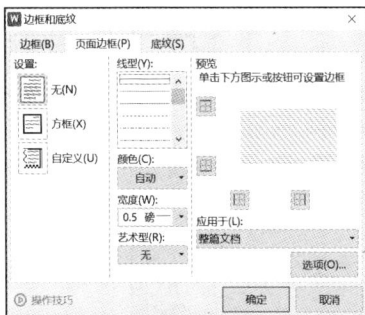

图 4-89 "边框和底纹"对话框　　　图 4-90 "背景"下拉列表　　　图 4-91 "填充效果"对话框

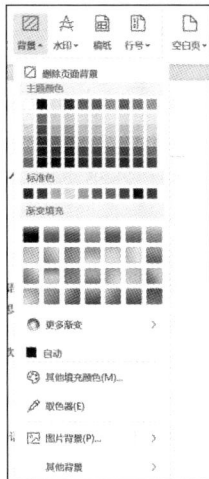

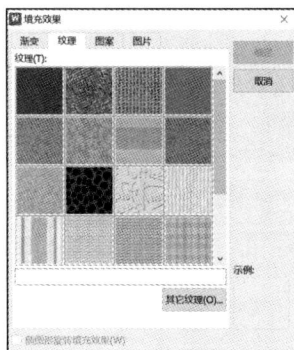

> **✎ 小贴士**
>
> 　　制作办公文档时，为表明文档的所有权和出处，用户可以为该文档添加水印。方法为，在"页面"选项卡中单击"水印"按钮📰，在打开的下拉列表中选择需要的水印效果，也可以在该下拉列表中选择"插入水印"选项，打开"水印"对话框，在其中选中"图片水印"复选框或"文字水印"复选框，自定义水印效果。

4.6　WPS Office 在线编辑与协同办公

　　为了提高远程办公的效率，WPS Office 提供了在线协作功能，该功能使得多人能够实时在线查看和编辑 WPS 文件，包括文档、表格及演示文稿等多种类型。同时，还可以对协作文件进行加密存储，确保信息的安全性。另外，除了可以由协作的发起者指定可参与协作的人员外，还可以灵活设置不同用户的查看和编辑权限，从而满足多样化的协作需求。

　　使用在线协作功能要求用户登录 WPS Office 账号。同时，要共享的文件还需要上传至云端才可被团队的其他成员访问和编辑。下面以协作编辑 WPS 文档为例介绍 WPS Office 教育版的在线协作功能的使用方法，其具体操作如下。

　　步骤 1：创建或打开需要协作编辑的 WPS 文档，单击 WPS 文字工作界面右上方的"访客登录"按钮👤，打开账号登录对话框，默认显示"微信扫码登录"，选中"已阅读并同意……"复选框，如图 4-92 所示，然后使用手机微信扫描对话框中的微信二维码，即可快速完成 WPS Office 账号的注册和登录。此外，用户还可以通过手机 WPS Office 扫码、钉钉账号、QQ 账号等方式登录 WPS Office。

　　步骤 2：成功登录后，单击工作界面右上角的"分享"按钮，打开"验证手机号"提示框，使用手机微信扫描二维码成功验证后，再次单击"分享"按钮，在打开的"协作"对话框中单击"启用"按钮🔘，如图 4-93 所示，开启"和他人一起编辑"模式。

　　步骤 3：打开"上传至云空间"对话框，确认要上传的文件后，单击"立即上传"按钮，如图 4-94 所示。

　　步骤 4：文档上传成功后，进入在线协作页面，将自动打开图 4-95 所示的"协作"对话框，单击其中的"复制链接"按钮后，便可通过微信、QQ 等方式发送链接给协作者，邀请协作者一起来编辑文档。

图 4-92　登录 WPS Office

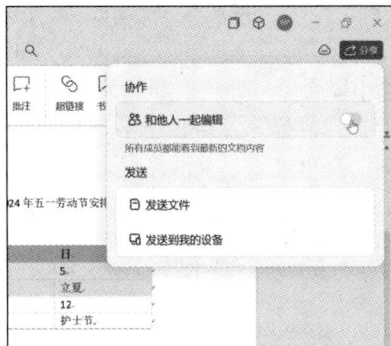

图 4-93　启用协作模式

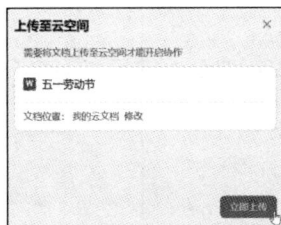

图 4-94　将文档上传至云空间

图 4-95　单击"复制链接"按钮

步骤 5：打开"链接权限"栏中的"所有人可编辑"下拉列表，在这里可以灵活选择协作者的权限级别，如图 4-96 所示。根据实际需求，管理者可以为协作者设置不同的权限，如编辑、查看等，其中，拥有编辑权限的协作者可以修改文档；拥有查看和评论权限的协作者可以查看和对文档内容进行评论，但不能修改；仅拥有查看权限的协作者只能查看文档内容，不能修改。

步骤 6：单击"添加协作者"按钮，在打开的对话框中单击"联系人"选项卡中的"添加联系人"按钮，如图 4-97 所示。

图 4-96　设置链接权限

图 4-97　添加协作者

步骤 7： 打开"添加联系人"对话框，在搜索框中输入协作者的 WPS Office 账号的邮箱地址或手机号码，在搜索结果中单击"添加"，然后返回"协作"对话框，在其中打开"所有人可编辑"下拉列表，选择"指定人"选项，便可以邀请协作者参与文档编辑。

> ✍ **小贴士**
>
> 在"协作"对话框中单击"高级设置"按钮⊗后，将打开"高级设置"对话框，在"链接有效期"栏中可以设置共享链接时效，提供了 7 天有效、30 天有效及永久有效 3 种选择。

4.7 综合案例

（1）新建一个空白文档，并将其名称设置为"招聘启事.wps"（配套资源：\效果文件\第 4 章\招聘启事.wps），然后对文档进行编辑，涉及的操作主要包括文档的新建、文本的输入与编辑、段落格式的设置以及页面背景的添加等，参考效果如图 4-98 所示。

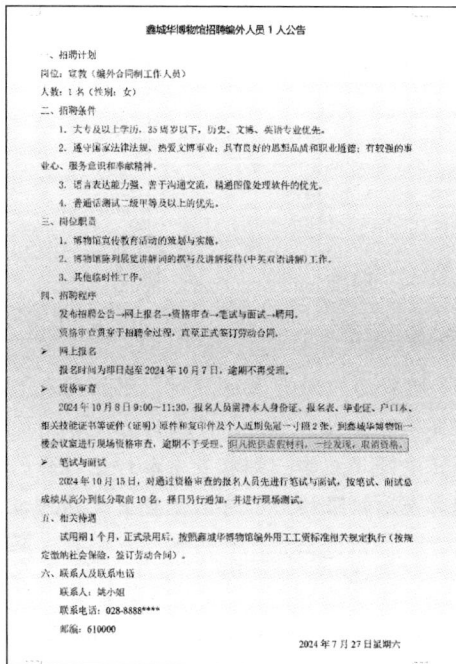

图 4-98　制作"招聘启事.wps"文档

操作提示如下。

- 启动 WPS 后，新建一个空白文档，并将其以"招聘启事.wps"为名称保存至计算机中。
- 在空白文档中输入相关的文字内容（可参见效果图）。
- 选择标题文本，在"开始"选项卡的"字体"下拉列表中选择"思源黑体"选项，在"字号"下拉列表中选择"11"选项，然后利用浮动工具栏将标题段落的对齐方式设置为"居中对齐"。
- 利用"开始"选项卡中"编号"按钮☰右侧的下拉按钮为"二、招聘条件""三、岗位职责"栏中的段落添加编号。
- 拖动标尺为"四、招聘程序"栏中的所有段落设置两个字符的首行缩进，然后利用"开始"选项卡中的"项目符号"按钮☰右侧的下拉按钮为"网上报名""资格审查""笔试与面试"段落添加项目符号。

- 突出显示文字“但凡提供虚假材料，一经发现，取消资格。”并将字体颜色设置为“红色”，同时添加边框。
- 将最后一段文字设置为右对齐，然后打开“填充效果”对话框，在“渐变”选项卡中为文档添加渐变效果的页面背景。

（2）新建一个空白文档，将其命名为“个人简历.wps”并保存（配套资源：\效果文件\第 4 章\个人简历.wps），然后在文档中插入并编辑表格，涉及的操作主要包括表格的插入、文本的输入、表格的编辑与美化等，参考效果如图 4-99 所示。

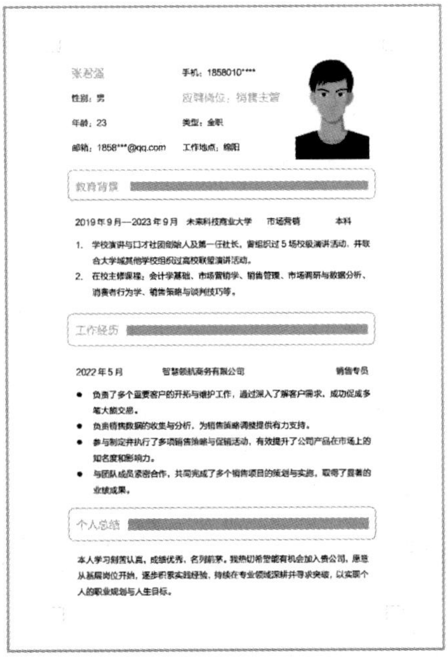

张君溢　手机：1858010****
性别：男　应聘岗位：销售主管
年龄：23　类型：全职
邮箱：1858***@qq.com　工作地点：绵阳

教育背景

2019 年 9 月—2023 年 9 月　未来科技商业大学　市场营销　本科

1. 学校演讲与口才社团创始人及第一任社长，曾组织过 5 场校级演讲活动，并联合大学城其他学校组织过高校联盟演讲活动。
2. 在校主修课程：会计学基础、市场营销学、销售管理、市场调研与数据分析、消费者行为学、销售策略与谈判技巧等。

工作经历

2022 年 5 月　智慧领航商务有限公司　销售专员

- 负责了多个重要客户的开拓与维护工作，通过深入了解客户需求，成功促成多笔大额交易。
- 负责销售数据的收集与分析，为销售策略调整提供有力支持。
- 参与制定并执行了多项销售策略与促销活动，有效提升了公司产品在市场上的知名度和影响力。
- 与团队成员紧密合作，共同完成了多个销售项目的策划与实施，取得了显著的业绩成果。

个人总结

本人学习刻苦认真，成绩优秀，名列前茅。我热切希望能有机会加入贵公司，愿意从基层岗位开始，逐步积累实践经验，持续在专业领域深耕并寻求突破，以实现个人的职业规划与人生目标。

图 4-99　制作“个人简历.wps”文档

操作提示如下。

- 利用“表格”下拉列表快速插入一个 4 行 3 列的表格，然后合并最后一列的第 1～4 行。
- 在表格中输入相应的文本内容，并拖动表格边框线来适当调整表格的行高、列宽，然后在“表格样式”选项卡中通过“底纹”按钮右侧的下拉按钮和“边框”按钮右侧的下拉按钮去除表格的底纹和边框。
- 打开“插入图片”对话框，在合并后的第 3 列单元格中插入图片“个人简历头像.png”，同时拖动鼠标缩小图片，然后在“图片工具”选项卡中，将图片的“环绕”方式设置为“浮于文字上方”。
- 绘制一个圆角矩形，在其中输入文字“教育背景”，去除圆角矩形的填充颜色，并将圆角矩形的边框颜色设置为“橙色”；绘制一个矩形，然后去除矩形边框，并将矩形填充颜色设置为“橙色”。
- 复制绘制好的圆角矩形和矩形，并更改其文本内容。
- 使用类似的方法插入并编辑表格，然后在表格中输入并编辑文本，包括设置字体、添加项目符号和编号、调整段落行距等。
- 在文档末端插入一个横向文本框，在其中输入文本内容。

（3）打开“员工手册.wps”文档（配套资源：\素材文件\第 4 章\员工手册.wps），对文档版面进行设置，涉及的操作主要包括查找与替换文本、调整纸张大小、添加页眉和页脚等，参考效果如图 4-100 所示。

操作提示如下。

- 打开"员工手册.wps"文档后，按【Ctrl+F】组合键，打开"查找和替换"对话框，通过"查找"和"替换"选项卡将文档中的文本"创新科技"统一替换为"创新凝达科技"。

- 打开"页面设置"对话框，将纸张的宽度调整为"25厘米"，高度调整为"28厘米"。

- 在"第一章"文字前插入一个分页符，然后通过"页面"选项卡中的"页眉页脚"按钮□为文档添加页眉"创新凝达科技——员工手册"。

- 在文档页脚处为整篇文档添加"居中对齐"样式的页码，最后为文档添加"严禁复制"样式的水印效果。

（4）新建一个空白文档，将其命名为"周工作总结汇报.wps"并保存（配套资源：\效果文件\第4章\周工作总结汇报.wps），然后利用WPS AI功能创建文档内容，涉及的操作主要包括AI生成内容框架、智能扩写文本、格式化文本等，参考效果如图4-101所示。

图4-100　制作"员工手册.wps"文档

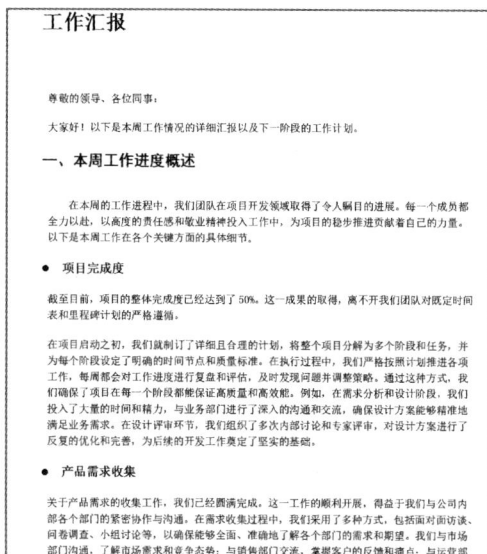

图4-101　制作"周工作总结汇报.wps"文档

操作提示如下。

- 新建一个空白WPS文档，并将其以"周工作总结汇报.wps"为名称保存至计算机中。

- 连续按两次【Ctrl】键，打开WPS AI浮动工具条，在搜索框中输入"工作汇报"，然后在弹出的列表中选择"工作总结"模板，并在搜索框中根据提示信息输入具体的问题，按【Enter】键，生成一份"工作汇报"文档。

- 选中生成的文档的全部内容，在"WPS AI"任务窗格中单击"内容生成"按钮✐，在打开的WPS AI浮动工具条中选择"扩写"选项，待AI完成扩写操作后，单击"替换"按钮，原文档中的内容将被替换成扩写后的内容。

- 仔细阅读并检查文档内容，进一步优化后，对文本"工作汇报"应用"标题1"样式，其他标题应用"标题2"样式，正文段落统一首行缩进两个字符，最后按图4-101所示为相应标题添加项目符号。

05 第5章 WPS表格

WPS 表格是一款灵活、高效的电子表格制作工具，尤其是在数据的编辑、处理和分析方面，WPS 表格展现出了极其强大的功能。在实际的办公场景中，WPS 表格也是常用的办公软件，本章将对 WPS 表格的工作界面和操作方法进行详细介绍。此外，随着 WPS AI 功能的不断更新，其在电子表格中的应用也变得更加广泛。

【学习目标】
➢ 了解 WPS 表格的工作界面的组成。
➢ 熟悉单元格、工作表和工作簿的基本操作方法。
➢ 掌握数据的输入与编辑方法。
➢ 掌握计算数据的不同方法。
➢ 掌握管理和分析数据的方法。

5.1 WPS 表格的工作界面的组成

WPS 表格的工作界面与 WPS 文字的工作界面相似，由快速访问工具栏、标题栏、功能选项卡、功能区、编辑栏、工作表编辑区和状态栏等部分组成，如图 5-1 所示。下面主要介绍编辑栏、工作表编辑区和状态栏的作用，同时融入 WPS AI 的相关知识，其他区域的功能与 WPS 文字相同，这里不赘述。

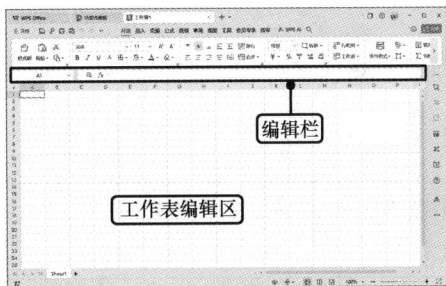

图 5-1 WPS 表格的工作界面

1. WPS AI

在 WPS 表格工作界面的功能选项卡中，单击"WPS AI"选项卡，即可打开"WPS AI"任务窗格，在其中可以使用 AI 写公式、AI 条件格式等功能进行操作。

2. 编辑栏

编辑栏用来显示和编辑当前活动的单元格中的数据或公式。在默认情况下，编辑栏中包括名称框、"浏览公式结果"按钮 $\mathbb{Q}$、"插入函数"按钮 f_x 和编辑框。在单元格中输入数据或插入公式与函数时，编辑栏中的"取消"按钮× 和"输入"按钮√ 也将显示出来。

● 名称框：用来显示当前单元格的地址或函数名称。例如，在名称框中输入"A3"后，按【Enter】键则选中 A3 单元格。

- "浏览公式结果"按钮Q：单击该按钮将自动显示当前包含公式或函数的单元格的计算结果。
- "插入函数"按钮fx：单击该按钮将快速打开"插入函数"对话框，在其中可选择需要的函数插入表格。
- "取消"按钮×：单击该按钮表示取消输入的内容。
- "输入"按钮√：单击该按钮表示确定并完成输入。
- 编辑框：用于显示在单元格中输入或编辑的内容，也可直接在其中输入或编辑内容。

3. 工作表编辑区

工作表编辑区是 WPS 表格编辑数据的主要区域，它包括行号与列标、单元格和工作表标签等。

- 行号与列标、单元格：行号用"1、2、3、..."等阿拉伯数字标识，列标用"A、B、C、..."等大写英文字母标识。一般情况下，单元格的地址用"列标+行号"表示，如位于 A 列 1 行的单元格可表示为 A1 单元格。
- 工作表标签：用来显示工作表的名称，WPS 表格默认只包含一张工作表，单击"新建工作表"按钮+将新建一张工作表。当工作簿中包含多张工作表时，可以单击任意一个工作表标签进行工作表之间的切换操作。

4. 状态栏

状态栏位于工作界面的底部，主要用于调节当前表格的显示比例和视图显示模式。

5.2 单元格、工作表和工作簿

WPS 表格的核心结构包括工作簿、工作表和单元格，它们之间存在包含关系且相互作用，了解它们之间的关系对于高效使用 WPS 表格至关重要。此外，掌握工作簿、工作表、单元格的基本操作，能够更加熟练地使用 WPS 表格，轻松地处理和分析数据。

5.2.1 单元格、工作表、工作簿的关系

在默认的情况下，新建工作簿中只包含一张工作表"Sheet1"。工作表又由排列成行和列的单元格组成。在计算机中，工作簿以文件的形式独立存在。WPS 表格创建的电子表格文件的扩展名为".et"，而工作表依附在工作簿中，单元格依附在工作表中，因此它们的关系是包含与被包含的关系，如图 5-2 所示。

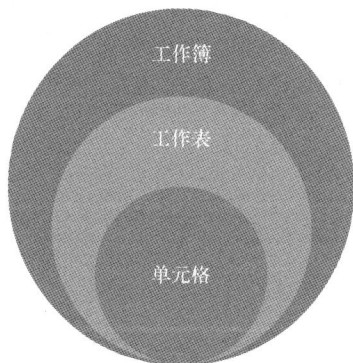

图 5-2　单元格、工作表、工作簿的关系

5.2.2 单元格的基本操作

单元格是 WPS 表格中最基本的数据存储单元，它通过对应的行号和列标进行命名和引用。多

个连续的单元格称为单元格区域，其地址表示为"单元格:单元格"，如 C5 单元格与 H8 单元格之间连续的单元格可表示为"C5:H8"单元格区域。用户在编辑表格的过程中，通常需要对单元格进行多项操作，包括选择、插入与删除、合并与拆分、调整行高和列宽、移动与复制，以及设置单元格样式等。

1. 选择单元格

在对单元格进行任何操作之前，都必须选择需要进行操作的单元格。与在 WPS 文字中选择文本类似，选择单元格有以下几种方法。

● 选择单个单元格：将鼠标指针移至需要选择的单元格上，单击该单元格即可选中鼠标指针所在的单元格。

● 选择相邻的多个单元格：选择单元格后拖动鼠标到目标单元格；也可在选择单元格后按住【Shift】键不放，再单击目标单元格，即可选择相邻的多个单元格。

● 选择不相邻的多个单元格：按住【Ctrl】键不放再单击需要选择的单元格，即可选择多个不相邻的单元格。

● 选择整行或整列单元格：将鼠标指针移到需要选择的整行或整列单元格的行号或列标上，当鼠标指针变为➡或⬇形状时，单击即可选择该行或该列的所有单元格。

● 选择连续的行或列：将鼠标指针移至行号或列标上，当鼠标指针变为➡或⬇形状时单击，并拖动鼠标可选择连续的行或列。

● 选择工作表中的所有单元格：单击工作表左上角行号与列标的交叉处的"全选"按钮◢或按【Ctrl+A】组合键可选择工作表中的所有单元格。

2. 插入单元格

在对工作表进行编辑的过程中，如果发现漏输了数据，只需在工作表中插入单元格再输入数据。插入单元格的方法为，在需要插入单元格的位置选择邻近的单元格，然后在"开始"选项卡中单击"行和列"按钮，在打开的下拉列表中选择"插入单元格"/"插入单元格"选项，如图 5-3 所示，打开图 5-4 所示的"插入"对话框插入单元格。

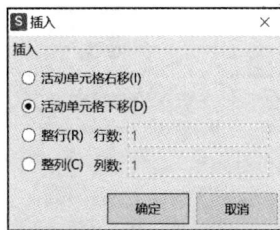

图 5-3　选择"插入单元格"选项　　　　　图 5-4　"插入"对话框

"插入"对话框中各单选项的作用如下。

● "活动单元格右移"单选项：将选中单元格中的内容右移，并在原选中单元格的位置插入一个空白单元格。

● "活动单元格下移"单选项：将选中单元格中的内容下移，并在原选中单元格的位置插入一个空白单元格。

- "整行"单选项：将选中单元格所在的行向下移动，并在原选中单元格所在行的位置插入空白行。选中该单选项后将激活其右侧的"行数"文本框，用于输入插入的单元格行数。
- "整列"单选项：将选中单元格所在的列向右移动，并在原选中单元格所在列的位置插入空白列。选中该单选项后将激活其右侧的"列数"文本框，用于输入插入的单元格列数。

3. 合并与拆分单元格

新建的工作簿中的所有单元格大小均相同，为了使制作的表格更加专业和美观，时常需要将多个单元格合并为一个单元格，同时也可将合并后的单元格拆分为多个单元格。

（1）合并单元格

合并单元格的方法为，单击"开始"选项卡中"合并"按钮回右侧的下拉按钮，然后在打开的下拉列表（见图 5-5）中选择对应的选项来执行合并操作。

下面对"合并"下拉列表中的常用选项进行介绍。

- 合并居中：将多个单元格合并为一个单元格且数据居中显示。如果要合并的单元格区域中多个单元格内存在数据，合并单元格后只保留第一个单元格中的数据。
- 合并单元格：将多个单元格合并为一个单元格且只保留第一个单元格中的数据，但数据对齐方式不变。
- 合并相同单元格：将多个相同内容的单元格合并成一个单元格。
- 合并内容：将多个单元格合并为一个单元格并保留所有单元格中的数据。

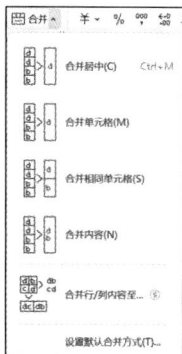

图 5-5 "合并"下拉列表

（2）拆分合并的单元格

将合并的单元格拆分的方法为，选择已合并的单元格，单击"开始"选项卡中"合并"按钮回右侧的下拉按钮，在打开的下拉列表中选择"取消合并单元格"选项。此外，若在打开的下拉列表中选择"拆分并填充内容"选项，将在拆分的多个单元格中填充相同的内容。

4. 删除单元格

在编辑表格的过程中，不仅可能出现单元格缺失的情况，还可能出现单元格过多的情况，此时可以将多余的单元格删除。删除单元格有以下两种方法。

- 通过"删除"对话框删除单元格：在"开始"选项卡中单击"行和列"按钮回，在打开的下拉列表中选择"删除单元格"/"删除单元格"选项，如图 5-6 所示，打开图 5-7 所示的"删除"对话框，在该对话框中选择相应的删除方式，单击"确定"按钮即可删除单元格。

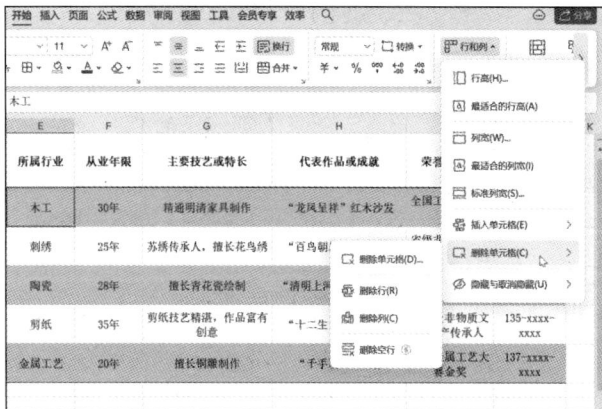

图 5-6 选择"删除单元格"选项

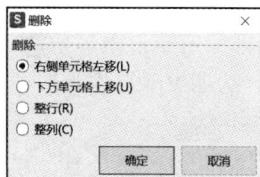

图 5-7 "删除"对话框

● 使用右键删除单元格：在选中的单元格或单元格区域上单击鼠标右键，然后在弹出的快捷菜单中选择"删除"命令。

5. 调整行高和列宽

新建的工作簿中单元格的大小是固定的，若数据内容过多，单元格将不能完全将其显示出来。此时，除了可以将多个单元格合并外，还可以手动调整单元格的行高和列宽。调整单元格行高或列宽的方法有以下 3 种。

● 通过"行高"或"列宽"对话框调整：选择要调整的单元格，在"开始"选项卡中单击"行和列"按钮，在打开的下拉列表中选择"行高"或"列宽"选项，可在打开的"行高"对话框（见图 5-8）或"列宽"对话框（见图 5-9）中输入适当的数值来调整行高和列宽。

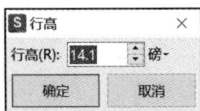

图 5-8 "行高"对话框   图 5-9 "列宽"对话框

● 自动调整：选择要调整的单元格，在"开始"选项卡中单击"行和列"按钮，在打开的列表中选择"最适合的行高"或"最适合的列宽"选项，WPS 表格将根据单元格中的内容自动调整行高和列宽。

● 手动调整：将鼠标指针移至要调整的单元格对应行或列的分隔线外，当鼠标指针变为 ↕ 或 ↔ 形状时，向右或向下拖动鼠标，在拖动过程中，可以实时看到行高或列宽的变化，如图 5-10 所示，释放鼠标后，行高或列宽将固定为所调整的大小。

图 5-10 手动调整单元格行高或列宽

6. 移动与复制单元格

通过移动或复制单元格操作，用户可以快速调整表格的结构，这对于重新排列某些单元格的内容或调整列或行的布局非常有用。移动和复制单元格的方法如下。

● 移动单元格：移动单元格的方法很简单，首先在工作表中选中要移动的单元格，然后将鼠标指针移动到单元格边框上，当鼠标指针变为 ⇖ 形状时，拖动鼠标到目标位置后再释放鼠标即可成功移动单元格。

● 复制单元格：复制单元格的操作与移动单元格操作类似，在工作表中选中要复制的单元格，在按住【Ctrl】键的同时将鼠标指针移动到单元格边框上，当其变为 ⇖ 形状时，拖动鼠标至目标位置，最后释放鼠标即可完成复制单元格操作。

7. 设置单元格样式

在 WPS 表格中，用户可以根据需要自定义单元格样式，包括对齐方式、字体格式、填充颜色、边框样式等。方法为，在工作表中选要设置的单元格，单击"开始"选项卡中的"单元格样式"按钮，打开的下拉列表中有多种预设好的样式类型，如图 5-11 所示，选择相应的选项即可应用预设的单元格样式。如果用户对预设的样式不满意，可以选择"新建单元格样式"选项，打开"样式"对话框，单击"格式"按钮，在打开的"单元格格式"对话框中进行设置，如图 5-12 所示。

图 5-11 "单元格样式"下拉列表

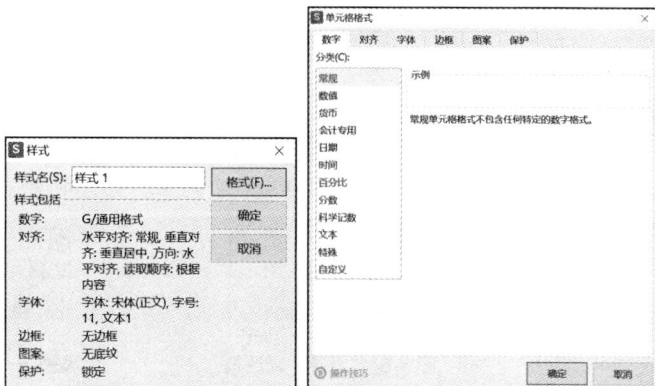

图 5-12 自定义单元格样式

5.2.3 工作表的基本操作

工作表是显示和分析数据的区域，主要用于组织和管理各种数据信息。工作表存储在工作簿中，默认情况下，一个工作簿只包含一张工作表，其名称为"Sheet1"，但用户可以根据需要进行删除和添加工作表操作。另外，在编辑工作表的过程中，用户还可以进行选择、重命名、添加与删除、移动与复制、设置工作表标签的颜色等操作。

1. 选择工作表

选择工作表是一项非常基础的操作，包括选择一张工作表、选择连续的多张工作表、选择不连续的多张工作表和选择所有工作表等。

- 选择一张工作表：单击工作表标签即可选择该工作表。
- 选择连续的多张工作表：在选择一张工作表后按住【Shift】键，再选择另一张工作表，即可同时选择这两张工作表及其之间的所有工作表。被选择的工作表标签呈白底，如图 5-13 所示。
- 选择不连续的多张工作表：选择一张工作表后按住【Ctrl】键，再依次单击其他工作表标签，即可同时选择所单击的工作表，如图 5-14 所示。

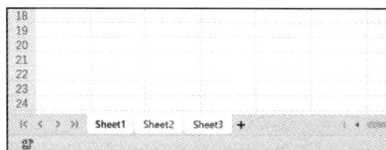

图 5-13 选择连续的多张工作表

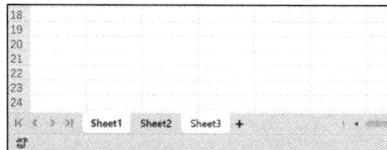

图 5-14 选择不连续的多张工作表

- 选择所有工作表：在工作表标签的任意位置单击鼠标右键，在弹出的快捷菜单中选择"选定全部工作表"命令，可选择所有的工作表。

2. 重命名工作表

对工作表进行重命名可以帮助用户快速了解工作表内容，便于查找和分类。重命名工作表的方法主要有以下 3 种。

- 双击工作表标签，此时工作表标签呈可编辑状态，输入新的名称后按【Enter】键。

● 在工作表标签上单击鼠标右键，在弹出的快捷菜单中选择"重命名"命令，工作表标签呈可编辑状态，输入新的名称后按【Enter】键。

● 选择要重命名的工作表，单击"开始"选项卡中的"工作表"按钮🄴，在打开的下拉列表中选择"重命名"选项，如图 5-15 所示，此时工作表标签呈可编辑状态，输入新的名称后按【Enter】键。

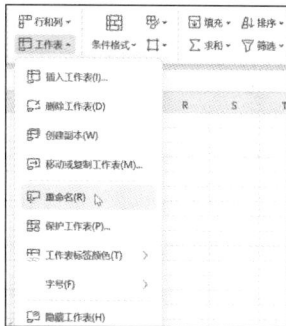

3. 添加与删除工作表

在实际工作中有时可能需要用到多张工作表，这就需要在工作簿中添加新的工作表。而对于多余的工作表，则可以直接删除。具体方法为，在工作表标签旁单击"新建工作表"按钮➕，此时"Sheet1"工作表的右侧将自动新建一个名为"Sheet2"的空白工作表，然后在新添加的"Sheet2"工作表标签上单击鼠标右键，在弹出的快捷菜单中选择"删除"命令，即可删除该工作表。

图 5-15　选择"重命名"选项

4. 移动与复制工作表

移动工作表可调整工作表的位置，复制工作表可复制多个同一类型的工作表。在 WPS 表格中移动与复制工作表的方法如下。

● 拖动鼠标移动或复制工作表：将要移动的工作表标签拖到目标位置即可；如果要复制工作表，则需要在拖动鼠标的同时按住【Ctrl】键。

● 使用"移动或复制工作表"对话框移动或复制工作表：在工作表标签上单击鼠标右键，在弹出的快捷菜单中选择"创建副本"命令，如图 5-16 所示，即可快速复制一张工作表；若选择"移动"命令，将打开图 5-17 所示的"移动或复制工作表"对话框，在该对话框的"下列选定工作表之前"列表框中选择相应选项以设置工作表的移动或复制的位置；选中"建立副本"复选框表示复制工作表，取消选中"建立副本"复选框表示只移动工作表。

图 5-16　选择"创建副本"命令　　　图 5-17　"移动或复制工作表"对话框

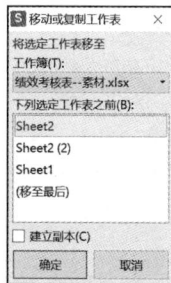

> ✍ **小贴士**
>
> 　　选择要移动或复制的工作表后，单击"开始"选项卡中的"工作表"按钮🄴，在打开的下拉列表中选择"创建副本"选项可以复制工作表，若选择"移动或复制工作表"选项，将打开"移动或复制工作表"对话框，在其中同样可以实现移动或复制工作表的操作。

5. 设置工作表标签的颜色

WPS 表格中默认的工作表标签颜色是相同的，为了区别工作簿中的各个工作表，除了可以对工作表进行重命名外，还可以为工作表标签设置不同的颜色。设置工作表标签的颜色的方法为，在需要设置颜色的工作表标签上单击鼠标右键，然后在弹出的快捷菜单中选择"工作表标签"命令，再在打开的子菜单中选择"标签颜色"命令，如图 5-18 所示，在打开列表的"主题颜色"栏中选择需要的颜色选项。

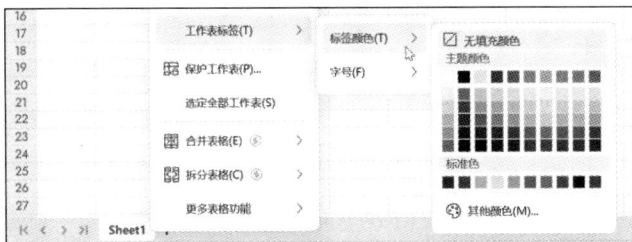

图 5-18　设置工作表标签颜色

6. 隐藏和显示工作表

在编辑工作表的过程中，工作表太多可能会影响操作。因此对于暂时不用的工作表，可以将其隐藏起来，需要时再将其显示出来。

（1）隐藏工作表

选择需要隐藏的工作表后，在该工作表标签上单击鼠标右键，在弹出的快捷菜单中选择"隐藏"命令；或者在"开始"选项卡中单击"工作表"按钮田，在打开的下拉列表中选择"隐藏工作表"选项，即可隐藏工作表。

（2）显示工作表

将被隐藏的工作表显示出来的方法为，在工作簿显示出来的工作表标签上单击鼠标右键，在弹出的快捷菜单中选择"取消隐藏"命令；或者在"开始"选项卡中单击"工作表"按钮田，然后在打开的下拉列表中选择"取消隐藏工作表"选项，如图 5-19 所示。打开"取消隐藏"对话框，"取消隐藏工作表"列表框中显示了被隐藏的工作表，如图 5-20 所示，如果隐藏了多张工作表，可按住【Ctrl】键选择多张工作表，单击 确定 按钮以将隐藏的工作表显示出来。

图 5-19　选择"取消隐藏工作表"选项

图 5-20　"取消隐藏"对话框

7. 工作表的保护

为防止他人在未经授权的情况下对工作表中的数据进行编辑，需要为工作表设置密码进行保护。对工作表设置密码保护的方法为，打开要保护的工作表，然后单击"开始"选项卡中的"工作表"按钮，在打开的下拉列表中选择"保护工作表"选项，如图 5-21 所示；或在要保护的工作表标签上单击鼠标右键，然后在弹出的快捷菜单中选择"保护工作表"命令，打开"保护工作表"对话框，输入密码后，单击"确定"按钮，如图 5-22 所示。打开"确认密码"对话框，再次输入相同的密码，单击"确定"按钮，如图 5-23 所示，完成设置。

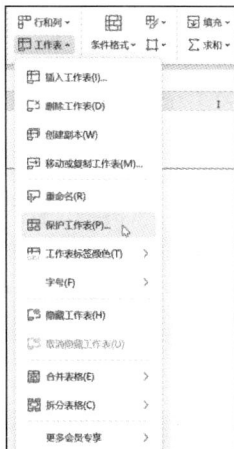

图 5-21 选择"保护工作表"选项　　图 5-22 "保护工作表"对话框　　图 5-23 "确认密码"对话框

✍ 小贴士

在 WPS 表格中，除了可以保护工作表外，还可以撤销对工作表的保护，使其恢复至可编辑状态。撤销对工作表的保护的方法为，打开设置了密码的工作表，然后单击"开始"选项卡中的"工作表"按钮，在打开的下拉列表中选择"撤销工作表保护"选项，在打开的"撤销工作表保护"对话框中输入密码后，单击"确定"按钮，即可取消对工作表的保护。

8. 工作表的美化

WPS 表格的自动套用样式功能可以快速设置单元格和表格样式，对表格进行美化。工作表的美化方法为，在工作表中选择需要套用表格样式的单元格区域，单击"开始"选项卡中的"套用表格样式"按钮，在打开的下拉列表中选择"预设样式"栏中需要的样式选项，如图 5-24 所示，即可快速美化表格。若选择下拉列表中的"新建表格样式"选项，将打开"新建表样式"对话框，如图 5-25 所示，在其中可以通过单击"格式"按钮来自定义整张表的样式。

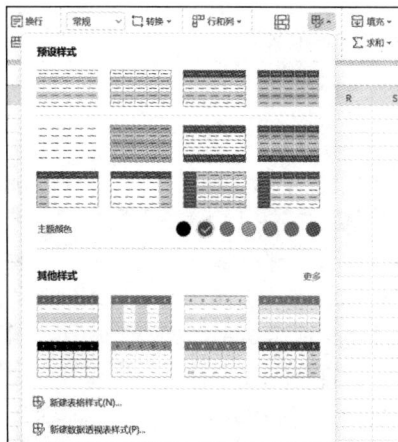

图 5-24 "套用表格样式"下拉列表　　图 5-25 "新建表样式"对话框

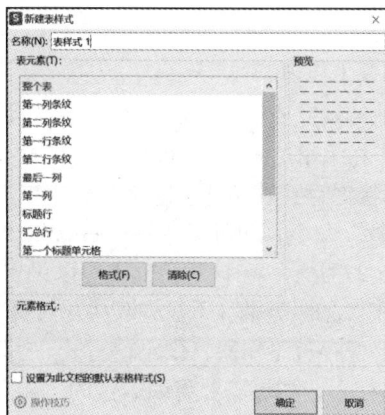

5.2.4 工作簿的基本操作

工作簿即电子表格，是用来存储和处理数据的主要文档。默认情况下，新建的工作簿以"工作簿1"命名，若继续新建工作簿则将以"工作簿2""工作簿3"……命名，且工作簿的名称将显示在标题栏的文档名处。

工作簿的基本操作包括新建、保存和加密保护等，下面将分别进行介绍。

1. 新建工作簿

新建工作簿的方法主要有以下3种。

- 选择"开始"/"WPS Office 教育版"/"WPS Office 教育版"命令，启动 WPS Office，单击"新建"按钮，在打开的"新建"对话框中单击"Office 文档"栏中的"表格"按钮 S，打开"新建表格"界面，单击其中的"空白表格"按钮＋，即可新建一个空白工作簿。
- 在已打开的 WPS 表格中，按【Ctrl+N】组合键可以快速新建一个空白工作簿。
- 在桌面或文件夹的空白位置单击鼠标右键，然后在弹出的快捷菜单中选择"新建"/XLS 工作表命令也可以新建空白工作簿。

> **小贴士**
>
> WPS 表格提供了丰富的模板，这些模板涵盖各种常见的表格类型和应用场景，为用户提供了极大的便利。因此，为了提高创建效率，用户可以选择合适的模板来快速生成具有特定样式和布局的工作簿，无须从零开始设计。创建带样式工作簿的方法为，打开"新建表格"界面，其中提供了多种类型的模板，如"明细账""销售管理""出入库管理"等，如图 5-26 所示，单击相应的模板，在打开的对话框中单击"立即使用"或"免费使用"按钮即可新建一个带样式的工作簿。但大部分模板都需要开通会员才能使用。 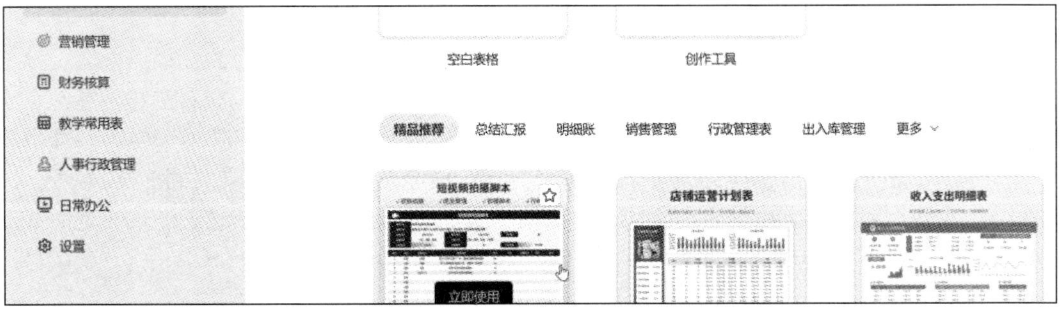
>
>
> 图 5-26　WPS 表格提供的不同类型的模板

2. 保存工作簿

工作簿编辑完成后，需要对其进行保存。重复编辑的工作簿可根据需要直接进行保存，也可通过另存为操作将编辑过的工作簿保存为新的文件，下面分别介绍直接保存和另存为工作簿的操作方法。

- 直接保存：在快速访问工具栏中单击"保存"按钮，或按【Ctrl+S】组合键，或选择"文件"/"保存"命令，即可保存编辑后的文档。如果是第一次进行保存操作，将打开"另存为"对话框，如图 5-27 所示，在该对话框中可以设置文件的保存位置，在"文件名称"文本框中可输入工作簿名称，在"文件类型"下拉列表中可选择文件类型，设置完成后单击"保存"按钮即可完成保存操作；若已保存过工作簿，则不再打开"另存为"对话框，直接完成保存。
- 另存为：如果需要将编辑过的工作簿保存为新文件，可选择"文件"/"另存为"命令，在打开的"另存为"对话框中选择所需的保存方式进行工作簿的保存。

图 5-27　"另存为"对话框

3. 加密保护工作簿

在商务办公中，工作簿中经常会有涉及公司机密的数据信息，这时通常会为工作簿设置打开和修改密码。加密保护工作簿的具体操作如下。

步骤 1：新建一个工作簿，并将其以"采购物资清单"为名称保存，选择"文件"/"文档加密"/"密码加密"命令。

步骤 2：打开"密码加密"对话框，在"打开文件密码"文本框中输入"123"，在"再次输入密码"文本框中输入"123"。

步骤 3：在"修改文件密码"文本框中输入"456"，在其下方的"再次输入密码"文本框中输入"456"，单击"应用"按钮，如图 5-28 所示。

步骤 4：重新打开工作簿时，将打开"文档已加密"对话框，在其中的文本框中输入"123"，单击"确定"按钮。

步骤 5：打开"文档已设置编辑密码"对话框，在其中的文本框中输入"456"，单击"解锁编辑"按钮，如图 5-29 所示。

图 5-28　"密码加密"对话框

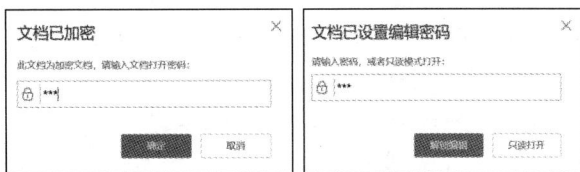

图 5-29　解密打开权限和编辑权限

5.3　数据的输入与编辑

新建的工作簿中没有内容，也就没有意义，要使该工作簿有意义就必须在其中输入数据，输入数据后可以对其进行编辑操作，如修改和删除、移动和复制、查找和替换等。

5.3.1　数据的输入与填充

输入数据是制作表格的基础，WPS 表格支持输入各种类型的数据，包括文本和数字等一般数据，以及身份证号、小数或货币等特殊数据的输入。对于编号等有规律的数据序列，还可利用快速填充功能实现高效输入。

1. **数据类型**

WPS 表格的数据类型包括字符型、数值型、日期型、时间型及逻辑型。

（1）字符型数据

字符型数据包括汉字、英文字母、空格等。默认情况下，字符型数据输入后的对齐方式为左对齐。当输入的字符串长度超出当前单元格的宽度时，如果右侧相邻单元格中没有数据，那么字符串会往右侧延伸；如果右侧单元格中有数据，则字符串的超出部分会被隐藏起来，此时需要增大单元格的宽度才能将数据全部显示出来。

（2）数值型数据

数值型数据包括 0～9 及含有货币符号、百分号、正号和负号等数值相关符号的数据。默认情况下，数值型数据输入后的对齐方式为右对齐。在输入数值型数据时，用户应特别注意以下两种情况。

- 负数：在数值前加一个"-"或把数值放在括号中，都可以表示为输入负数。例如，若要在单元格中输入"-88"，则可以在单元格中输入英文括号"()"后在其中输入 88，即"(88)"，最后按【Enter】键，此时，单元格中将显示"-88"。

- 分数：用户若想在单元格中输入分数形式的数据，那么应先在单元格中输入"0"和一个空格，然后输入分数，否则 WPS 表格会把分数当作日期处理。例如，若要在单元格中输入分数"4/5"，那么首先需要在单元格中输入"0"和一个空格，然后输入"4/5"，最后按【Enter】键，此时，单元格中将显示"4/5"。

（3）日期型数据

日期型数据即表示日期的数据，日期在 WPS 表格内部是用 1900 年 1 月 1 日起至某日期的天数序号存储的。例如，1900/02/01 在内部存储的天数序号是 32。日期型数据是 WPS 表格中常用的数据之一，用户在输入日期型数据时，年、月、日之间要用"/"或"-"隔开，如"2024-4-6""2024/4/6"。另外，也可直接按【Ctrl+;】组合键快速输入系统当前日期。

（4）时间型数据

时间型数据是用来表示时间的数据，用户在输入时间型数据时，时、分、秒之间要用":"隔开，如"12:23:06"。另外，用户也可以按【Ctrl+Shift+;】组合键快速输入系统当前时间。若用户想同时输入日期和时间，则日期和时间之间应该使用空格隔开。

（5）逻辑型数据

逻辑型数据只有两个，一个是真值"TRUE"，另一个是假值"FALSE"。

2. **输入普通数据**

在 WPS 表格中输入普通数据主要有以下 3 种方式。

- 选择单元格输入：选择单元格后，直接输入数据，然后按【Enter】键。

- 在单元格中输入：双击要输入数据的单元格，将文本插入点定位到其中，输入所需数据后按【Enter】键。

- 在编辑栏中输入：选择单元格后，将鼠标指针移动到编辑栏中并单击，将文本插入点定位到编辑栏中，输入数据并按【Enter】键。

3. **快速填充单元格**

快速填充单元格是根据已有数据按照某种规律填充空白单元格的过程。通过快速填充单元格可以节省大量的时间和工作量，使得处理大量数据时更加便捷和高效。快速填充单元格的方式主要有以下 3 种。

- 拖动填充柄：每个单元格的右下角都有一个绿色的小方块，称为填充柄。用户可以将鼠标指针移动到填充柄上，当鼠标指针变成一个十字箭头的形状时，按住鼠标左键不放拖动填充柄至目标填充区域后释放鼠标，此时单元格中将自动根据填充柄的移动方向和规律生成相应的连续序列或重复数据，如图 5-30 所示。

图 5-30　拖动填充柄快速填充数据

- 利用填充功能：在工作表中选择待填充的区域后，单击"开始"选项卡中的"填充"按钮，在打开的下拉列表中选择"序列"选项，打开"序列"对话框，如图 5-31 所示，其中提供了"等差序列""等比序列""日期""自动填充"4 种不同的填充方式，用户可以根据需要选择相应的填充方式。
- 利用快捷键填充相同数据：在单元格中输入起始数据后，按住【Ctrl】键的同时拖动起始单元格右下角的填充柄，即可快速填充与起始单元格相同的数据。图 5-32 所示为按住【Ctrl】键的同时向下拖动起始单元格填充柄的效果。

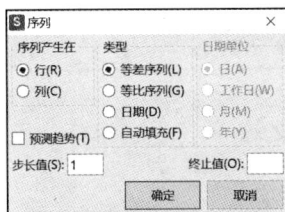

图 5-31　"序列"对话框

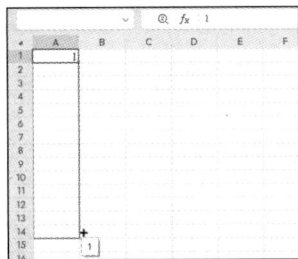

图 5-32　利用快捷键填充相同数据

小贴士

利用填充柄快速填充表格中的数据时，释放鼠标后会自动弹出一个"自动填充选项"按钮，单击该按钮，打开的下拉列表中罗列了多种填充方式，如"复制单元格""以序列方式填充""仅填充格式"等，用户可以根据需要进行选择。

5.3.2　数据的编辑

编辑数据的操作主要包括修改和删除数据、移动和复制数据、查找和替换数据、清除数据等，其操作方法与在 WPS 文字中编辑文本相似。

1. 修改和删除数据

在表格中修改和删除数据主要有以下 3 种方法。

- 在单元格中修改或删除数据：双击需修改或删除数据的单元格，在单元格中定位文本插入点，修改或删除数据后按【Enter】键完成操作。
- 选择单元格修改或删除数据：当需要对某个单元格中的全部数据进行修改或删除时，只需选择该单元格，然后重新输入正确的数据；也可在选择单元格后按【Delete】键删除所有数据，然后重新输入需要的数据，最后按【Enter】键快速完成修改。
- 在编辑栏中修改或删除数据：选择单元格，将鼠标指针移至编辑栏中并单击，使文本插入点定位到编辑栏中，修改或删除数据后按【Enter】键完成操作。

2. 移动和复制数据

移动和复制数据主要有以下 3 种方法。

- 使用"剪切"按钮✂或"复制"按钮⧉移动或复制数据：选择需要移动或复制数据的单元格，在"开始"选项卡中单击"剪切"按钮或"复制"按钮，然后选择目标单元格，最后单击"开始"选项卡中的"粘贴"按钮⧉，完成数据的剪切或复制操作。

- 使用鼠标移动或复制数据：选择需要移动或复制数据的单元格，将鼠标指针定位至所选单元格的边框上，当鼠标指针变成✛形状后，拖动鼠标至目标单元格即可移动数据；将鼠标指针定位至所选单元格的边框上，按住【Ctrl】键，当鼠标指针变成✛形状后，拖动鼠标至目标单元格即可复制数据。

- 使用组合键移动或复制数据：按【Ctrl+X】或【Ctrl+C】组合键剪切或复制单元格，在目标单元格中按【Ctrl+V】组合键完成数据的移动或复制。

3. 查找和替换数据

在"开始"选项卡中单击"查找"按钮🔍，在打开的下拉列表中选择"查找"或"替换"选项，即可打开"查找"对话框（见图 5-33）或"替换"对话框（见图 5-34）。在"查找"对话框中的"查找内容"文本框中输入要查找的数据，单击"查找下一个"按钮，可以逐一查看符合条件的数据。若要替换数据，在"替换"对话框中的"查找内容"和"替换为"文本框中分别输入要查找和替换的数据，然后单击"替换"按钮，可以将查找的数据替换为输入的数据；若要全部替换，则可以单击"全部替换"按钮。操作方法与在 WPS 文字中查找与替换文本的方法基本相同。

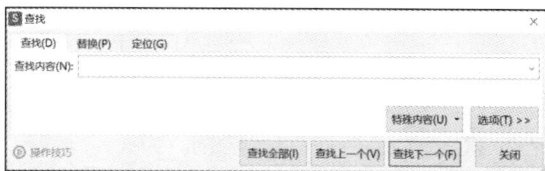

图 5-33 "查找"对话框

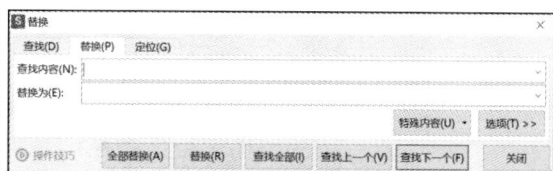

图 5-34 "替换"对话框

4. 清除数据

在 WPS 表格中，如果发现有多余或错误的数据，除了可以将多余或错误的数据所在的单元格或单元格区域删除外，还可以将其清除。

清除数据与删除单元格不同的是，删除单元格不仅会删除该单元格中的内容，还会删除单元格本身，这样可能导致工作表中其他单元格中的数据发生错位；而清除数据只删除单元格中的内容，不会删除单元格本身。清除数据的方法有以下两种。

- 使用键盘清除数据：选择有多余或错误的数据的单元格或单元格区域，然后按【Backspace】键或【Delete】键即可将选中的单元格或单元格区域中的内容清除。

- 通过按钮清除数据：选择单元格或单元格区域后，在"开始"选项卡中单击"清除"按钮⧖，打开的下拉列表中显示了"全部""格式""内容"等多个选项，如图 5-35 所示。其中，"全部"选项表示清除数据格式和内容；"格式"选项表示清除数据格式但保留数据内容；"内容"选项表示只清除数据内容，但保留数据格式，重新输入数据内容后，将应用该格式。

图 5-35 "清除"下拉列表

5. 使用记录单修改数据

如果工作表的数据量巨大，在输入数据时就需要耗费很多时间在来回切换行、列的位置上，有时还容易出现错误。此时可通过 WPS 表格的记录单功能，在打开的"记录单"对话框中批量编辑数据，而不用在长表格中编辑数据。

使用记录单修改数据的方法为，打开要编辑的工作簿，选择工作表中包含数据的单元格区域，然后单击"工具"选项卡中的"记录单"按钮，打开工作表标签名称所对应的对话框，若工作表标签名称为"2024 年"，则打开"2024 年"对话框，其中显示了当前工作表中的记录，如图 5-36 所示。

单击"下一条"按钮，可进入第二条记录，查看详细的数据信息，也可以根据实际需要来修改记录，修改完成后继续单击"下一条"按钮，重复执行查看和修改操作，最后单击"关闭"按钮。返回 WPS 表格工作界面，即可看到修改后的数据。

另外，在"2024 年"对话框中单击"新建"按钮将展开"新建记录"列表，如图 5-37 所示，在其中可以根据提供的记录字段输入新的数据记录。同时，工作表中也将新增添加的数据记录。

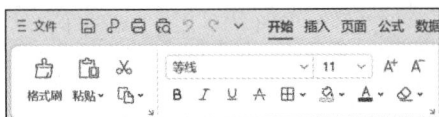

图 5-36　查看记录单　　　　　　　　　图 5-37　新建记录单

5.3.3　数据的格式化设置

输入并编辑好表格数据后，为了使工作表中的数据更加清晰明了、美观实用，通常需要对表格中数据的格式进行设置。在 WPS 表格中设置数据格式主要包括设置字体格式、设置对齐方式和设置数字格式 3 个方面的内容。

1.　设置字体格式

为表格中的数据设置不同的字体格式不仅可以使表格更加美观，还可以方便用户对表格内容进行区分，便于查阅。设置字体格式可以通过"开始"选项卡或"单元格格式"对话框的"字体"选项卡来实现。

* 通过"开始"选项卡设置字体格式：选择要设置的单元格或单元格区域，在"开始"选项卡中的"字体"下拉列表和"字号"下拉列表中可设置表格数据的字体和字号，单击"加粗"按钮 B、"倾斜"按钮 I、"下画线"按钮 U 和"字体颜色"按钮 A，如图 5-38 所示，可为表格中的数据设置加粗、倾斜、下画线和颜色效果。
* 通过"单元格格式"对话框设置字体格式：选择要设置的单元格或单元格区域，单击鼠标右键，然后在弹出的快捷菜单中选择"设置单元格格式"命令，或按【Ctrl+1】组合键，打开"单元格格式"对话框，切换到"字体"选项卡，在其中可以设置单元格中数据的字体、字形、字号、下画线、特殊效果及颜色等，如图 5-39 所示。

图 5-38　"开始"选项卡　　　　　图 5-39　"单元格格式"对话框中的"字体"选项卡

2. 设置对齐方式

在 WPS 表格中，数字的默认对齐方式为右对齐，文本的默认对齐方式为左对齐，用户可根据实际需要对其进行重新设置。设置对齐方式可以通过"开始"选项卡或"单元格格式"对话框的"对齐"选项卡来实现。

* 通过"开始"选项卡设置对齐方式：选择要设置的单元格或单元格区域，在"开始"选项卡中单击"左对齐"按钮≡、"水平居中"按钮≡、"右对齐"按钮≡等，可快速为选择的单元格或单元格区域设置相应的对齐方式。

* 通过"单元格格式"对话框设置对齐方式：选择需要设置对齐方式的单元格或单元格区域，单击"开始"选项卡中的"单元格格式：对齐方式"按钮↘，如图 5-40 所示，打开"单元格格式"对话框中的"对齐"选项卡，在其中可以设置单元格中数据的水平和垂直对齐方式、文字的排列方向等，如图 5-41 所示。

图 5-40　单击"单元格格式：对齐方式"按钮

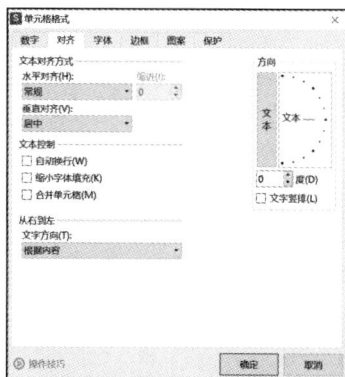

图 5-41　"对齐"选项卡

3. 设置数字格式

设置数字格式是指修改数字类单元格格式，可以通过"开始"选项卡或"单元格格式"对话框的"数字"选项卡来实现。

* 通过"开始"选项卡设置数字格式：选择要设置的单元格或单元格区域，在"开始"选项卡中打开"常规"下拉列表，选择一种数字格式，如图 5-42 所示。此外，单击"中文货币符号"按钮¥、"百分比样式"按钮%、"千位分隔样式"按钮°°°等，可快速将数据转换为会计数字中文货币符号格式、百分比、带千位分隔符等格式。

图 5-42　"常规"下拉列表

● 通过"单元格格式"对话框设置数字格式：选择需要设置数字格式的单元格或单元格区域，单击"开始"选项卡中的"单元格格式：数字"按钮↘，如图 5-43 所示，打开"单元格格式"对话框的"数字"选项卡。在其中可以设置单元格中数据的类型，如货币型、日期型等，如图 5-44 所示。

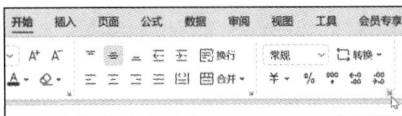

图 5-43　单击"单元格格式：数字"按钮

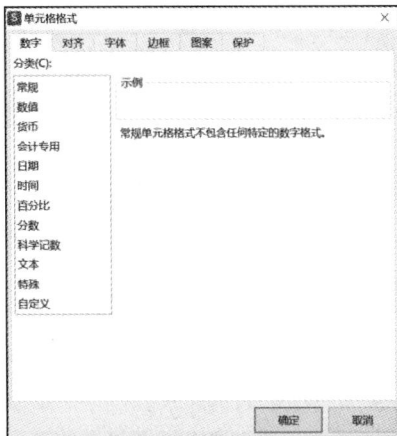

图 5-44　"数字"选项卡

5.3.4　数据有效性设置

设置数据有效性即对单元格或单元格区域输入的数据从内容到范围进行限制。对于符合条件的数据，允许输入；对于不符合条件的数据则禁止输入，可防止输入无效数据。设置数据有效性的方法为，在工作表中选择需要设置有效性的单元格或单元格区域，单击"数据"选项卡中的"有效性"按钮↘，打开"数据有效性"对话框，在"设置"选项卡的"允许"下拉列表中选择允许值，如图 5-45 所示，然后分别设置输入信息和出错警告等信息，如图 5-46 所示，最后单击 确定 按钮完成设置。

图 5-45　选择允许值

图 5-46　设置输入信息和出错警告

5.3.5　使用条件格式

通过 WPS 的条件格式功能，可以为表格设置不同的条件格式，并将满足条件的单元格数据突出显示，以便查看表格内容。

1. 快速设置条件格式

WPS 表格为用户提供了多种常用的条件格式，直接选择所需选项即可快速进行条件格式的设置。在工作表中快速设置条件格式的方法为，在工作表中选择要设置条件格式的单元格区域，单击"开始"选项卡中的"条件格式"按钮▦，打开的下拉列表中提供了"数据条""色阶""图标集""突出显示单元格规则"等多种预设的条件格式，如图 5-47 所示，选择所需样式后即可将其应用到所选单元格区域。

图 5-47　"条件格式"下拉列表

2. 新建条件格式规则

如果 WPS 表格提供的条件格式选项不能满足实际需要，用户也可通过新建格式规则的方式来创建合适的条件格式。方法为，选择要设置的单元格区域，在"开始"选项卡中单击"条件格式"按钮，在打开的下拉列表中选择"新建规则"选项，打开"新建格式规则"对话框，如图 5-48 所示。在其中可以选择规则类型和对应用条件格式的单元格格式进行编辑，设置完成后单击"确定"按钮。

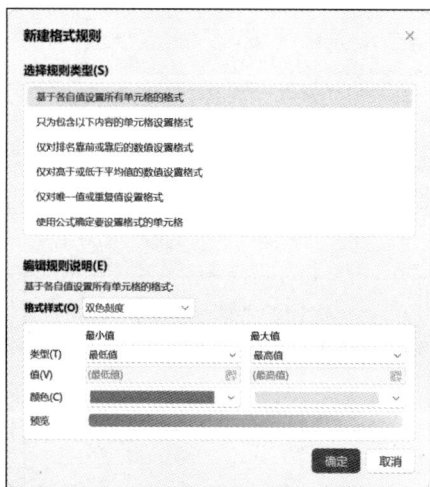

图 5-48　"新建格式规则"对话框

5.4　数据的计算

WPS 表格作为一款功能强大的数据处理软件，其强大性主要体现在数据计算和分析方面，它不仅可以通过公式对表格中的数据进行一般的加、减、乘、除运算，还可以利用函数进行一些高级运算，极大地提高了用户的工作效率。

5.4.1　公式的含义

WPS Office 中的公式即对工作表中的数据进行计算的等式，以"＝"（等号）开始，通过各种运算符号将值或常量和单元格引用、函数返回值等组合起来，形成公式表达式。公式是计算表格数据非常有效的工具。

- 常量：WPS 表格中的常量包括数字和文本等各类数据，主要可分为数值型常量、文本型常量和逻辑型常量。数值型常量可以是整数、小数或百分数，不能带千分位分隔符和货币符号。文本型常量是用英文双引号(")引起来的若干字符，但其中不能包含英文双引号。逻辑型常量只有 TRUE 和 FALSE 两个值，分别表示真和假。
- 运算符：运算符是公式中的基本元素，它表示对公式中的元素进行特定类型的运算的符号。WPS 表格中的运算符主要包括算术运算符、比较运算符、逻辑运算符和文本连接符。
- 语法：WPS 表格中的公式是按照特定的顺序进行数值运算的，这一特定顺序即语法。WPS 表格中的公式遵循特定的语法，即最前面是等号，后面是参与计算的元素和运算符。如果公式中同时用到了多个运算符，则应按照运算符的优先级进行运算；如果公式中包含相同优先级的运算符，则先进行括号中的运算，再从左到右依次计算。
- 公式的构成：表格中的公式由"="和运算式构成，运算式可以是由运算符构成的计算式，也可以是函数。运算式中参与计算的可以是常量、单元格地址，也可以是函数。

> 🖐 小贴士
>
> 　算术运算符共 6 个，分别是"+""-""*""/""%""^"，含义依次为加、减、乘、除、取模/求余和乘方；比较运算符共 6 个，分别是"="">""<"">=""<=""<>"，含义依次为等于、大于、小于、大于或等于、小于或等于、不等于；文本连接符只有一个，即"&"，其含义是可以加入或连接一个或更多字符串以产生一个长文本，如"2024 年"&"北京"就产生"2024 年北京"。

5.4.2　使用公式计算数据

WPS 表格中的公式可以帮助用户快速完成各种计算，而为了进一步提高计算效率，在实际计算数据的过程中，用户除了需要输入和编辑公式之外，通常还需要对公式进行填充、复制和移动等操作。

1. 输入公式

在 WPS 表格中输入公式的方法与输入数据的方法类似，即将公式输入相应的单元格中。输入公式的方法为，选择要输入公式的单元格，在单元格或编辑栏中输入"="，然后输入公式内容，完成后按【Enter】键或单击编辑栏上的"输入"按钮✓，如图 5-49 所示。

图 5-49　输入公式

在单元格中输入公式后，按【Enter】键可在计算出公式结果的同时选择同列的下一个单元格；按【Tab】键可在计算出公式结果的同时选择同行的下一个单元格；按【Ctrl+Enter】组合键则可在计算出公式结果后，仍保持当前单元格的选择状态。

2. 编辑公式

编辑公式与编辑数据的方法相同。选择含有公式的单元格，将文本插入点定位在编辑栏或单元格中需要修改的位置，按【Backspace】键删除多余或错误的内容，再输入正确的内容，完成后按【Enter】键即可完成对公式的编辑，WPS 表格会自动计算新公式的结果。

3. 填充公式

在输入公式完成计算后，如果该行或该列的其他单元格皆需使用该公式进行计算，可直接通过填充公式的方式快速完成其他单元格的数据计算。

选择已添加公式的单元格，将鼠标指针移至该单元格右下角的填充柄上，当其变为**+**形状时，拖动鼠标至目标位置后释放鼠标，即可在选择的单元格区域中填充相同的公式并得出计算结果。图 5-50 所示为拖动填充柄填充公式的效果。

图 5-50 拖动填充柄填充公式前后的效果

4. 复制和移动公式

在 WPS 表格中复制公式是快速计算数据的最佳方法，因为在复制公式的过程中，WPS 表格会自动改变引用单元格的地址，可避免手动输入公式，提高工作效率。通常使用"开始"选项卡或快捷菜单进行复制；也可以拖动填充柄进行复制；还可选择添加了公式的单元格，按【Ctrl+C】组合键进行复制，然后再将文本插入点定位到目标单元格，按【Ctrl+V】组合键进行粘贴。

移动公式即将原始单元格的公式移动到目标单元格中，公式在移动过程中不会根据单元格的位移情况发生改变。移动公式的方法与移动其他数据的方法相同。

5.4.3 使用函数计算数据

函数实质上就是一种预设好的计算公式，它可以简化公式输入过程，提高计算效率。函数一般包括等号、函数名称和函数参数 3 个部分，如图 5-51 所示。其中，函数名称表示函数的功能，每个函数都具有唯一的函数名称；函数参数指函数运算对象，可以是数字、文本、逻辑值、表达式、引用或其他函数等。

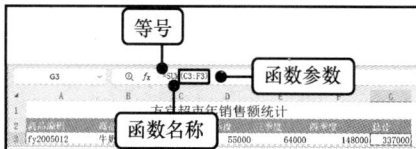

图 5-51 函数组成

在使用函数前，理解单元格引用的相关知识至关重要，因为通过单元格引用操作可以直接引用工作表中的特定数据，进而在函数中进行计算或分析。

1. 单元格引用

单元格引用是指引用数据所在单元格或单元格区域的地址。在 WPS 表格中，用户可以根据实际计算需要引用当前工作表、当前工作簿或其他工作簿中的其他单元格数据。在引用单元格后，公式的运算结果将随着被引用单元格的变化而变化。

（1）单元格引用类型

在计算工作表中的数据时，用户通常会通过复制或移动公式的方法来实现快速计算。根据单元格地址是否改变，可将单元格引用分为相对引用、绝对引用和混合引用 3 类。

- 相对引用。相对引用是指输入公式时直接通过单元格地址来引用单元格。相对引用单元格后，如果复制或剪切公式到其他单元格，那么公式中引用的单元格地址将会根据粘贴的位置而发生相应改变。
- 绝对引用。绝对引用是指无论引用单元格的公式位置如何改变，所引用的单元格均不会发生变化。绝对引用的方法是在单元格的行号、列标前均加上符号"$"。

- 混合引用。混合引用包含相对引用和绝对引用。混合引用有两种形式：一种是行绝对、列相对，如“B$2”表示行不发生变化，但是列会随着位置的变化而发生改变；另一种是行相对、列绝对，如“$B2”表示列保持不变，但是行会随着位置的变化而发生改变。

（2）同一工作簿中不同工作表的单元格引用

如果要在同一工作簿中引用不同工作表中的内容，需要在单元格或单元格区域前标注工作表名称，表示引用该工作表中相应单元格或单元格区域的值。下面将“销售业绩表”工作簿中“Sheet1”工作表中的 B3、C3、D3、E3 单元格数据引用到“Sheet2”工作表中，并计算季度销售额，其具体操作如下。

步骤 1： 打开“销售业绩表”工作簿，选择“Sheet2”工作表中的 B3 单元格，在该单元格中输入公式“=Sheet1!B3+Sheet1!C3+Sheet1!D3+Sheet1!E3”，如图 5-52 所示，然后按【Enter】键。

步骤 2： 此时，“Sheet2”工作表中的 B3 单元格中将显示计算结果，将鼠标指针移至 B3 单元格右下角的填充柄上，当其变为✚形状时，拖动鼠标至 B13 单元格，释放鼠标后即可计算出其他产品的季度销售额，效果如图 5-53 所示。

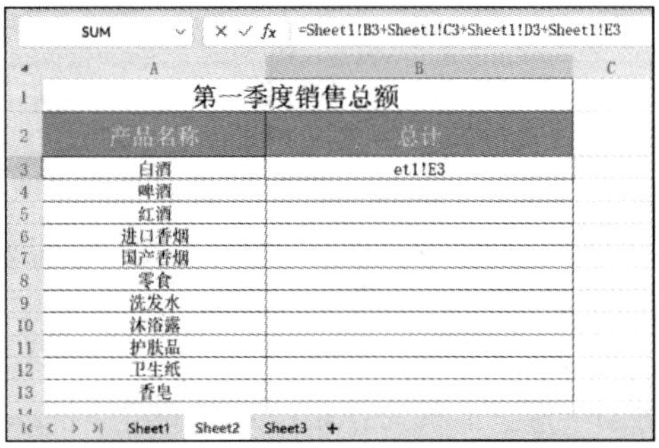

第一季度销售总额	
产品名称	总计
白酒	et1!E3
啤酒	
红酒	
进口香烟	
国产香烟	
零食	
洗发水	
沐浴露	
护肤品	
卫生纸	
香皂	

图 5-52　引用不同工作表中的数据

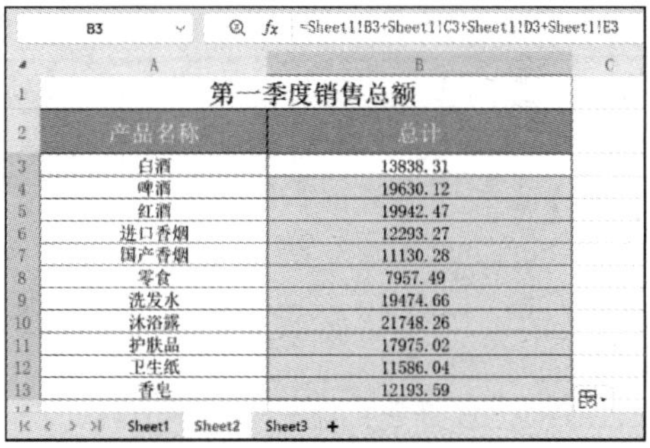

第一季度销售总额	
产品名称	总计
白酒	13838.31
啤酒	19630.12
红酒	19942.47
进口香烟	12293.27
国产香烟	11130.28
零食	7957.49
洗发水	19474.66
沐浴露	21748.26
护肤品	17975.02
卫生纸	11586.04
香皂	12193.59

图 5-53　利用填充柄复制公式

（3）不同工作簿的单元格引用

在 WPS 表格中，用户不仅可以引用同一工作簿中的内容，还可以引用不同工作簿中的内容，为了操作方便，可以将引用工作簿和被引用工作簿同时打开。下面将在“销售业绩表”工作簿中引用“员工业绩统计”工作簿中的数据，其具体操作如下。

步骤 1： 打开“员工业绩统计”工作簿，在“销售业绩表”工作簿的“Sheet3”工作表中的 B3 单元格中输入“=”，然后切换到“员工业绩统计”工作簿，选择 B9 单元格，效果如图 5-54 所示。

步骤 2： 此时，在编辑栏中可查看当前引用公式，按【Ctrl+Enter】组合键确认引用，返回“销售业绩表”工作簿，在“Sheet3”工作表中的 B3 单元格中可看到已成功引用“员工业绩统计”工作簿中 B9 单元格中的数据，如图 5-55 所示。

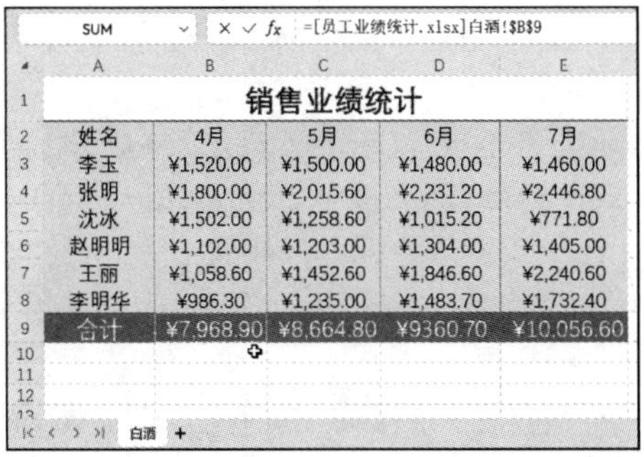

销售业绩统计				
姓名	4月	5月	6月	7月
李玉	¥1,520.00	¥1,500.00	¥1,480.00	¥1,460.00
张明	¥1,800.00	¥2,015.60	¥2,231.20	¥2,446.80
沈冰	¥1,502.00	¥1,258.60	¥1,015.20	¥771.80
赵明明	¥1,102.00	¥1,203.00	¥1,304.00	¥1,405.00
王丽	¥1,058.60	¥1,452.60	¥1,846.60	¥2,240.60
李明华	¥986.30	¥1,235.00	¥1,483.70	¥1,732.40
合计	¥7,968.90	¥8,664.80	¥9360.70	¥10,056.60

图 5-54　引用不同工作簿中的数据

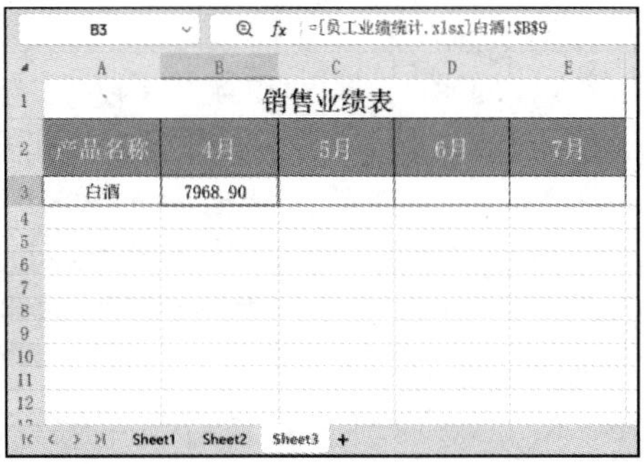

销售业绩表				
产品名称	4月	5月	6月	7月
白酒	7968.90			

图 5-55　查看引用结果

2. 插入函数

在 WPS 表格中可以通过以下 3 种方式来插入函数。

● 选择要插入函数的单元格，单击编辑栏中的"插入函数"按钮 fx，在打开的"插入函数"对话框中选择函数后单击"确定"按钮，如图 5-56 所示。打开"函数参数"对话框，在其中对参数值进行准确设置后单击"确定"按钮，即可在所选单元格中显示计算结果。

● 选择要插入函数的单元格，在"公式"选项卡中单击"插入函数"按钮 fx，在打开的"插入函数"对话框中选择函数后单击"确定"按钮，打开"函数参数"对话框，在其中对参数值进行准确设置后单击"确定"按钮。

● 选择要插入函数的单元格，按【Shift+F3】组合键，打开"插入函数"对话框，在其中选择所需函数后单击"确定"按钮即可插入。

图 5-56 "插入函数"对话框

3. 常用函数的使用方法

WPS 表格中提供了多种函数，每个函数的功能、语法结构及其参数的含义各不相同。常用的函数包括 SUM 函数、AVERAGE 函数、IF 函数、MAX/MIN 函数、COUNT 函数、LOOKUP 函数及 RANK 函数等。

● SUM 函数：SUM 函数的功能是对被选择的单元格或单元格区域进行求和计算，其语法结构为 SUM(number1,number2,...)，其中，number1,number2,...表示若干个需要求和的参数。填写参数时，可以使用单元格地址（如 E6,E7,E8），也可以使用单元格区域（如 E6:E8），甚至可以混合输入（如 E6,E7:E8）。

● AVERAGE 函数：AVERAGE 函数的功能是求平均值，计算方法是将选择的单元格或单元格区域中的数据先相加，再除以单元格个数，其语法结构为 AVERAGE(number1,number2,...)，其中，number1,number2,...表示需要计算平均值的若干个参数。

● IF 函数：IF 函数是一种常用的条件函数，它能判断真假值，并根据逻辑计算的真假值返回不同的结果，其语法结构为 IF(logical_test,value_if_true,value_if_false)，其中，logical_test 表示计算结果为 TRUE 或 FALSE 的任意值或表达式；value_if_true 表示 logical_test 为 TRUE 时要返回的值，可以是任意数据；value_if_false 表示 logical_test 为 FALSE 时要返回的值，也可以是任意数据。

● MAX/MIN 函数：MAX 函数的功能是返回所选单元格区域中所有数值的最大值，MIN 函数则用来返回所选单元格区域中所有数值的最小值。其语法结构为 MAX/MIN(number1,number2,...)，其中 number1,number2,...表示要筛选的若干个参数。

● COUNT 函数：COUNT 函数的功能是统计参数范围内包含数字的单元格个数，通常利用它来计算单元格区域或数字数组中数字字段的输入项个数，其语法结构为 COUNT(value1,value2,...)，其中，value1,value2,...为包含或引用各种类型数据的参数（1～30 个），但只有数字类型的数据才会被计算。

● LOOKUP 函数：LOOKUP 函数可以根据指定的值在一个范围内进行查找，并返回相应的结果。LOOKUP 函数有两种形式，分别是模糊查找和精确查找。模糊查找的语法结构为 LOOKUP(lookup_value,array)；精确查找的语法结构为 LOOKUP(lookup_value,lookup_vector,result_vector)。其中，lookup_value 表示要查找的值或单元格引用；lookup_vector 表示要进行查找的范围，通常是一个列向量或行向量；array 表示指定的检索范围；result_vector 是与 lookup_vector 相对应的结果范围，通常是一个列向量或行向量。

● RANK 函数：RANK 函数是排名函数，返回某数字在一列数字中相对于其他数字的大小排名，其语法结构为 RANK(number,ref,order)，其中，参数 number 为需要找到排位的数字（单元格内必须为数字），ref 为数字列表或对数字列表的引用；order 决定排名的顺序，order 的值省略或设为 0，则默认为降序（从高到低）排名，order 的值设为非 0 值，则进行升序（从低到高）排名。

- SUMIF 函数：SUMIF 函数的功能是根据指定条件对若干单元格进行求和。其语法结构为 SUMIF(range,criteria,sum_range)，其中，range 为用于条件判断的单元格区域；criteria 为确定哪些单元格将被作为求和的条件，其形式可以为数字、表达式或文本；sum_range 为需要求和的实际单元格。
- INDEX 函数：INDEX 函数的功能是返回数据清单或数组中的元素值，此元素由行序号和列序号的索引值给定。其语法结构为 INDEX(array,row_num,column_num)，其中，array 为单元格区域或数组常数；row_num 为数组中某行的行序号，函数从该行返回数值；column_num 是数组中某列的列序号，函数从该列返回数值。如果省略 row_num，则必须有 column_num；如果省略 column_num，则必须有 row_num。

小贴士

VLOOKUP 函数的功能是按照指定的列进行查找，并返回该列中对应查询序列的值。其语法结构为：VLOOKUP(lookup_value,table_array,col_index_num,range_lookup)。其中，lookup_value 表示要在数据表第一列中查找的数值；table_array 表示要在其中查找数据的区域或数组；col_index_num 表示返回数据在查找区域的第几列；range_lookup 表示查找的方式是精确匹配还是近似匹配。VLOOKUP 函数适用于在特定列中查找精确匹配的值（即纵向查找）。而 LOOKUP 函数则更为灵活，不仅可以进行纵向查找，还可以进行横向查找。此外，LOOKUP 函数不仅可以查找完全匹配的值，还可以查找模糊值，这使得 LOOKUP 函数在处理某些复杂数据的场景中更具优势。

5.4.4 快速计算与自动求和

WPS 表格的计算功能非常人性化，用户既可以选择公式、函数来进行计算，也可直接选择某个单元格区域查看其求和、求平均值等的结果。

1. 快速计算

选择需要计算单元格之和或单元格平均值的区域，在 WPS 表格的工作界面底部的状态栏中可以直接查看计算结果，包括平均值、单元格个数、总和等，如图 5-57 所示。

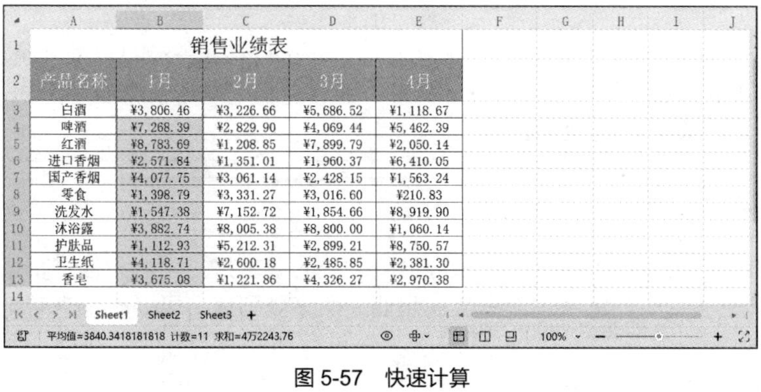

销售业绩表				
产品名称	1月	2月	3月	4月
白酒	¥3,806.46	¥3,226.66	¥5,686.52	¥1,118.67
啤酒	¥7,268.39	¥2,829.90	¥4,069.44	¥5,462.39
红酒	¥8,783.69	¥1,208.85	¥7,899.79	¥2,050.14
进口香烟	¥2,571.84	¥1,351.01	¥1,960.37	¥6,410.05
国产香烟	¥4,077.75	¥3,061.14	¥2,428.15	¥1,563.24
零食	¥1,398.79	¥3,331.27	¥3,016.60	¥210.83
洗发水	¥1,547.38	¥7,152.72	¥1,854.66	¥8,919.90
沐浴露	¥3,882.74	¥8,005.38	¥8,800.00	¥1,060.14
护肤品	¥1,112.93	¥5,212.31	¥2,899.21	¥8,750.57
卫生纸	¥4,118.71	¥2,600.18	¥2,485.85	¥2,381.30
香皂	¥3,675.08	¥1,221.86	¥4,326.27	¥2,970.38

图 5-57 快速计算

2. 自动求和

求和函数主要用于计算某一单元格区域中所有数值之和。其方法为，选择需要求和的单元格，在“公式”选项卡中单击“求和”按钮Σ，即可在当前单元格中插入求和函数 SUM，同时 WPS 表格将自动识别函数参数，单击编辑栏中的“输入”按钮✓或按【Enter】键完成求和计算。

5.5 数据的管理

完成数据的计算后，用户还应对其进行适当的管理与分析，如数据的合并计算，对数据的大小进行排序、筛选出需要查看的部分数据、分类汇总各项数据等，以便能够更好地了解表格中的数据信息。

5.5.1 数据合并计算

WPS 表格的合并计算功能允许用户将多个单元格、行或列的数据合并，并根据需要进行相应汇总计算，如求和、求平均值、求最大值、求最小值等。通过合并计算，用户可以快速获取多个单元格区域的计算结果，从而简化数据处理流程，提高工作效率。

在工作表中进行合并计算的方法为，选择显示合并计算结果的单元格，可以是一个或多个单元格、行或列。在"数据"选项卡中单击"合并计算"按钮，打开"合并计算"对话框，在"函数"下拉列表中选择汇总计算类型，如图 5-58 所示。在"引用位置"文本框中设置需要引用的区域，如图 5-59 所示，并单击"添加"按钮将其添加至"所有引用位置"列表框中，最后选中"首行"复选框和"最左列"复选框，如图 5-60 所示，保留单元格区域的首行和最左列的内容作为标签。设置好所有参数后，单击"确定"按钮，WPS 表格就会根据用户的设置进行合并计算，并将结果显示在指定的单元格中。

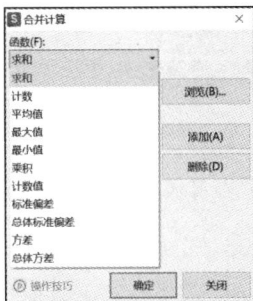

| 图 5-58 选择汇总计算类型 | 图 5-59 设置引用位置 | 图 5-60 设置标签位置 |

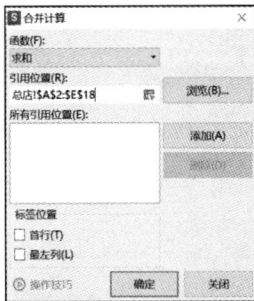

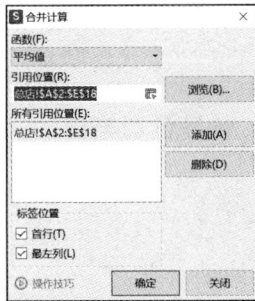

> ✍ **小贴士**
>
> 在进行合并计算时，用户需要确保所选择的单元格区域格式一致，以避免计算错误。另外，如果需要删除某些引用位置，可以在"合并计算"对话框的"所有引用位置"列表框中选择相应的单元格区域，然后单击"删除"按钮。

5.5.2 数据排序

排序是最基本的数据管理方法，用于将表格中杂乱的数据按一定的条件进行排序。该功能对数据量较多的表格非常实用，如将销售额按从高到低的顺序排列等，可以更加直观地查看、理解并快速查找需要的数据。

1. 数据排序时表格的构建规则

用户若要对表格中的数据进行正确排序，则应按照以下规则来构建表格。

- WPS 表格不允许被排序的单元格区域中同时存在不同大小的单元格，也就是合并后的单元格与普通的单个单元格不能同时被排序。
- 表格中的关键字所在列不能有空白单元格，否则排序后表格结构将发生改变。

- 一般情况下，不管是数值型数字还是文本型数字，WPS 表格都能识别并正确排序，但数字前、中、后均不能出现空格。

2. 简单排序

简单排序是根据数据表中的相关数据或字段名，将表格数据按照升序（从低到高）或降序（从高到低）的方式进行排列，是处理数据时最常用的排序方式之一。简单排序的方法为，选择要排序的列中的任意单元格，单击"数据"选项卡中的"排序"按钮下方的下拉按钮，在打开的下拉列表中选择"升序"或"降序"选项，即可实现数据的升序或降序排列。

3. 多重排序

在对数据表中的某一字段进行排序时，可能会出现记录含有相同数据而无法正确排序的情况，此时就需要另设其他条件来对含有相同数据的记录进行排序。下面对"大国工匠统计表"工作簿进行多重排序，其具体操作如下。

步骤 1：打开"大国工匠统计表"工作簿，在"Sheet1"工作表中选择任意一个包含数据的单元格，然后单击"数据"选项卡中的"排序"按钮下方的下拉按钮，在打开的下拉列表中选择"自定义排序"选项，如图 5-61 所示。

步骤 2：打开"排序"对话框，在"主要关键字"下拉列表中选择"从业年限"选项，在"排序依据"下拉列表中选择"数值"选项，在"次序"下拉列表中选择"升序"选项，然后单击"添加条件"按钮，如图 5-62 所示。

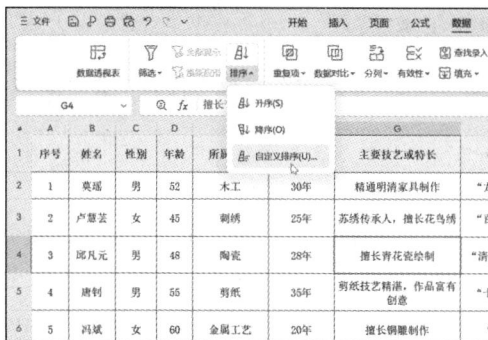

图 5-61 选择"自定义排序"选项

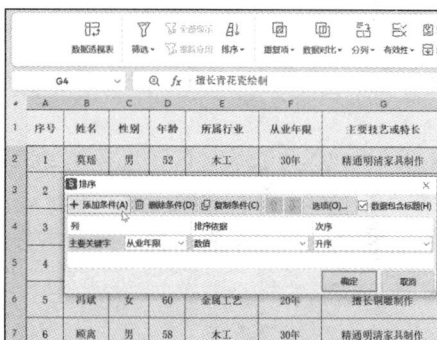

图 5-62 设置主要关键字

步骤 3：在"次要关键字"下拉列表中选择"年龄"选项，在"排序依据"下拉列表中选择"数值"选项，在"次序"下拉列表中选择"降序"选项，然后单击"确定"按钮，如图 5-63 所示。

步骤 4：此时，数据表先按照"从业年限"序列升序排列，对于"从业年限"列中相同的数据，则按照"年龄"进行降序排列，效果如图 5-64 所示。

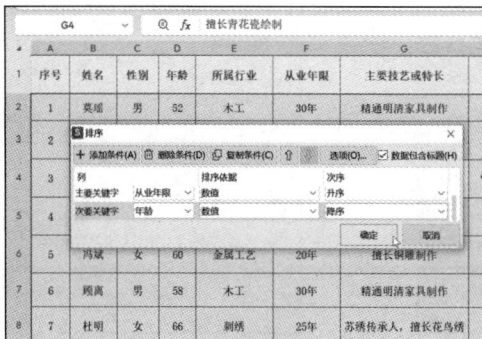

图 5-63 设置次要关键字

图 5-64 查看多重排序结果

4. 自定义排序

如果需要将数据按照除升序和降序以外的其他次序进行排列，那么需要设置自定义排序。下面将"业务人员提成表"工作簿按照"商品型号"序列排序，次序为"1P→大 1P→1.5P→2P→大 2P→3P"，其具体操作如下。

步骤 1： 在"业务人员提成表"工作簿中选择"文件"/"选项"命令，打开"选项"对话框，选择"自定义序列"选项，在"输入序列"列表框中输入自定义的序列"1P,大1P,1.5P,2P,大2P,3P"，其中，逗号一定要在英文状态下输入，如图 5-65 所示。

图 5-65　输入自定义的数据序列

步骤 2： 单击"添加"按钮，将输入的序列添加到"自定义序列"列表框中，然后单击"确定"按钮。

步骤 3： 返回工作表编辑区，选择 A2:G21 单元格区域，单击"数据"选项卡中的"排序"按钮下方的下拉按钮，在打开的下拉列表中选择"自定义排序"选项。

步骤 4： 打开"排序"对话框，在"主要关键字"下拉列表中选择"商品型号"选项，在"排序依据"下拉列表中选择"数值"选项，在"次序"下拉列表中选择"自定义序列"选项，如图 5-66 所示。

步骤 5： 打开"自定义序列"对话框，在"自定义序列"列表框中选择"1P,大1P,1.5P,2P,大2P,3P"选项，单击"确定"按钮，如图 5-67 所示。返回"排序"对话框，单击"确定"按钮，即可查看自定义排序效果，如图 5-68 所示。

图 5-66　选择"自定义序列"选项

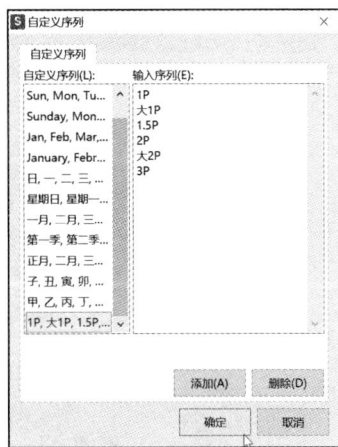

图 5-67　选择自定义序列

图 5-68　查看自定义排序效果

📝 小贴士

　　在"自定义序列"对话框的"输入序列"列表框中，用户可以直接手动输入所需的排序内容。但注意，当输入排序序列时，需要按【Enter】键来进行换行操作，以便正确分隔每个序列项。

5.5.3　数据筛选

　　数据筛选是数据管理的一个常用项目，用户通过数据筛选可以快速定位符合特定条件的数据，方便在第一时间获取所需数据信息。WPS 表格中数据的筛选主要分为自动筛选、自定义筛选和高级筛选 3 种方式。

1. 自动筛选

　　自动筛选是一种常用的数据筛选方法，它能根据用户选定的筛选条件自动地将表格中符合条件的数据显示出来。

　　数据自动筛选的方法为，选择工作表中需要筛选的单元格区域，在"数据"选项卡中单击"筛选"按钮▽或按【Ctrl+Shift+L】组合键，使每列表头显示出"筛选"按钮🔽。单击该按钮可打开筛选器，如图 5-69 所示，其中默认打开"内容筛选"选项卡，在"名称"列表中取消选中某个复选框即可将其对应的数据项目隐藏，只显示选中复选框对应的数据项目。切换到"颜色筛选"选项卡，可按照单元格的颜色筛选数据项目。单击"数字筛选"按钮，可按"等于""不等于""大于""介于""高于平均值"等多种方式进行数字筛选，如图 5-70 所示；当该列数据为文本内容时，"数字筛选"按钮将显示为"文本筛选"按钮，单击该按钮可按"等于""不等于""开头是""结尾是""包含"等多种方式进行文本筛选。

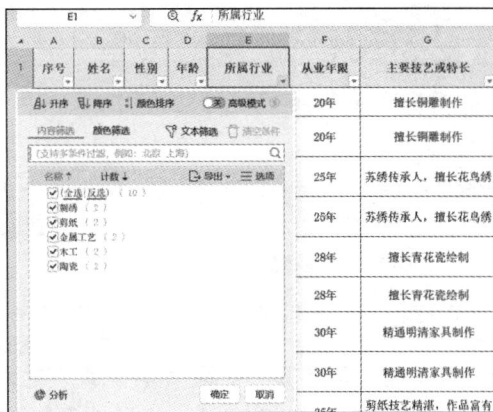

图 5-69　"内容筛选"选项卡

图 5-70　数字筛选

2. 自定义筛选

若筛选器中提供的筛选方式不能满足需求，用户可以进行自定义筛选方式。其操作方法为，单击表头的"筛选"按钮，在打开的下拉列表中选择"数字筛选"（或"文本筛选"）/"自定义筛选"选项，打开"自定义自动筛选方式"对话框，在其中根据需要自定义筛选条件，如图 5-71 所示，单击"确定"按钮对数据进行筛选。

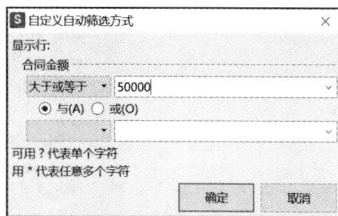

图 5-71 "自定义自动筛选方式"对话框

3. 高级筛选

如果用户想根据自己设置的筛选条件来筛选数据，那么需要使用高级筛选功能。高级筛选功能可以筛选出同时满足两个或两个以上约束条件的数据。下面将在"月销售记录表"工作簿中筛选出"城北店"和"城南店"销售额高于 30000 元的数据信息，其具体操作如下。

步骤 1：在"月销售记录表"工作簿中选择"2 月份"工作表，在 J3:K5 单元格区域输入筛选条件，如图 5-72 所示。需要注意的是，条件区域中的标签名称要与筛选区域中的标签名称保持一致。

图 5-72 输入筛选条件

步骤 2：将文本插入点定位到筛选区域中的任意单元格或选择筛选区域，在"数据"选项卡中单击"筛选"按钮下方的下拉按钮，在打开的下拉列表中选择"高级筛选"选项。

步骤 3：打开"高级筛选"对话框，在"方式"栏中选中"将筛选结果复制到其他位置"单选项，然后在工作表中选择需要进行筛选的列表区域和条件区域，以及筛选结果存放的位置，然后单击"确定"按钮，如图 5-73 所示。

步骤 4：返回工作表后，筛选结果将显示在指定的单元格中，如图 5-74 所示。

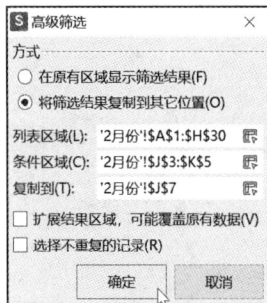

图 5-73 设置高级筛选条件

图 5-74 查看筛选数据

✎ **小贴士**

筛选是一个条件和模式匹配的过程，输入的条件支持逻辑运算，支持"与""或"运算；模式匹配支持通配符"?"和"*"，其中，"?"表示匹配任意单个字符，"*"表示匹配任意多个字符。

5.5.4　数据分类汇总

分类汇总数据就是根据表格中的某一列将所有数据进行分类，然后再对每一类数据分别进行汇总，使表格中性质相同的内容汇总到一起，使工作表的结构更清晰。

用户在对数据进行分类汇总之前，需要掌握"先排序，后汇总"的基本原则。先排序是指先对作为分类依据的字段进行排序，然后再求和、计数、求平均值、求最大值/最小值等不同方式对数据字段进行汇总。数据分类汇总的方法为，将工作表中的内容按分类字段排序，然后选择工作表中包含数据的任意一个单元格，单击"数据"选项卡中的"分类汇总"按钮，在打开的"分类汇总"对话框中设置"分类字段""汇总方式""选定汇总项"等参数，如图 5-75 所示，最后单击"确定"按钮即可自动生成自动分级的汇总表，如图 5-76 所示，其中，第一级是总计表，第二级是汇总项目表，第三级是各项明细数据表。

图 5-75　设置分类汇总参数　　　　图 5-76　查看分类汇总结果

> ✍ 小贴士
>
> 并非所有表格都能够进行分类汇总操作，必须保证工作表中具有可以分类的序列才能进行分类汇总，这样汇总的数据才有意义。另外，打开已经进行了分类汇总的工作表后，在表中选择任意单元格，然后在"数据"选项卡中单击"分类汇总"按钮，打开"分类汇总"对话框，单击"全部删除"按钮可删除已创建的分类汇总。

5.6　数据的分析

表格中数据的分析，主要是指通过图表等方式直观地对表格中的数据进行全面分析。其涉及的操作主要包括图表的创建与编辑、使用数据透视表、使用数据透视图等。

5.6.1　图表的定义

图表是 WPS 表格中重要的数据分析工具。WPS 表格提供了多种图表类型，包括柱形图、条形图、折线图、饼图和面积图等，用户可根据不同的情况选用不同类型的图表。下面介绍常用的图表类型及其适用情况。

- 柱形图：用于显示一段时间内的数据变化情况，或者展示各类别数据之间的比较情况，如

图 5-77 所示。另外，还可以同时显示不同时期、不同类别的数据变化和差异。柱形图包括簇状柱形图、堆积柱形图和百分比堆积柱形图 3 种。

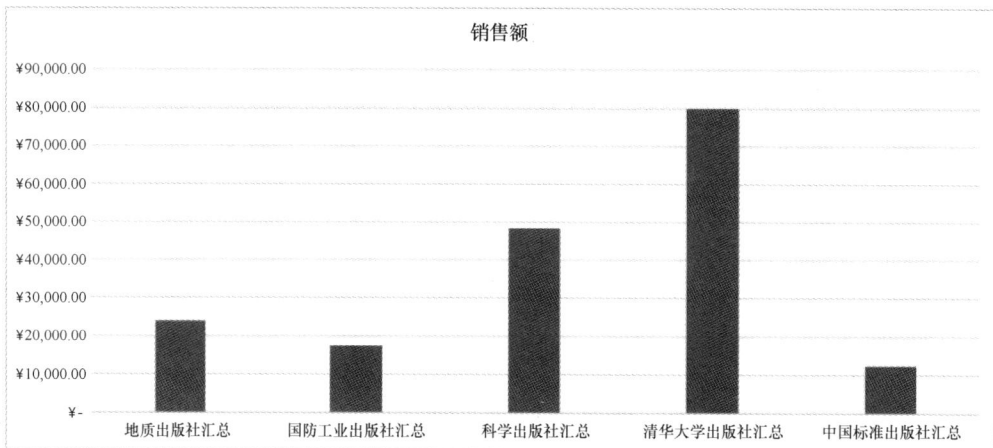

图 5-77　柱形图

- 条形图：条形图与柱形图的用法相似，但数据位于 y 轴，值位于 x 轴，位置与柱形图相反。
- 折线图：折线图多用于显示相同时间间隔下数据的变化趋势，它强调的是数据的时间性和变动率。
- 饼图：饼图用于显示一个数据系列中各项占各项总和的比例。
- 面积图：面积图用于显示每个数值的变化量，除了可用于强调数量随时间的变化而变化外，还可以通过显示数据的面积来展示部分和整体的关系；包括面积图、堆积面积图和百分比堆积面积图 3 种。
- X Y（散点图）：用于显示单个或多个数据系列中各数值之间的相互关系；或者将两组数值分别作为 x、y 坐标形成一个数据系列，通过坐标点的分布来显示变量间是否存在关联关系，以及相关关系的强度；包括散点图、带平滑线和数据标记的散点图、带平滑线的散点图、带直线和数据标记的散点图、带直线的散点图、气泡图和三维气泡图 7 种。
- 雷达图：用于显示独立数据系列之间及某个特定系列与其他系列之间的整体关系，每个分类都有自己的坐标轴，这些坐标轴从同一个中心点向外辐射，并由折线将同一系列中的值连接起来，多用于分析多维数据（四维及以上）；包括雷达图、带数据标记的雷达图和填充雷达图 3 种。
- 组合图：由两种或两种以上的图表类型组合而成，可以同时展示多组数据，不同类型的图表可以拥有一个共同的横坐标轴和多个不同的纵坐标轴，以更好地区分不同的数据类型。

一般来说，图表由图表区和绘图区构成，图表区指图表的全部范围，绘图区则包括数据系列、坐标轴、图表标题、数据标签和图例等部分，如图 5-78 所示。

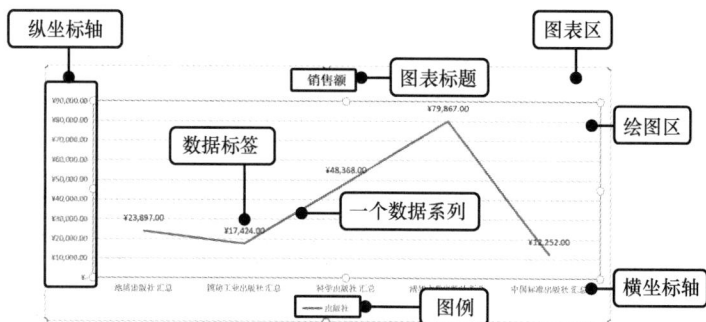

图 5-78　图表的组成

- 绘图区：绘图区是指包含数据系列图形的区域，位于图表区的中间，选中绘图区后，将自动显示绘图区边框，边框线上将显示用于控制绘图区大小的 8 个控制点。
- 数据系列：图表中的相关数据点，代表着表格中的行、列。图表中每一个数据系列都具有不同的颜色和图案，且各个数据系列的含义将通过图例体现出来。在图表中，可以绘制一个或多个数据系列。
- 坐标轴：度量参考线，*x* 轴为横坐标轴，通常表示分类；*y* 轴为纵坐标轴，通常表示数据。
- 图表标题：图表名称，一般自动与坐标轴或图表顶部居中对齐。
- 数据标签：为数据标记附加信息的标签，通常代表表格中某单元格的数据。
- 图例：表示图表的数据系列，通常有多少数据系列就有多少图例色块，其颜色或图案与数据系列相对应。

5.6.2　创建图表

图表是根据 WPS 表格中的数据生成的，因此，在插入图表之前需要编辑 WPS 表格中的数据，然后选择表格中需要生成图表的单元格区域，单击"插入"选项卡中的"全部图表"按钮，打开"图表"对话框，如图 5-79 所示，在其中选择所需的图表类型后，即可在工作表中成功创建指定的图表样式。

也可以在"插入"选项卡中单击其他类型的图表按钮。例如单击"插入柱形图"按钮，在打开的下拉列表中选择需要的图表选项，如图 5-80 所示，即可在工作表中创建相应图表，并在图表中显示相关的数据信息。将鼠标指针移动到图表中的某一数据系列，可查看该数据系列对应的数据。需要注意的是，如果不选择数据而直接插入图表，则图表中将显示空白。此时可以在"图表工具"选项卡中单击"选择数据"按钮，打开"编辑数据源"对话框，在其中设置与图表数据对应的单元格区域，为图表添加数据。

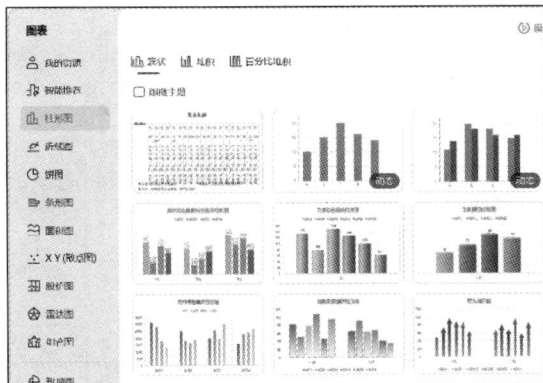

图 5-79　"图表"对话框

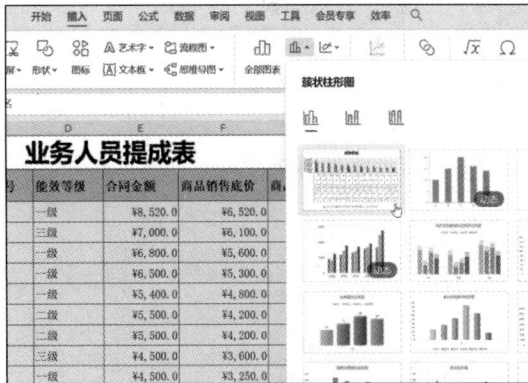

图 5-80　单击图表按钮以创建图表

5.6.3　编辑图表

在工作表中成功创建图表后，如果图表不够美观或数据有误，也可对其进行编辑，如编辑图表数据、设置图表位置、更改图表类型、设置图表样式、设置图表布局和编辑图表元素等。

1. 编辑图表数据

如果表格中的数据发生了变化（如增加或修改了数据），WPS 表格会自动更新图表。如果图表对应的单元格区域有误，则需要用户手动进行更改。在"图表工具"选项卡中单击"选择数据"按钮，打开"编辑数据源"对话框，在其中可重新选择和设置数据，如图 5-81 所示。

2. 设置图表位置

在创建图表时，图表默认创建在当前工作表中，用户也可根据需要将其移动到新的工作表中，其方法为在"图表工具"选项卡中单击"移动图表"按钮，打开"移动图表"对话框，选中"新工作表"单选项，如图 5-82 所示，单击"确定"按钮即可将图表移动到新工作表中。

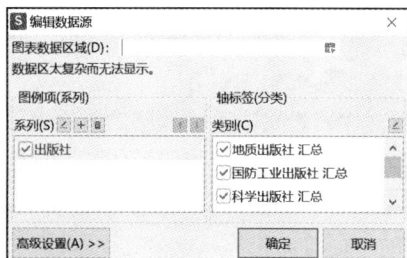

图 5-81 "编辑数据源"对话框

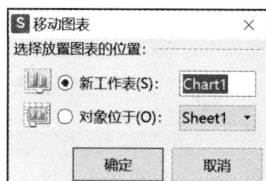

图 5-82 "移动图表"对话框

3. 更改图表类型

如果所选的图表类型不适合表现当前数据，可以将其更换为其他的图表类型，其方法为选择创建的图表，在"图表工具"选项卡中单击"更改类型"按钮，在打开的"更改图表类型"对话框中重新选择所需的图表类型。

4. 设置图表样式

创建图表后，为了使图表效果更美观，可以对其样式进行设置。设置图表样式可分为设置图表区样式、设置绘图区样式和设置数据系列颜色。

● 设置图表区样式：图表区即整个图表的全部范围，包括所有的数据信息以及图表的辅助说明信息。设置图表区样式的方法为，在"图表工具"选项卡的"图表元素"下拉列表中选择"图表区"选项，如图 5-83 所示；然后在"绘图工具"选项卡的"预设样式"下拉列表中选择一种样式选项，如图 5-84 所示，即可快速更改图表区的样式。

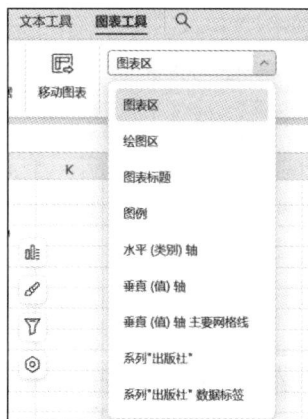

图 5-83 选择要编辑的图表元素

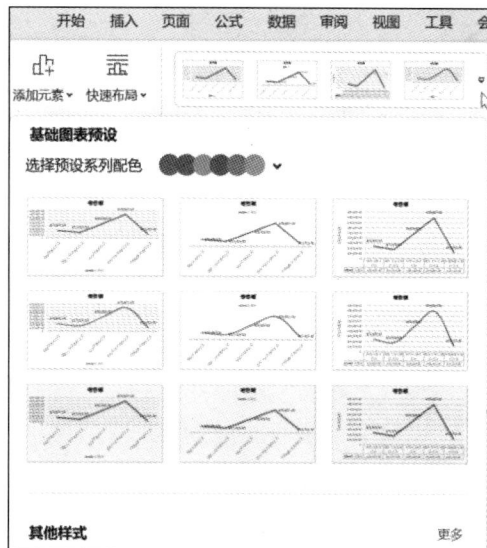

图 5-84 为图表区应用预设的样式

● 设置绘图区样式：绘图区是图表中描绘图形的区域，其形状是根据表格数据形象化地转换而来的。设置绘图区样式与设置图表区样式相似，其方法为，在"图表工具"选项卡的"图表元素"

下拉列表中选择"绘图区"选项，然后单击"绘图工具"选项卡中的"填充"按钮☺下方的下拉按钮，在打开的下拉列表中选择需要的选项。

● 设置数据系列颜色：数据系列是根据用户指定的图表类型以系列的方式显示在图表中的可视化数据，在分类轴上每个分类都对应着一个或多个数据，并以此构成数据系列。其颜色设置方法为，选择图表中需要设置颜色的数据系列，单击"绘图工具"选项卡中"填充"按钮☺下方的下拉按钮，在打开的下拉列表中选择需要的选项。

5. 设置图表布局

除了可以为图表应用样式外，用户还可以根据需要更改图表的布局，其方法为，选择要更改布局的图表，在"图表工具"选项卡中单击"快速布局"按钮壵，然后在打开的下拉列表中选择需要的选项，如图 5-85 所示。

6. 编辑图表元素

在选择图表类型或应用图表布局后，图表中各元素的样式都会随之改变，如果对图表标题、坐标轴标题和图例等元素的位置、显示方式等不满意，可进行调整。其方法为，在"图表工具"选项卡中单击"添加元素"按钮，在打开的下拉列表中选择需要调整的图表元素，如图 5-86 所示，并在子列表中选择相应的选项。

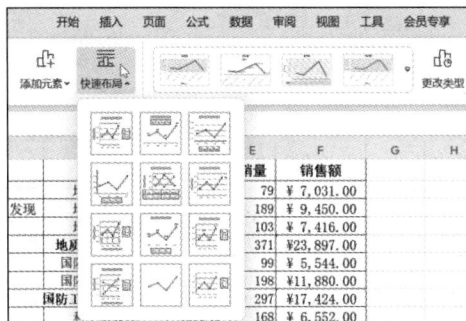

图 5-85　快速更改图表布局

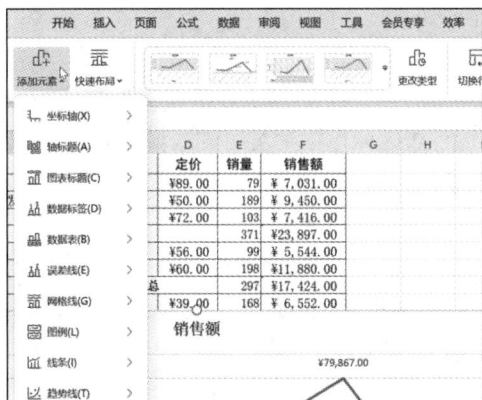

图 5-86　编辑图表元素

> ✍ **小贴士**
>
> 　　默认情况下，图表将被插入编辑区的中心位置，我们需要对图表位置和大小进行调整。选择图表后，将鼠标指针移动到图表中，当其变为❖形状时，拖动鼠标可调整图表位置；将鼠标指针移动到图表的 4 个角上，拖动鼠标可调整图表的大小。

5.6.4　使用数据透视表

数据透视表是一种交互式报表，它可以按照不同的需要及不同的关系来提取、组织和分析数据，从而得到用户需要的分析结果。数据透视表集筛选、排序和分类汇总等功能于一身，是 WPS 表格中重要的分析工具。从结构来看，数据透视表主要有 4 个部分，如图 5-87 所示。

● "筛选器"区域：该区域中的字段将作为数据透视表的筛选字段。

● "列"区域：该区域中的字段将作为数据透视表的列标签。

● "行"区域：该区域中的字段将作为数据透视表的行标签。

● "值"区域：该区域中的字段将作为数据透视表中汇总数据的标签。

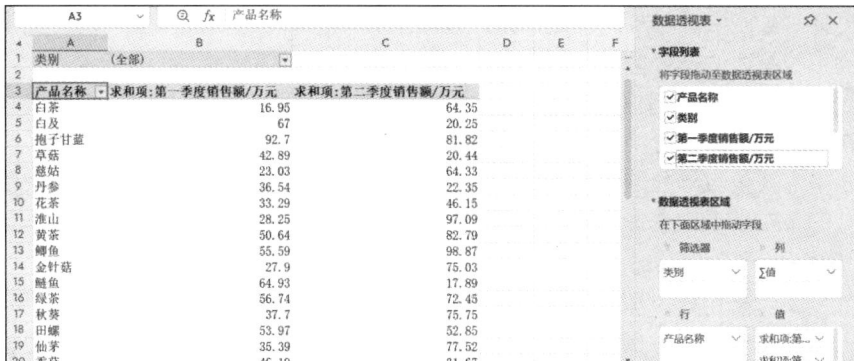

图 5-87　数据透视表的组成

1. 创建数据透视表

若要在 WPS 表格中创建数据透视表，首先要选择需要创建数据透视表的单元格区域。需要注意的是，在创建数据透视表的表格中，数据内容要存在分类，这样才会使数据透视表的汇总有意义。

在 WPS 表格中创建数据透视表的方法为，选择需要进行数据透视表分析的单元格区域，在"插入"选项卡中单击"数据透视表"按钮，打开"创建数据透视表"对话框，设置好放置数据透视表的位置后单击"确定"按钮，即可创建一个空白数据透视表。此时，用户可在"数据透视表"任务窗格中将字段拖动至"数据透视表区域"栏中对应的区域，如图 5-88 所示，从而成功创建数据透视表。

图 5-88　拖动字段至数据透视表区域

2. 设置数据透视表

为了方便用户在数据透视表中汇总和分析数据，WPS 表格允许用户对数据透视表进行一些设置，包括设置值字段数字格式、移动字段、设置值字段的汇总方式和删除字段等。

- 设置值字段数字格式：值字段的数字格式包括"数值""货币""会计专用""百分比"等。设置方法为，选择数据透视表中的任意单元格，单击"分析"选项卡中的"字段设置"按钮，打开"值字段设置"对话框，如图 5-89 所示；单击"数字格式"按钮，打开"单元格格式"对话框，如图 5-90 所示，在其中即可对值字段的数字格式进行设置。

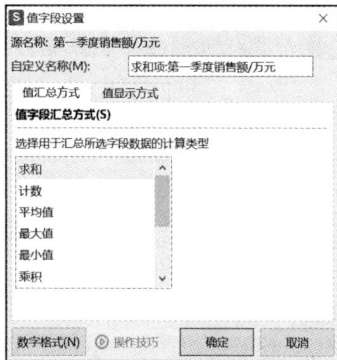

图 5-89　"值字段设置"对话框

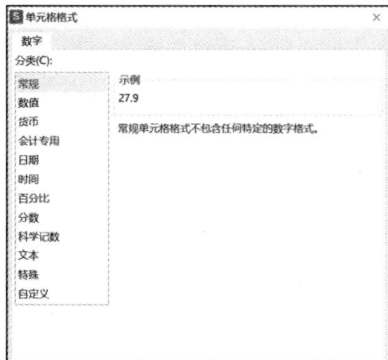

图 5-90　设置值字段的数字格式

- 移动字段：移动字段指调整数据透视表中字段的显示位置。方法为，在"数据透视表"任务窗格中的"数据透视表区域"栏中单击要移动的字段，然后在打开的下拉列表中选择字段的显示位置，如图 5-91 所示。如果某一区域中添加了多个字段，用户还可以对同一区域中的字段进行"上移""下移""移至首端""移至尾端"等操作，如图 5-92 所示。

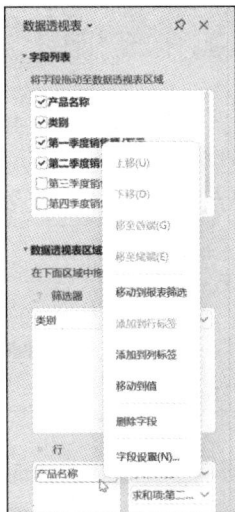

图 5-91　在不同区域中移动字段

图 5-92　在同一区域中移动字段

• 设置值字段的汇总方式：创建数据透视表后，默认情况下值字段中将按"求和"这一分类汇总方式生成数据。实际上，"值"字段的汇总方式有很多种，包括求和、计数、求平均值、求最大值等，用户可以根据需要进行设置。方法为，在"数据透视表"任务窗格中，单击"值"区域中要设置的字段，在打开的下拉列表中选择"值字段设置"选项，打开"值字段设置"对话框，在"值汇总方式"选项卡中可以选择需要的汇总方式。

• 删除字段：删除字段的方法很简单，在"数据透视表"任务窗格中的"字段列表"栏中取消选中对应的复选框，或在"数据透视表区域"栏中单击要删除的字段，然后在打开的下拉列表中选择"删除字段"选项，即可将字段从数据透视表中删除。

3. 数据透视表的使用方法

添加并设置数据透视表后，用户便可使用它来进行数据分析，包括在数据透视表中显示与隐藏明细数据、排序和筛选数据、更新数据等。

• 显示与隐藏明细数据：选择数据透视表中想要隐藏字段所对应的单元格，单击"分析"选项卡中的"隐藏"按钮圙，此时所选字段在数据透视表中被隐藏起来，如图 5-93 所示。单击所选字段右侧的"筛选"按钮图，在打开的下拉列表中选择"清空条件"选项，便可使隐藏的数据重新显示在数据透视表中。

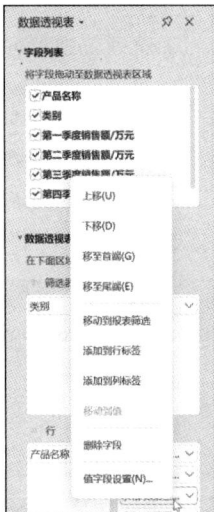

图 5-93　隐藏"性别"字段中的明细数据

- 排序数据：在数据透视表中对字段进行排序的方法与在普通工作表中对数据进行排序的方法类似。在创建数据透视表时，软件会自动在字段右侧添加下拉按钮，单击某个字段右侧的下拉按钮，在打开的下拉列表中选择"降序"或"升序"选项，即可对所选字段进行排序操作，如图 5-94 所示。也可以在打开的下拉列表中选择"其他排序选项"选项，打开"排序"对话框，用户在其中可以自行设置排序方式。

- 筛选数据：用户可以在数据透视表中按需求筛选数据，在数据透视表中筛选数据的工具主要是筛选器。方法为，单击某个字段右侧的下拉按钮，在打开的下拉列表中进行筛选。另外，还可以在"数据透视表"任务窗格的"筛选器"区域中添加筛选字段，然后在数据透视表上方增加的筛选区域中对数据字段进行筛选，如图 5-95 所示。

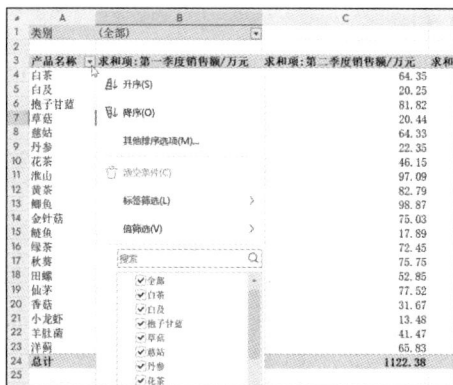

图 5-94 利用下拉按钮对数据进行排序

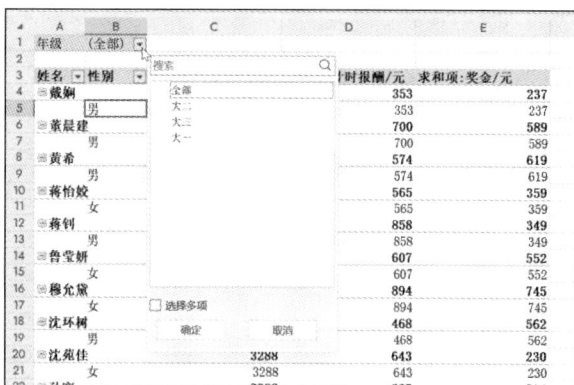

图 5-95 利用筛选字段筛选数据

- 更改数据透视表的数据源：更改数据源是指修改原数据透视表所引用的数据范围。方法为，选择数据透视表中的任意单元格，然后单击"分析"选项卡中的"更改数据源"按钮，打开"更改数据透视表数据源"对话框，在其中可以重新设置创建数据透视表的单元格区域。

- 更新数据：当源数据发生变动时，数据透视表中的数据不会同时更改，所以需要对数据进行刷新操作。刷新数据的方法为，选择数据透视表中的任意单元格，单击"分析"选项卡中的"刷新"按钮，或者在数据透视表中单击鼠标右键，然后在弹出的快捷菜单中选择"刷新"命令。

4. 数据透视表的美化

在表格中创建数据透视表后，用户可以对其进行美化。数据透视表的美化主要包括更改布局和套用样式两方面的内容，均可通过"设计"选项卡来实现。

- 更改布局：数据透视表布局包括分类汇总布局和报表布局。更改布局的方法为，选择数据透视表，单击"设计"选项卡中的"分类汇总"按钮，在打开的下拉列表中可以设置分类汇总项的显示位置、是否显示分类汇总项等，如图 5-96 所示。单击"报表布局"按钮，则可以在打开的下拉列表中调整新的报表布局，如图 5-97 所示。

图 5-96 设置分类汇总选项

图 5-97 调整报表布局

● 套用样式：选择数据透视表，在"设计"选项卡中的"样式"列表框中选择所需样式，便可快速美化编辑完成的数据透视表。如果用户对预设的样式不满意，还可以单击"样式"列表框右侧的"展开"按钮 ▾ ，在打开的下拉列表中选择"新建数据透视表样式"选项，如图 5-98 所示，然后在打开的"新建数据透视表样式"对话框中自定义样式，如图 5-99 所示。

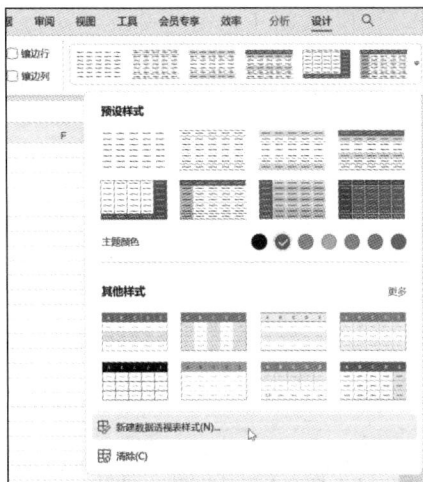

图 5-98　选择"新建数据透视表样式"选项

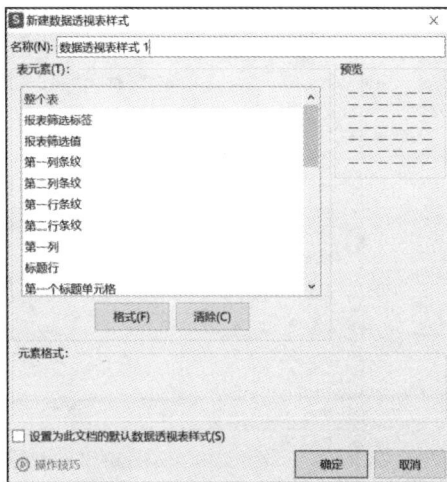

图 5-99　自定义数据透视表样式

5.6.5　使用数据透视图

数据透视图是一种直观的图形表示，它紧密关联于数据透视表，能够为用户展示数据透视表中数据的可视化效果。在创建数据透视图时会展现出与标准图表相似的元素，包括数据系列、图例、图表标题及坐标轴等。另外，数据透视图与数据透视表之间存在紧密的关联。一旦对关联的数据透视表进行布局或数据的更改，这些变化将立即反映到数据透视图中，也就是说，数据透视图和数据透视表是关联的，无论哪一个对象发生了变化，另一个对象都将同步发生变化。图 5-100 所示为基于数据透视表的数据透视图。

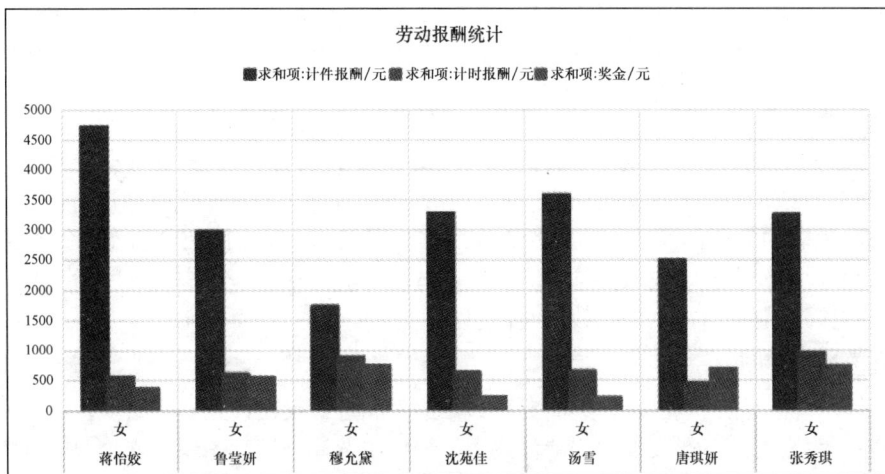

图 5-100　数据透视图

1. 创建数据透视图

数据透视图的创建方法与数据透视表的创建方法相似。在 WPS 表格中创建数据透视图的方法分为两种，一种是使用原始数据创建，另一种是通过数据透视表来创建。

● 使用原始数据创建：选择包含数据的任意单元格，单击"插入"选项卡中的"数据透视图"按钮，打开"创建数据透视图"对话框，选择要分析的数据和放置数据透视图的位置后单击"确定"按钮，即可创建一个空白数据透视图和数据透视表，如图 5-101 所示。此时，用户可通过"数据透视图"任务窗格将字段添加到报表中，从而成功创建数据透视图。

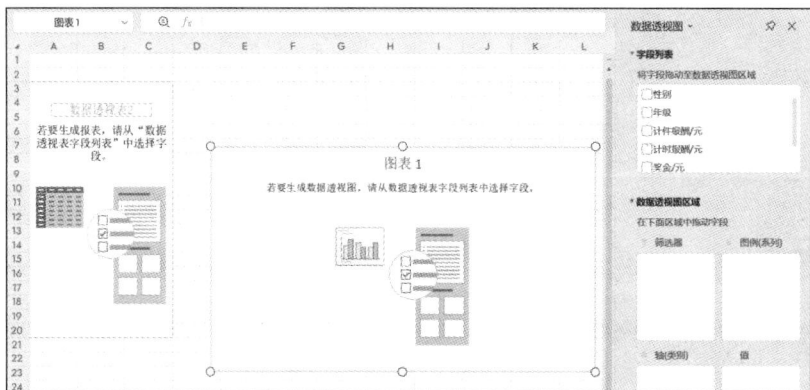

图 5-101　使用原始数据创建数据透视图

● 使用数据透视表创建：选择数据透视表中的任意一个单元格，单击"分析"选项卡中的"数据透视图"按钮，打开"图表"对话框，选择需要使用的图表类型后单击"确定"按钮，软件就会在当前工作表中插入数据透视图。使用鼠标拖动该图表可以改变其在工作表中的显示位置。

2. 数据透视图的使用方法

数据透视图兼具数据透视表和图表的功能，因此其使用方法与这两类对象类似。下面重点介绍更改图表类型和布局、添加图表元素、筛选图表中的数据等操作。

● 更改图表类型：在创建的数据透视图中，用户可以根据需要更换图表类型，使图表能够更加准确地反映数据特征。方法为，选择数据透视图，单击"图表工具"选项卡中的"更改类型"按钮，在打开的"更改图表类型"对话框中选择所需图表，即可应用更改后的图表类型。

● 更改图表布局：在完成数据透视图的创建后，有时用户需要对其布局进行修改，以使其符合操作习惯。方法为，选择数据透视图，单击"图表工具"选项卡中的"快速布局"按钮，在打开的下拉列表中选择所需的图表布局即可。

● 添加图表元素：数据透视图默认显示数据系列、图例、图表标题等元素。另外，用户还可手动添加一些元素来辅助分析数据，如数据标签、趋势线等。方法为，选择数据透视图，单击"图表工具"选项卡中的"添加元素"按钮，在打开的下拉列表中选择所需选项进行设置。

● 筛选图表中的数据：筛选图表中的数据的方法很简单，单击图表中含有筛选按钮的字段名称，在打开的下拉列表中选中或取消选中对应复选框即可进行筛选，用户也可以通过值或标签进行筛选，其方法与筛选数据透视表中的数据类似。

3. 美化数据透视图

与其他图表一样，用户也可以根据需要对数据透视图进行美化设置。方法为，选择要美化的数据透视图，在"图表工具"选项卡中的"样式"列表框中选择预设的图表样式，即可对数据透视图进行快速美化，如图 5-102 所示。另外，单击"图表工具"选项卡中的"设置格式"按钮可以打开"属性"任务窗格，如图 5-103 所示，在"图表选项"选项卡中可以对图表中的绘图区、图表区、数据系列等元素的填充和线条样式进行设置，在"文本选项"选项卡中可以对图表中的图例、坐标轴、图表标题等元素中的文本内容进行美化设置。

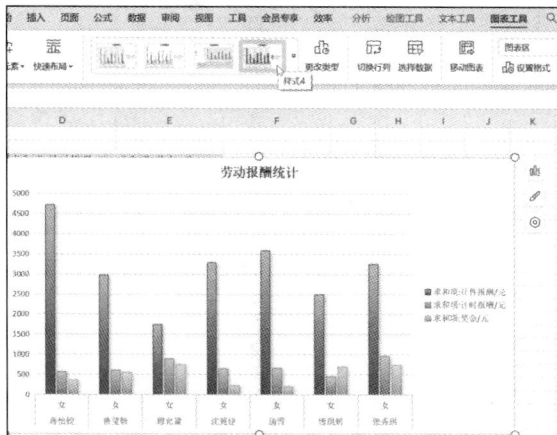

图 5-102　为图表应用预设图表样式

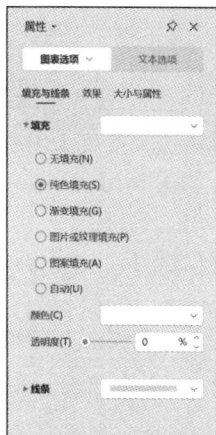

图 5-103　"属性"任务窗格

✎ **小贴士**

如果用户对数据透视图的美化效果不满意，可以轻松地清除所有美化设置，使其恢复到美化前的原始状态。重置数据透视图的方法为，选择数据透视图，单击"图表工具"选项卡中的"重置样式"按钮⬚，即可将数据透视图恢复至美化设置前的状态。需要注意的是，该操作只是取消对数据透视图的美化，并不会对数据透视表的布局造成影响。

5.7　打印设置

当表格制作完成后，用户往往还面临着查看表格效果和打印表格的问题，此时，用户就可以利用 WPS 表格的冻结窗格与拆分窗口功能分割表格，以查看表格的不同部分；或者利用 WPS 表格的打印功能打印表格，并对电子表格的打印效果进行预览和设置。

1.　冻结窗格与拆分窗口

在对大型表格进行编辑时，由于屏幕所能查看的范围有限，因此用户无法完整查看表格中的所有数据，此时用户就可以利用 WPS 表格提供的冻结窗格功能冻结部分行列，使冻结的部分始终显示，或者利用拆分窗口功能对表格进行"横向"或"纵向"分割，以便同时观察或编辑表格的不同部分。

● 冻结窗格：选择工作表中的任意一个单元格，单击"视图"选项卡中的"冻结窗格"按钮⬚，打开的下拉列表中提供了 5 种不同的冻结方式，如图 5-104 所示。若选择"冻结至第 7 行 C 列"选项，此时第 7 行单元格的上方及左侧将被冻结，当用户向下或向右查看工作表内容时，这些内容将会始终显示，如图 5-105 所示；若选择"冻结至第 7 行"选项，则会冻结第 7 行单元格上方的区域；若选择"冻结至第 C 列"选项，则会冻结第 C 列单元格的左侧区域；若选择"冻结首行"选项，则会冻结表格的第 1 行；若选择"冻结首列"选项，则会冻结表格的第 1 列。

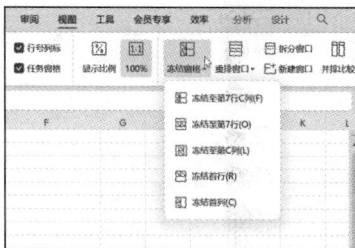

图 5-104　"冻结窗格"下拉列表

图 5-105　冻结至第 7 行 C 列的效果

- 取消冻结窗格：选择工作表中的任意一个单元格，单击"视图"选项卡中的"冻结窗格"按钮🔲，在打开的下拉列表中选择"取消冻结窗格"选项。
- 拆分窗口：选择工作表中的任意一个单元格，单击"视图"选项卡中的"拆分窗口"按钮🗗，软件就会以所选单元格为中心进行横向或纵向分割，使当前工作表划分为 4 个窗口，每个窗口都可独立滚动，如图 5-106 所示。
- 取消拆分：选择工作表中的任意一个单元格，单击"视图"选项卡中的"取消拆分"按钮🗗即可取消窗口拆分。

	A	B	C	D	E	F	G
1	产品名称	类别	第一季度销售额/万元	第二季度销售额/万元	第三季度销售额/万元	第四季度销售额/万元	全年销售额/万元
2	白茶	茶叶	16.95	64.35	28.74	21.62	
3	白及	药材	67.00	20.25	76.70	53.06	
4	抱子甘蓝	瓜果蔬菜	92.70	81.82	81.94	14.67	
5	草菇	食用菌	42.89	20.44	81.61	33.31	
6	慈姑	瓜果蔬菜	23.03	61.33	43.73	48.43	
7	丹参	药材	36.54	22.35	83.37	56.10	
11	鲫鱼	水产品	55.59	98.87	87.44	46.90	
12	金针菇	食用菌	27.90	75.03	46.35	28.56	
13	鲢鱼	水产品	64.93	17.89	33.63	41.37	
14	绿茶	茶叶	56.74	72.45	47.49	21.68	
15	秋葵	瓜果蔬菜	37.70	75.75	32.68	96.51	
16	田螺	水产品	53.97	52.85	86.22	41.23	
17	仙茅	药材	35.39	77.52	72.53	36.71	
18	香菇	食用菌	46.19	31.67	97.77	70.82	

图 5-106　拆分窗口

2. 打印预览与设置

打印预览功能可以帮助用户在打印前及时发现并纠正可能存在的错误，从而提升最终的打印质量。下面将打印已编辑好的表格，并在打印前通过预览和设置功能来确保打印准确。其具体操作如下。

步骤 1：打开要打印的表格，然后单击快速访问工具栏中的"打印预览"按钮🔍或按【Ctrl+Alt+P】组合键，打开"打印预览"界面，其中包含"打印预览"和"打印设置"两部分，在"打印预览"部分可查看表格的预览效果，如图 5-107 所示。如果工作表中的内容较多，则可以单击界面下方的"下一页"按钮>或"上一页"按钮<，切换到下一页或上一页。

步骤 2：在"打印设置"部分可以设置打印份数、打印方式、页码范围、每页版数及页边框等参数，这里在"份数"数值框中输入打印数量；在"打印机"下拉列表中选择当前可使用的打印机；在"纸张信息"栏中单击"横向"按钮🗗；设置打印范围、打印方式、打印方向等，如图 5-108 所示，单击"打印"按钮开始打印。

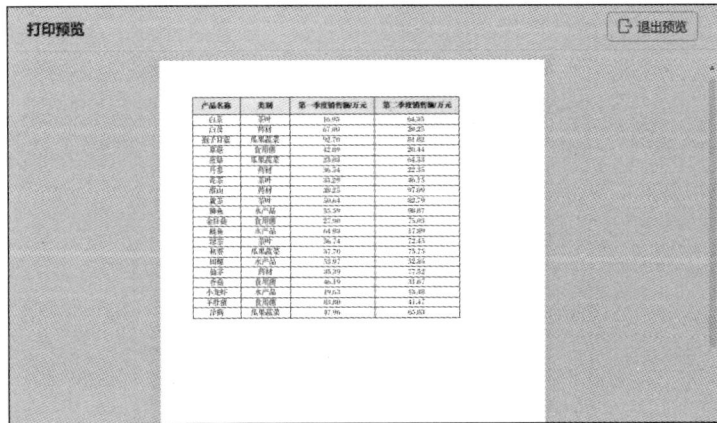

图 5-107　打印预览

图 5-108　设置打印参数

5.8 综合案例

（1）新建一个空白工作簿，并将其名称设置为“劳动报酬统计”（配套资源：\效果文件\第 5 章\劳动报酬统计.et），然后在工作表中输入和编辑数据，涉及的操作主要包括文本的输入、单元格格式的设置、工作表的美化等，参考效果如图 5-109 所示。

操作提示如下。

- 新建一个名为“劳动报酬统计”的工作簿，在“Sheet1”工作表的 A1:H21 单元格区域中输入文本内容（可参见效果图），针对工作表中有规律的数据，可以通过拖动填充柄的方式进行快速输入。另外，“性别”“年级”列的数据可以设置数据有效性，有效性条件分别为“男,女”“序列”。
- 选择 A2:H21 单元格区域，单击“开始”选项卡中的“套用表格样式”按钮，为表格应用预设的“表样式 3”，然后打开“单元格格式”对话框，将文本对齐方式设置为“居中”，将 E3:H21 单元格区域数字格式设置为“数值”，“小数位数”设为 0。
- 选择 A1:H1 单元格区域，合并居中单元格，单击“开始”选项卡中的“单元格样式”按钮，为单元格应用“主题单元格样式”栏中的“60%-强调文字颜色 1”样式，然后将字体格式设置为“方正兰亭细黑”“26”。
- 按照相同的操作思路，为 A2:H2 单元格区域应用“主题单元格样式”栏中的“强调文字颜色 1”样式，拖动鼠标来调整工作表中的行高和列宽，并保存工作簿。

劳动报酬统计

序号	姓名	性别	年级	计件报酬/元	计时报酬/元	奖金/元	补贴/元
1	于晓荔	男	大一	3803	574	619	154
2	梁倩克	女	大二	2498	455	695	255
3	马朋颖	男	大一	2165	477	557	241
4	卢艳	男	大二	2888	227	514	213
5	林沫澜	男	大三	1986	353	237	256
6	何琪琬	女	大一	2978	607	552	182
7	韩黛辰	男	大二	3926	370	419	190
8	彭盛梦	男	大三	2933	858	349	100
9	邱瑛荷	男	大一	4873	468	562	156
10	樊悦	男	大二	4926	942	238	162
11	张媛	男	大三	2485	700	589	149
12	蒋轮	女	大一	3589	659	208	155
13	余盛	女	大三	3288	643	230	159
14	孙瑶珠	女	大一	4721	565	359	101
15	邱吉媛	女	大二	3255	959	737	246
16	罗源	女	大二	1740	894	745	204
17	余姣榕	女	大三	3557	859	443	154
18	严凝卿	男	大二	3593	889	439	151
19	梁宏竹	女	大一	3629	918	435	147

图 5-109 “劳动报酬统计”表格

（2）打开“大学生创新大赛成绩统计”工作簿（配套资源：\素材文件\第 5 章\大学生创新大赛成绩统计.et），然后使用 WPS AI 的 AI 写公式功能来计算表格中的数据，最后，对评价显示为“优秀”的单元格进行突出显示，参考效果如图 5-110 所示。

操作提示如下。

- 打开“大学生创新大赛成绩统计”工作簿，单击功能区中的“WPS AI”选项卡，打开“WPS AI”任务窗格。
- 选择 H3 单元格，然后单击“WPS AI”任务窗格中的“AI 写公式”按钮，启用 AI 浮动工具栏，在搜索框中输入“计算 H 列的总分”，按【Enter】键后，浮动工具栏中将显示参与计算的单元格区域，确认无误后单击“完成”按钮查看计算结果。

	A	B	C	D	E	F	G	H	I	J
2	作品编号	科学性 （0—20分）	创新性 （0—20分）	商业性 （0—20分）	竞争性 （0—20分）	团队情况 （0—10分）	创业计划书 （0—10分）	总分	评价	排名
3	FSL-001	20	20	16	16	9	9	90	优秀	2
4	FSL-002	16	18	17	15	5	5	76	合格	19
5	FSL-003	17	15	17	15	8	10	82	良好	12
6	FSL-004	16	17	17	19	5	7	81	良好	14
7	FSL-005	17	16	15	18	8	9	83	良好	11
8	FSL-006	16	15	17	16	6	6	76	合格	19
9	FSL-007	18	20	16	16	6	9	87	良好	5
10	FSL-008	17	17	19	15	8	5	81	良好	14
11	FSL-009	17	20	16	15	5	5	78	合格	18
12	FSL-010	18	18	19	20	7	5	87	良好	5
13	FSL-011	15	16	17	19	7	10	84	良好	9
14	FSL-012	20	16	19	20	5	9	89	良好	3
15	FSL-013	16	19	15	15	9	5	79	合格	17
16	FSL-014	16	20	16	15	8	5	80	良好	16
17	FSL-015	16	16	18	20	5	7	82	良好	12
18	FSL-016	18	20	20	20	9	10	97	优秀	1
19	FSL-017	17	16	19	19	10	5	86	良好	7
20	FSL-018	17	20	19	20	7	5	88	良好	4
21	FSL-019	16	17	20	17	9	5	84	良好	9
22	FSL-020	19	18	19	18	6	5	85	良好	8

图 5-110 "大学生创新大赛成绩统计"表格

- 选择 I3 单元格，同样单击"AI 写公式"按钮 🖒 启用 AI 浮动工具栏，然后在搜索框中输入"根据总分给出等级评价：>=90 为'优秀'，>=80 为'良好'，>=70 为'合格'，<70 为'不合格'"，按【Enter】键后，浮动工具栏中将显示参与计算的单元格区域，确认无误后单击"完成"按钮查看计算结果。

- 选择 J3 单元格，在 AI 浮动工具栏的搜索框中输入"对总分进行排名，显示名次"，按【Enter】键后，在浮动工具栏中将显示参与计算的单元格区域，确认无误后单击"完成"按钮查看计算结果。

- 单击"WPS AI"任务窗格中的"AI 条件格式"按钮 🖳，打开"AI 条件格式"对话框，在其文本框中输入"将 I 列中评价为'优秀'的单元格填充为橙色"，然后按【Enter】键，展开的列表中将显示条件、规则、格式的具体内容，确认无误后单击"完成"按钮显示应用效果。

- 打开"保存工作表"对话框，为当前工作表设置保存密码。

（3）打开"特色农产品销售数据"工作簿（配套资源：\效果文件\第 5 章\特色农产品销售数据.et），如图 5-111 所示。然后管理和分析表格中的数据，涉及的操作主要包括数据的排序，数据分类汇总，数据透视表和数据透视图的创建、编辑和使用等，参考效果如图 5-112 所示。

操作提示如下。

- 打开"特色农产品销售数据"工作簿，利用"求和"按钮 Σ 计算全年销售额。

- 复制"Sheet1"工作表，并将工作表重命名为"数据管理"，然后在该工作表中对"类别"所在列进行"升序"排列。

- 单击"数据"选项卡中的"分类汇总"按钮 🖺，打开"分类汇总"对话框，将分类字段设置为"类别"，其他设置不变，然后单击"确定"按钮。

- 单击"Sheet1"工作表标签，选择工作表中包含数据的任意单元格，然后单击"插入"选项卡中的"数据透视图"按钮 🖼，将数据透视图的保存位置设置为"新工作表"。

- 在"数据透视表"任务窗格中，将"类别"字段添加到"筛选器"区域，将"产品名称"字段添加到"行"区域，将"第一季度销售额/万元"和"第二季度销售额/万元"字段添加到"值"区域。

- 美化数据透视表和数据透视图，然后利用"类别"下拉按钮筛选出"茶叶"和"药材"类别的相关数据信息。

- 单击"图表工具"选项卡中的"添加元素"按钮 🖧，为数据透视图添加数据标签。

图 5-111 "特色农产品销售数据"表格

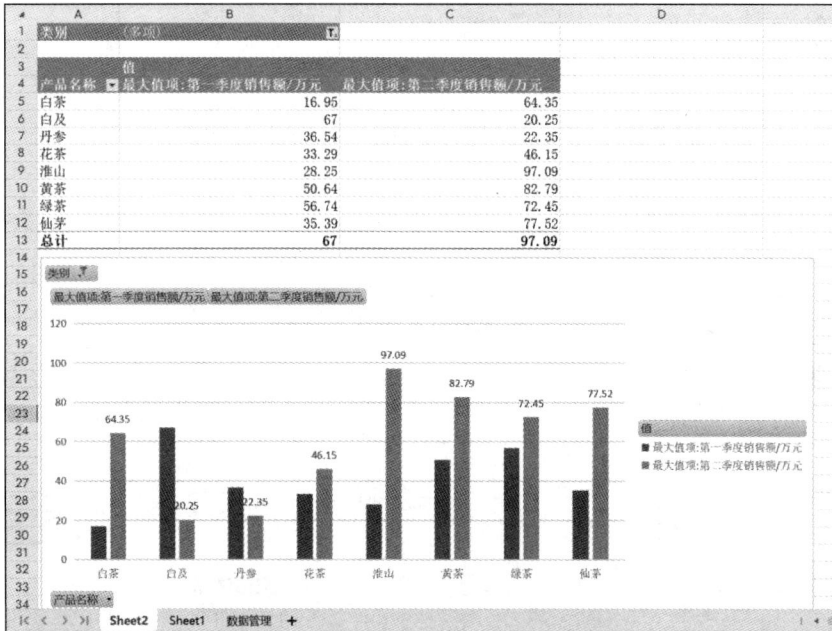

图 5-112 分析"特色农产品销售数据"表格

第6章 WPS 演示

WPS 演示作为一款专业的演示文稿制作工具，主要用于制作与播放幻灯片，同时为用户提供全方位的展示平台。无论是通过投影仪在大屏幕上呈现，还是在计算机上进行编辑，甚至打印成纸质版本的需求，它都能满足。在 WPS 演示中，用户还可以灵活运用图表、视频和动画等多种媒体形式将复杂的内容以直观、生动的方式展现出来，也可以使用 WPS AI 一键生成演示文稿。这样的设计不仅丰富了演示文稿的内容，还增强了其感染力和吸引力。

【学习目标】

➢ 了解 WPS 演示的工作界面的组成。

➢ 掌握 WPS 演示的基本操作方法。

➢ 熟悉在幻灯片中插入不同对象的方法。

➢ 熟悉为幻灯片添加交互元素的操作。

➢ 熟悉放映幻灯片和输出演示文稿的方法。

6.1 WPS 演示的工作界面的组成

在"开始"菜单中选择"WPS Office 教育版"/"WPS Office 教育版"选项，或者双击桌面上的"WPS Office 教育版"快捷方式，启动 WPS Office，单击"新建"按钮，在打开的"新建"对话框中单击"演示"按钮 P，进入"新建演示文稿"界面。单击"空白演示文稿"按钮＋，进入 WPS 演示工作界面，并自动新建名为"演示文稿 1"的空白演示文稿，如图 6-1 所示。

图 6-1 WPS 演示的工作界面

WPS 演示工作界面与 WPS 文字、WPS 表格工作界面相似，由标题栏、"文件"菜单、功能选项卡、功能区、"大纲/幻灯片"浏览窗格、幻灯片编辑区和状态栏等部分组成。使用"WPS AI"选项卡可快速创建演示文稿。

下面介绍 WPS 演示某些组成部分的功能。

● "WPS AI"选项卡：单击"WPS AI"选项卡，打开"WPS AI"对话框而非任务窗格，其中提供了"输入内容"和"上传文档"两种智能生成幻灯片的方式。用户可根据自身需求选择生成方式：若用户仅明确幻灯片主题但缺乏具体内容，可选择"输入内容"方式，通过关键词或主题描述生成幻灯片；若用户已经准备了完整的演示文稿大纲，则可通过"上传文档"方式直接导入结构化内容。两种路径均可高效启动智能幻灯片制作流程。

- 幻灯片编辑区：幻灯片编辑区位于工作界面的中心，用于显示和编辑幻灯片的内容。在默认情况下，标题幻灯片中包含一个正标题占位符、一个副标题占位符，内容幻灯片中包含一个标题占位符和一个内容占位符。

- "大纲/幻灯片"浏览窗格："大纲/幻灯片"浏览窗格位于幻灯片编辑区的左侧，主要显示当前演示文稿中所有幻灯片的缩略图，单击某张幻灯片缩略图可跳转到该幻灯片并在右侧的幻灯片编辑区中显示该幻灯片的内容。

- 状态栏：状态栏位于工作界面的底部，用于显示当前幻灯片的页面信息，它主要由"智能美化"按钮 、"备注"按钮 、"批注"按钮 、视图模式切换按钮组 、"从当前幻灯片开始播放"按钮 、显示比例栏等部分组成。其中，单击"智能美化"按钮可以对幻灯片进行快速美化设置；单击"备注"按钮可以显示或隐藏备注面板；单击视图模式切换按钮组中的按钮可以在"普通视图""幻灯片浏览""阅读视图"3种不同视图模式之间进行快速切换；单击"从当前幻灯片开始播放"按钮可以播放当前幻灯片；拖动显示比例栏中的缩放比例滑块 可以调节幻灯片的显示比例。

小贴士

"普通视图"是WPS演示默认的视图模式，打开演示文稿即可进入"普通视图"模式。在"普通视图"模式下，用户可以对幻灯片的总体结构进行调整，也可以对单张幻灯片进行编辑，是编辑幻灯片最常用的视图模式。在"幻灯片浏览"模式下可以浏览演示文稿中所有幻灯片的整体效果，如图6-2所示，并且可以对其整体结构进行调整，如移动或复制幻灯片，但不能编辑幻灯片中的内容。"阅读视图"模式则是在当前计算机中以窗口方式查看演示文稿放映效果，如图6-3所示，单击窗口底部的"上一页"按钮 和"下一页"按钮 可切换幻灯片。

图6-2 "幻灯片浏览"模式

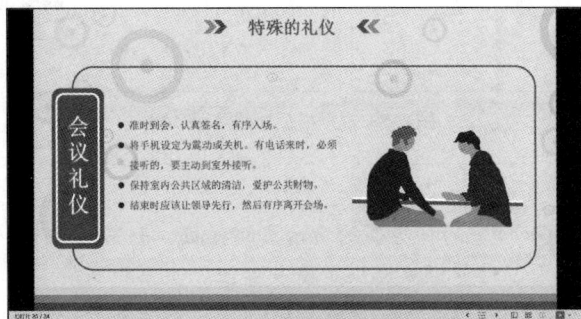

图6-3 "阅读视图"模式

6.2 WPS 演示的基本操作

认识了 WPS 演示的工作界面之后，为了进一步熟练使用演示文稿，读者还需要了解演示文稿基本操作、幻灯片基本操作以及编辑幻灯片等内容。

6.2.1 演示文稿基本操作

成功启动 WPS Office 后就可以新建演示文稿了，演示文稿的基本操作与文档和表格的操作有一定的相似之处。演示文稿的基本操作包括新建、打开、保存和保护 4 种。

1. 新建演示文稿

新建演示文稿的方法有很多，如新建空白演示文稿、利用模板新建演示文稿等，用户可根据实际需求进行选择。新建演示文稿的方法为，启动 WPS Office，在打开的界面中单击"新建"按钮，打开"新建"对话框，单击"Office 文档"栏中的"演示"按钮 ，打开"新建演示文稿"界面，在其中单击"空白演示文稿"按钮，如图 6-4 所示，即可新建一个名为"演示文稿 1"的空白演示文稿。如果单击系统提供的模板，在打开的模板详情对话框中单击"免费使用"或"立即使用"按钮，则可新建一个带模板样式的演示文稿，如图 6-5 所示。

图 6-4　新建空白演示文稿

图 6-5　根据模板新建演示文稿

> 🖎 **小贴士**
>
> WPS 演示提供了免费和付费两种类型的演示文稿模板，如果是 WPS 会员，则可以选择付费的模板来新建演示文稿，因为付费模板提供了更多专业、实用和高质量的样式、图表、动画效果等，同时还能提升演示效果，相比之下，免费模板则可能会受到一些限制。然而，无论是选择免费模板还是选择付费模板，用户都需要先登录 WPS Office 账户。

2. 打开演示文稿

在对演示文稿进行编辑、查看或放映操作前应将其打开。打开演示文稿的方法主要包括以下两种。

- 打开演示文稿：在 WPS 演示的工作界面中选择"文件"/"打开"命令或按【 Ctrl+O 】组合键，打开"打开文件"对话框，在其中选择需要打开的演示文稿后单击"打开"按钮即可。

- 打开最近使用的演示文稿：WPS 演示提供了记录最近使用的演示文稿的功能，如果想打开最近使用过的演示文稿，可在 WPS 演示的工作界面中打开"文件"菜单，在"最近使用"列表中可以查看最近使用的演示文稿，如图 6-6 所示，选择需要打开的演示文稿即可将其打开。

图 6-6　打开最近使用的演示文稿

3. 保存演示文稿

制作好的演示文稿应及时保存在计算机中，同时用户应根据需要选择不同的保存方式。保存演示文稿的方法有很多，主要包括直接保存演示文稿、另存为演示文稿、自动保存演示文稿 3 种。

- 直接保存演示文稿：选择"文件"/"保存"命令，或单击快速访问工具栏中的"保存"按钮进行保存。如果演示文稿已执行过保存操作，则 WPS 演示将直接使用现在编辑的内容替换已保存过的内容；如果演示文稿是第一次保存，则 WPS 演示会自动打开"另存为"对话框，如图 6-7 所示，在其中设置好演示文稿的保存位置、文件名称和文件类型后单击"保存"按钮。

- 另存为演示文稿：对于已保存过的演示文稿，如果用户需要将其保存为其他格式或保存到其他位置，则可以选择"文件"/"另存为"命令，在打开的"保存文档副本"子列表中选择所需的文件类型，如图 6-8 所示，打开"另存为"对话框，在其中设置好演示文稿的保存位置、文件名称和文件类型后单击"保存"按钮完成另存为操作。

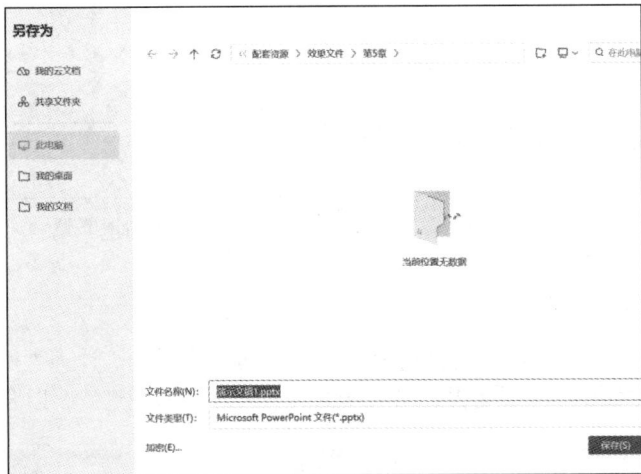

图 6-7　"另存为"对话框

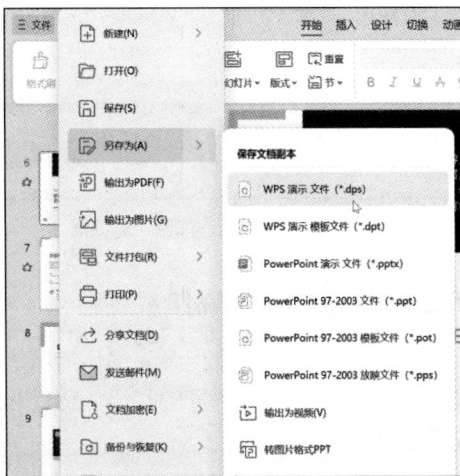

图 6-8　"保存文档副本"子列表

- 自动保存演示文稿：选择"文件"/"选项"命令，打开"选项"对话框，单击左下角的"备份中心"按钮，在打开的"备份中心"对话框中单击"本地备份设置"按钮，如图 6-9 所示。打开"本地备份设置"对话框，选中"定时备份"单选项，并在其后的文本框中输入自动保存的时间间隔，如图 6-10 所示，单击对话框右上角的"关闭"按钮×完成设置。

图 6-9　单击"本地备份设置"按钮

图 6-10　设置定时备份时间间隔

4. 保护演示文稿

演示文稿往往包含一些重要信息和数据，为了确保这些内容的安全性，用户要学会保护演示文稿的方法，以防止其被未经授权的人查看或利用。保护演示文稿的方法为，打开要保护的演示文稿，选择"文件"/"文档加密"/"密码加密"命令，打开"密码加密"对话框，分别设置好"打开权限"和"编辑权限"密码后，单击"应用"按钮，如图 6-11 所示，完成加密设置。重新打开加密的演示文稿时，将打开"文档已加密"提示框，如图 6-12 所示，只有输入正确的密码后才能打开演示文稿。

图 6-11　"密码加密"对话框

图 6-12　提示要打开的演示文稿已进行加密设置

6.2.2　幻灯片基本操作

一个演示文稿通常由多张幻灯片组成，在制作演示文稿的过程中往往需要对多张幻灯片进行操作，如新建幻灯片、选择幻灯片、移动和复制幻灯片、更改幻灯片版式、显示和隐藏幻灯片，以及播放幻灯片等。

1. 新建幻灯片

新建的空白演示文稿默认只有一张幻灯片，不能满足实际的编辑需要，因此需要用户手动新建幻灯片。新建幻灯片的方法主要有以下两种。

- 在"大纲/幻灯片"浏览窗格中新建幻灯片：在"大纲/幻灯片"浏览窗格中的空白区域或已有的幻灯片上单击鼠标右键，在弹出的快捷菜单中选择"新建幻灯片"命令，如图 6-13 所示；也可以将鼠标指针移动到已有的幻灯片上，单击幻灯片右下角显示的"新建幻灯片"按钮，或单击"大纲/幻灯片"浏览窗格底部的"新建幻灯片"按钮➕，在打开的对话框中选择需要的幻灯片版式即可新建幻灯片，如图 6-14 所示。

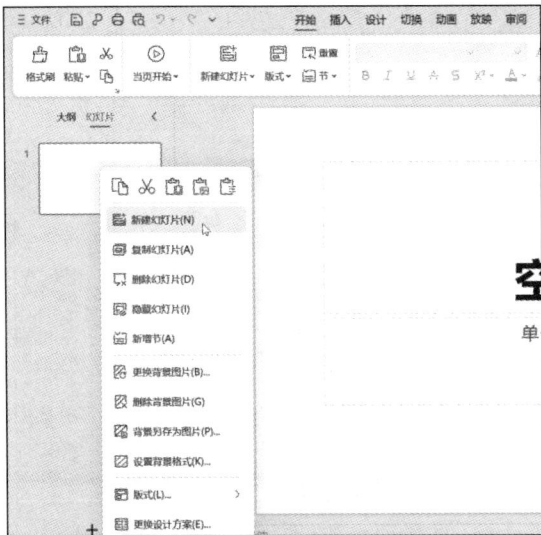

图 6-13　利用鼠标右键新建幻灯片

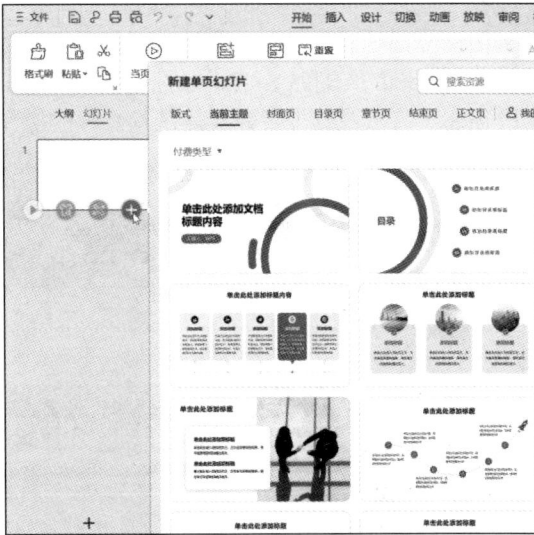

图 6-14　在"大纲/幻灯片"浏览窗格中新建幻灯片

- 通过按钮新建幻灯片：在"普通视图"模式或"幻灯片浏览"模式下选择一张幻灯片，在"开始"选项卡中单击"新建幻灯片"按钮🗔下方的下拉按钮，在打开的下拉列表中选择一种幻灯片版式即可，如图 6-15 所示。

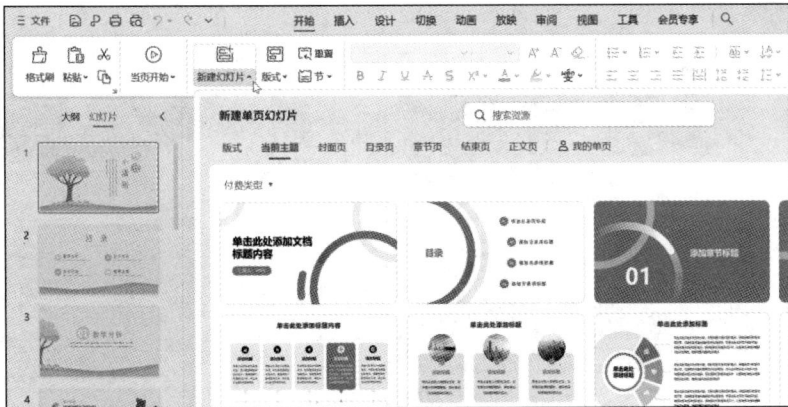

图 6-15　通过按钮新建

2. 选择幻灯片

选择幻灯片是编辑幻灯片的前提，选择幻灯片主要有以下 3 种方法。

- 选择单张幻灯片：在"大纲/幻灯片"浏览窗格中单击幻灯片缩略图即可选择对应幻灯片。
- 选择多张幻灯片：在"幻灯片浏览"模式下或在"大纲/幻灯片"浏览窗格中按住【Shift】键并单击幻灯片可选择多张连续的幻灯片，按住【Ctrl】键并单击幻灯片可选择多张不连续的幻灯片。
- 选择全部幻灯片：在"幻灯片浏览"模式下或在"大纲/幻灯片"浏览窗格中按【Ctrl+A】组合键即可选择全部幻灯片。

3. 移动和复制幻灯片

当用户需要调整某张幻灯片的顺序时，便可对其进行移动操作；而当用户需要使用某张幻灯片中已有的版式或内容时，则可直接复制该张幻灯片，然后进行更改，以提高工作效率。移动和复制幻灯片的方法主要有以下 3 种。

- 通过拖动鼠标移动或复制幻灯片：在"普通视图"模式下选择需要移动的幻灯片，将其拖动到目标位置后释放鼠标，如图 6-16 所示，即可完成移动幻灯片的操作；在"幻灯片浏览"模式下选择需要复制的幻灯片，使用鼠标拖动幻灯片的同时按住【Ctrl】键，将其拖动到目标位置，如图 6-17 所示，释放鼠标即可完成复制幻灯片的操作。

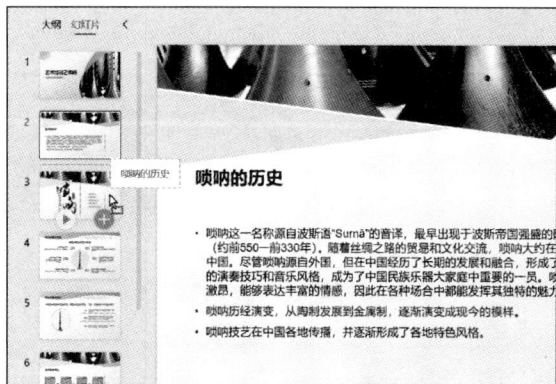

图 6-16　在"大纲/幻灯片"浏览窗格中移动幻灯片

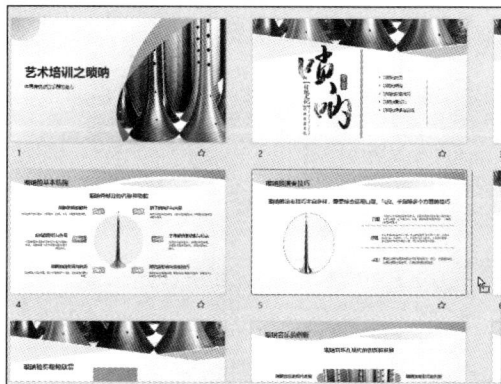

图 6-17　在"幻灯片浏览"模式下复制幻灯片

- 通过鼠标右键移动或复制幻灯片：选择需要移动或复制的幻灯片，在所选幻灯片上单击鼠标右键，然后在弹出的快捷菜单中选择"剪切"或"复制"命令，将文本插入点定位到目标位置处并单击鼠标右键，在弹出的快捷菜单中选择"粘贴"命令，以完成移动或复制幻灯片的操作，复制操作如图 6-18 所示。

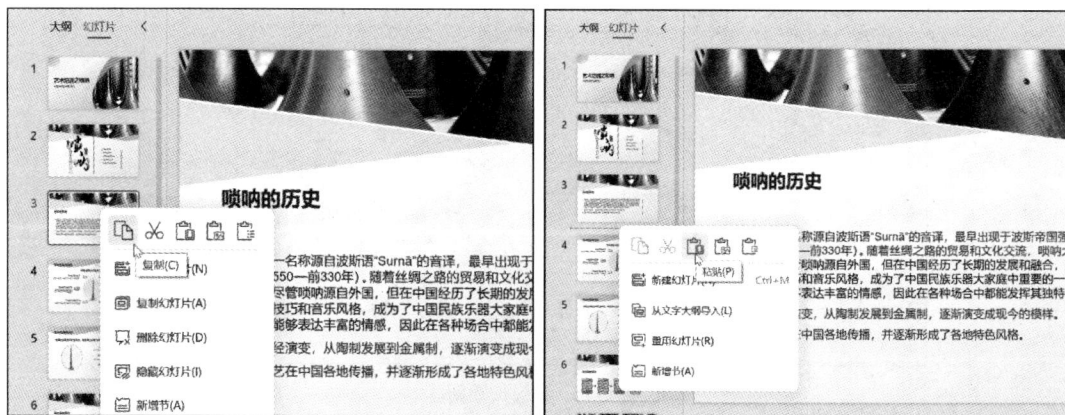

图 6-18　通过鼠标右键复制幻灯片

- 通过快捷键移动或复制幻灯片：在"大纲/幻灯片"浏览窗格中或在"幻灯片浏览"模式下选择需要移动或复制的幻灯片，按【Ctrl+X】组合键（剪切）或【Ctrl+C】组合键（复制），然后将文本插入点定位到目标位置处，按【Ctrl+V】组合键（粘贴），同样可以完成移动或复制幻灯片的操作。

> 🖋️ **小贴士**
>
> 当演示文稿中出现多余幻灯片时，可将其删除。方法为，在"大纲/幻灯片"浏览窗格中或在"幻灯片浏览"模式下选择需要删除的单张或多张幻灯片，按【Delete】键或者在所选幻灯片上单击鼠标右键，在弹出的快捷菜单中选择"删除幻灯片"命令，可删除选择的幻灯片。

4. 更改幻灯片版式

版式是幻灯片中各种元素的排列组合方式，WPS 演示默认提供了 11 种版式。用户如果对新建的幻灯片版式不满意，可进行更改。其方法为，在"开始"选项卡中单击"版式"按钮圌，在打开的下拉列表中选择一种幻灯片版式，如图 6-19 所示，即可将其应用于当前幻灯片。

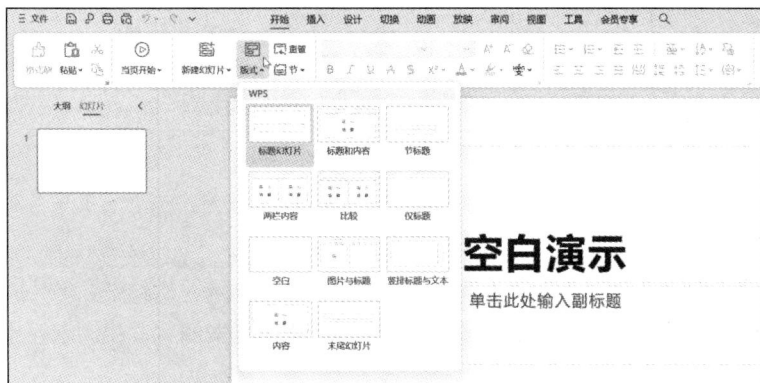

图 6-19　"版式"下拉列表

5. 显示和隐藏幻灯片

隐藏幻灯片的作用是在播放演示文稿时不显示隐藏的幻灯片，当需要时可再次将其显示出来。

● 隐藏幻灯片：在"大纲/幻灯片"浏览窗格中选择需要隐藏的幻灯片，在所选幻灯片上单击鼠标右键，然后在弹出的快捷菜单中选择"隐藏幻灯片"命令，可以看到所选幻灯片的编号上有一条斜线，表示幻灯片已经被隐藏，如图 6-20 所示。

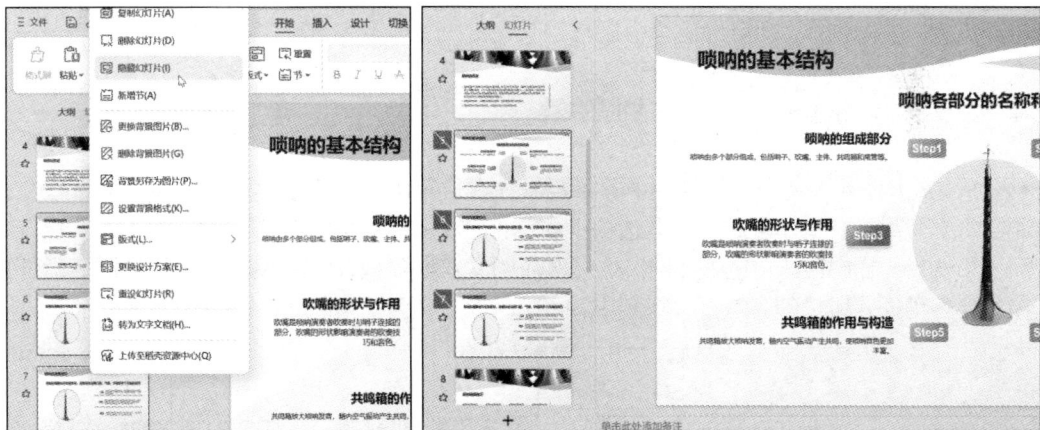

图 6-20　隐藏幻灯片

● 显示幻灯片：在"大纲/幻灯片"浏览窗格中选择需要显示的幻灯片，在所选幻灯片上单击鼠标右键，在弹出的快捷菜单中选择"隐藏幻灯片"命令，即可去除幻灯片编号上的斜线，在播放时显示隐藏的幻灯片。

6. 播放幻灯片

制作幻灯片的目的是进行播放，在制作幻灯片时，可以对任意一张幻灯片进行播放预览。播放幻灯片的方法为，将鼠标指针移至"大纲/幻灯片"浏览窗格中需要播放的幻灯片上，单击显示的"当页开始"按钮 ，如图 6-21 所示，WPS 演示将全屏播放当前幻灯片。需要注意的是，播放当前幻灯片时，按【PageDown】键将继续播放下一张幻灯片，按【Esc】键将退出幻灯片播放状态。

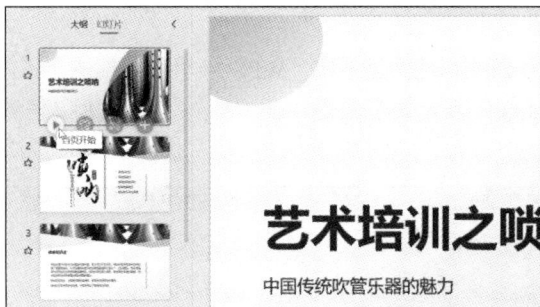

图 6-21　单击"当页开始"按钮

6.2.3　编辑幻灯片

编辑幻灯片是创建演示文稿的环节之一，其核心在于文本的输入与编辑。另外，熟练掌握文本框的使用技巧也是必不可少的。只有精心编辑每一张幻灯片才能确保演示文稿的内容丰富、逻辑清晰。

1. 输入文本

文本是幻灯片中的重要组成部分，无论是演讲类、报告类还是形象展示类的演讲文稿，都离不开文本的输入与编辑。在幻灯片中可以通过占位符和文本框两种方式输入文本。

- 在占位符中输入文本：新建演示文稿或插入新幻灯片后，幻灯片中会包含两个或多个虚线文本框，即占位符。占位符可分为文本占位符和项目占位符，如图 6-22 所示。文本占位符用于放置标题和正文等文本内容，单击占位符即可输入文本内容。项目占位符中通常包含"插入图片""插入表格""插入图表""插入媒体"等按钮，单击这些按钮可插入相应的对象。

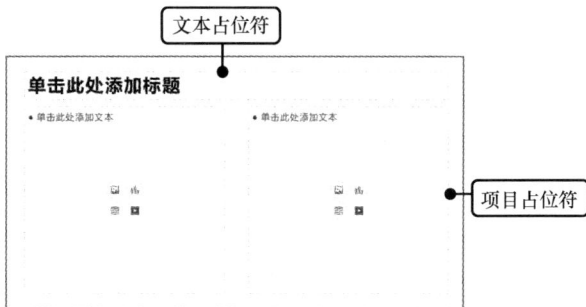

图 6-22　占位符

- 通过文本框输入文本：幻灯片中除了可以在占位符中输入文本之外，还可以通过在空白位置绘制文本框来添加文本。在"插入"选项卡中单击"文本框"按钮 下方的下拉按钮，在打开的下拉列表中选择"横向"选项或"竖向"选项对应的文本框类型，如图 6-23 所示；此时，幻灯片编辑区中将会自动插入所选的文本框，在其中输入所需文本内容，如图 6-24 所示。

图 6-23　选择文本框类型

图 6-24　通过文本框输入文本

2. 编辑文本

为了使幻灯片的文本效果更加美观，用户通常需要对文本的字体、字号、颜色及特殊效果等进行设置。在 WPS 演示中，用户主要可以通过"文本工具"选项卡和"字体"对话框两种方式来设置文本格式。

* 选择文本或文本占位符，在"文本工具"选项卡中，可以通过按钮或下拉列表对占位符中文本的字体、字号、颜色等进行设置。另外，用户还可以单击"加粗"按钮B、"倾斜"按钮I、"下画线"按钮U、"文字阴影"按钮S、"填充"按钮A和"轮廓"按钮A等，如图 6-25 所示，为所选文本添加相应的文本效果。

* 选择文本或文本占位符，单击"开始"选项卡中的"字体"按钮↘，打开"字体"对话框，如图 6-26 所示，在其中也可以对文本的字体、字号、颜色等效果进行设置。

图 6-25 通过"文本工具"选项卡设置文本格式 图 6-26 通过"字体"对话框设置文本格式

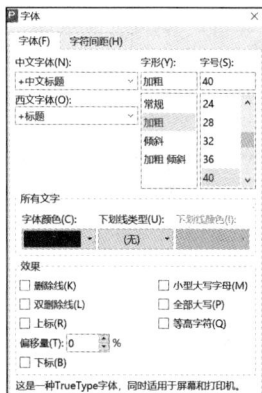

3. 将文本转换为智能图形

文本作为幻灯片内容的核心表达方式，承载着丰富的信息，但单纯的文本往往难以迅速吸引观看者的注意力。因此，为了提升幻灯片的视觉吸引力和内容的清晰度，可以将幻灯片中的文本内容转换为智能图形，这样有助于增强信息的传递效果。

将文本转换为智能图形的方法为，在幻灯片中选择需要转换的多行文本，单击"文本工具"选项卡中的"转智能图形"按钮🖼，打开"智能图形"界面，如图 6-27 所示，在其中选择所需的图形样式后即可将文本内容转换为智能图形。

图 6-27 "智能图形"界面

6.3 丰富幻灯片内容

为了丰富演示文稿的呈现形式和提升观看者的参与感，充实每一张幻灯片的内容显得尤为重要。通过巧妙地在幻灯片中插入各种对象，如艺术字、图片、形状、表格、图表、音频、视频等多媒体元素，能够将抽象的文字转化为具象的视觉效果，使信息更加直观、易懂。

6.3.1 插入对象

在演示文稿中除了可以插入基础的文本元素外，还可以插入艺术字、图片、形状及表格等对象。另外，在制作演示文稿时，用户还可以插入图表、智能图形、音频、视频等多媒体对象，以丰富幻灯片的内容。

1. 插入并编辑艺术字

在设计演示文稿时，为了使幻灯片更加美观和形象，常常需要用到艺术字。

● 插入艺术字：在 WPS 演示中插入艺术字的操作与在 WSP 文字中插入艺术字的操作基本相同。其方法为，选择需要插入艺术字的幻灯片，单击"插入"选项卡中的"艺术字"按钮🅰，在打开的下拉列表中选择需要的艺术字样式，然后修改艺术字的文本即可。

● 编辑艺术字：编辑艺术字是指对艺术字文本的填充颜色、文本效果、文本轮廓及预设样式等进行设置。选择需要编辑的艺术字，在"绘图工具"和"文本工具"选项卡中进行设置即可，如图 6-28 所示。

图 6-28 "绘图工具"和"文本工具"选项卡

2. 插入与编辑图片

在 WPS 演示中插入与编辑图片的大部分操作与在 WPS 文字中插入与编辑图片相同，但由于演示文稿需要通过视觉效果吸引用户的注意，对图片的要求更高，编辑图片的操作也更加复杂和多样化。

（1）插入图片

插入图片主要是指插入计算机中保存的图片，单击幻灯片中项目占位符中的"插入图片"按钮🖼，在打开的"插入图片"对话框进行插入；也可以先选择需要插入图片的幻灯片，在"插入"选项卡中单击"图片"按钮🖾，在打开的下拉列表中选择"本地图片"选项，然后在打开的"插入图片"对话框中选择要插入的图片进行插入。

（2）裁剪图片

裁剪图片其实是调整图片大小的一种方式，通过裁剪图片可以只显示图片中的某些部分，减少图片的显示区域，其具体操作如下。

步骤 1：在幻灯片中选择需要裁剪的图片，单击"图片工具"选项卡中的"裁剪"按钮🔲或单击图片右侧浮动工具栏中的"裁剪图片"按钮🔲，如图 6-29 所示。

步骤 2：此时，图片四周出现 8 个黑色的裁剪点，并在图片右上角显示"展开/收起裁剪面板"按钮🔲，单击该按钮，打开图 6-30 所示的"裁剪面板"，其中提供了按形状裁剪和按比例裁剪两种裁剪方式，选择需要的形状或比例选项后，按【Enter】键，或在幻灯片外的空白区域处单击，完成图片裁剪。

图 6-29　单击"裁剪图片"按钮

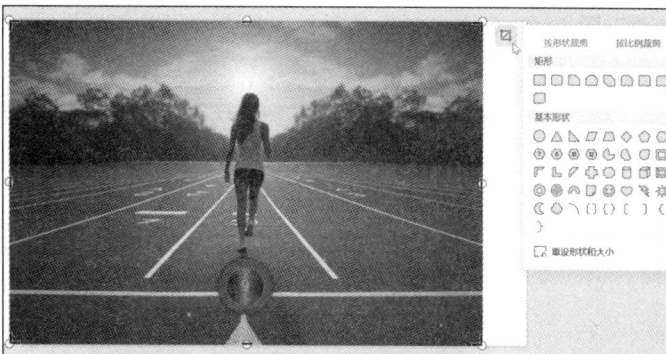

图 6-30　打开"裁剪面板"

✍ **小贴士**

　　单击"图片工具"选项卡中"裁剪"按钮☑下方的下拉按钮，在打开的下拉列表中选择"创意裁剪"选项，再在打开的"创意裁剪"子列表中选择所需选项后，可以将所选图片以几何、人像、笔刷、数字、字母等各种创意效果裁剪，使图片更加美观。

（3）精确调整图片大小

　　在 WPS 演示中，可以精确地设置图片的高度与宽度。其方法为，选择需要调整的图片，在"图片工具"选项卡的"形状高度"或"形状宽度"文本框中输入具体的数值，按【Enter】键即可。如果对调整后的图片大小不满意，可以单击"图片工具"选项卡中的"重设大小"按钮⬚，将图片恢复至初始状态，然后重新对图片的大小进行调整。

（4）设置图片对齐方式

　　在幻灯片中，同时选择需要设置对齐方式的图片，单击图片上方浮动工具栏中相关的按钮即可快速对图片的对齐方式进行设置，如图 6-31 所示。

（5）设置图片轮廓和阴影效果

　　WPS 演示有强大的图片调整功能，通过它可快速实现添加图片边框、设置图片倒影效果以及调整亮度、对比度等操作，使图片的效果更加美观，其具体操作如下。

图 6-31　快速设置图片对齐方式

　　步骤 1：选择需要设置的幻灯片中的图片，单击"图片工具"选项卡中的"边框"按钮⬚下方的下拉按钮，在打开的下拉列表中选择需要的边框颜色，然后再次打开"边框"下拉列表，选择"线型"选项，在打开的子列表中选择边框的粗细效果，如图 6-32 所示。

图 6-32　设置图片边框

步骤2：选择需要设置的图片，单击"图片工具"选项卡中的"效果"按钮 ⊙，在打开的下拉列表中选择需要的选项即可，如图 6-33 所示。

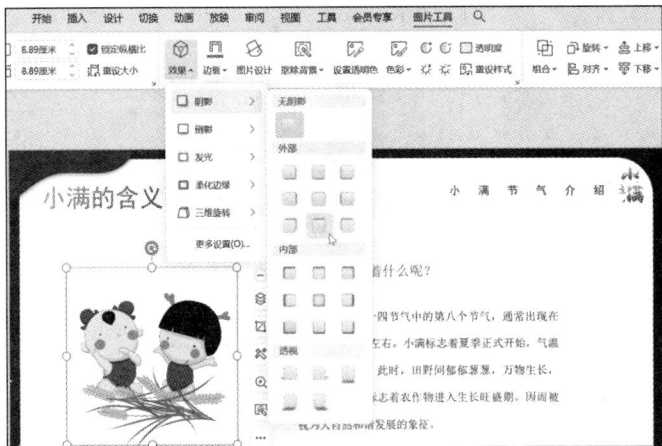

图 6-33　设置图片效果

3. 插入与编辑形状

WPS 演示同样为用户提供了形状绘制功能，该功能不仅可以用于展示幻灯片的内容，还可以用于演示文稿的版式设计。

（1）绘制形状

选择要插入形状的幻灯片，单击"插入"选项卡中的"形状"按钮 ，在打开的下拉列表中选择需要的形状，当鼠标指针变成+形状时，在目标位置单击或拖动鼠标即可完成插入形状的操作。

（2）编辑形状

成功插入形状后，将自动激活"绘图工具"选项卡和"文本工具"选项卡，在这两个选项卡中可对形状的大小和外观等内容进行编辑，同时还可以对插入的形状应用样式，其设置方法与插入艺术字的设置方法相似。

4. 插入与编辑表格

与在文档中插入表格的方法相同，在幻灯片中可通过直接绘制，或者设置表格的行列数的方式来插入表格，除此之外，在幻灯片中还可以通过单击占位符中的"插入表格"按钮来插入表格。方法为，当幻灯片中有项目占位符时，单击"插入表格"按钮 ，打开"插入表格"对话框，在其中进行设置即可，如图 6-34 所示。

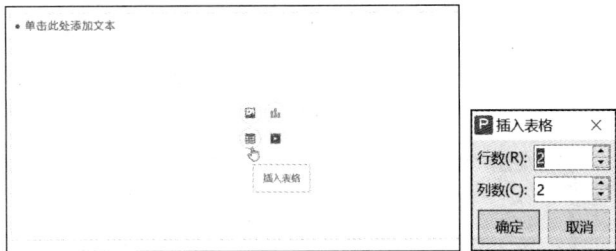

图 6-34　利用占位符插入表格

（1）输入表格内容并编辑表格

成功插入表格后即可在其中输入文本和数据，并可通过自动激活的"表格工具"选项卡（见图 6-35）或者用鼠标对表格和单元格进行编辑操作。

138

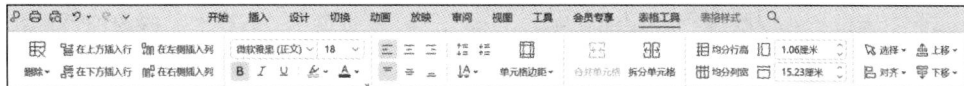

图 6-35　"表格工具"选项卡

- 调整表格大小：选择表格，此时表格四周将出现 6 个控制点，将鼠标指针移到表格边框上的控制点上，当鼠标指针变为↔或↗形状时，拖动鼠标，可调整表格大小。
- 调整表格位置：将鼠标指针移动到表格上，当鼠标指针变为↖形状时，拖动鼠标至合适的位置后释放鼠标，可调整表格位置。
- 输入文本和数据：将文本插入点定位到单元格中即可输入文本和数据。
- 选择行/列：将鼠标指针移至表格左侧，当鼠标指针变为➡形状时，单击可选择该行。将鼠标指针移至表格上方，当鼠标指针变为↓形状时，单击可选择该列。
- 插入行/列：将文本插入点定位到表格的任意单元格中，通过"表格工具"选项卡中的相关按钮可以在表格所选单元格的上方、下方、左侧或右侧插入行或列。
- 删除行/列：选择多余的行/列，在"表格工具"选项卡中单击"删除"按钮，在打开的下拉列表中选择相应选项即可。
- 合并单元格：选择要合并的单元格，在"表格工具"选项卡中单击"合并单元格"按钮。
- 调整表格行高和列宽：将鼠标指针移到表格中需要调整列宽或行高的单元格分隔线上，当鼠标指针变为↔或↕形状时，向左右或上下拖动鼠标至合适的位置，释放鼠标，即可完成对行高和列宽的调整。如果想精确调整表格行高或列宽的值，可在"表格工具"选项卡中的"表格行高"或"表格列宽"文本框中输入具体的数值进行精确调整。

（2）美化表格

为了使表格样式与幻灯片整体风格更搭配，可以为表格添加样式，WPS 演示提供了很多预设的表格样式。美化幻灯片中插入的表格的方法为，在"表格样式"选项卡的"样式"列表框中选择需要的样式即可，如图 6-36 所示。同时，在该选项卡中单击"填充"按钮、"边框"按钮右侧的下拉按钮、"效果"按钮，在打开的下拉列表中还可为表格设置填充颜色、边框和三维立体效果。

图 6-36　"表格样式"选项卡

5. 插入与编辑图表

演示文稿作为一种元素十分多样化的文档，通常不需要添加太多的文本，而主要是通过图片、图表等形式来展示内容。图表可以直接将数据的说明和对比清晰直观地表现出来，增强幻灯片的说服力。

（1）创建图表

在 WPS 演示中插入与编辑图表的操作与在 WPS 表格插入与编辑图表的操作基本相同。其方法为，在"插入"选项卡中单击"图表"按钮或在项目占位符中单击"插入图表"按钮，打开"图表"对话框，在其中选择所需图表样式后即可在幻灯片中插入选择的图表。

（2）编辑图表

对于插入幻灯片中的图表，在 WPS 演示中能够自定义图表中的各项元素内容。用户可根据需要进行调整和更改。

- 调整图表大小：选择图表，将鼠标指针移到图表控制点上，当鼠标指针变为↔或↗形状时，拖动鼠标，可调整图表大小。

- 调整图表位置：将鼠标指针移动到图表上，当鼠标指针变为┼形状时，拖动鼠标至合适的位置后释放鼠标，可调整图表位置。
- 编辑图表数据：在 WPS 演示中插入图表后，图表中并没有数据内容，需要用户添加和编辑，其方法为，在"图表工具"选项卡中单击"编辑数据"按钮🔲，打开"WPS 演示中的图表"界面，如图 6-37 所示，修改单元格中的数据，修改完成后关闭窗口即可。
- 更改图表类型：在"图表工具"选项卡中单击"更改类型"按钮🔲，在打开的"更改图表类型"对话框中进行选择，如图 6-38 所示，即可更改当前图表的类型。

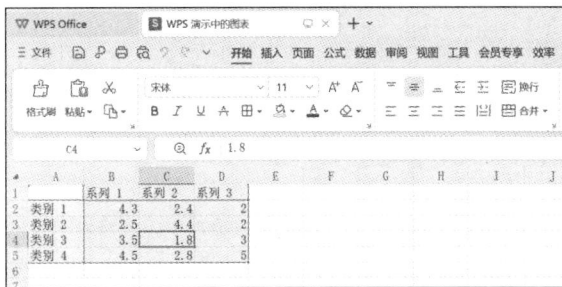

图 6-37　编辑图表数据

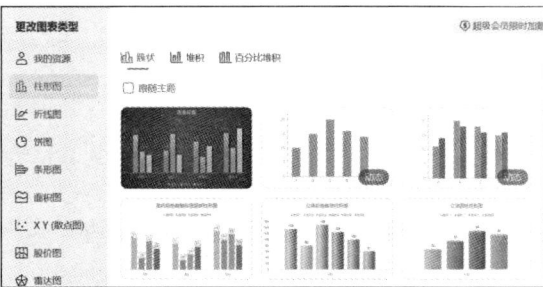

图 6-38　"更改图表类型"对话框

（3）美化图表

与 WPS 表格一样，WPS 演示为图表提供了很多预设样式，可以帮助用户快速美化图表。选择图表，在"图表工具"选项卡（见图 6-39）中单击"样式"列表框右侧的"展开"按钮▾，打开样式列表，在其中选择需要的样式即可。此外，也可选择图表中的某个数据系列，选择"绘图工具"选项卡，如图 6-40 所示，在"预设样式"下拉列表中对单个数据列的样式进行设置。

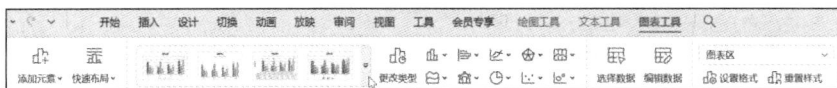

图 6-39　"图表工具"选项卡

图 6-40　"绘图工具"选项卡

（4）设置图表格式

图表主要由图表区、数据系列、图例、网格线和坐标轴等组成，可以通过"图表工具"选项卡中的"添加元素"按钮进行设置，即单击"添加元素"按钮🔲，在打开的下拉列表中选择要设置的图表元素后，再在打开的子列表中选择相应的选项进行设置。

6. 插入智能图形

智能图形是演示文稿中常用的一类图形，主要用于在幻灯片中制作流程图、结构图或关系图等图示内容，具有结构清晰、样式美观等特点。在幻灯片中插入智能图形的方法为，在"插入"选项卡中单击"智能图形"按钮🔲，打开"智能图形"对话框，其中提供了"并列""总分""流程""金字塔""循环"等不同类型的智能图形，如图 6-41 所示，选择所需智能图形即可将其插入幻灯片中。此时，单击智能图形中的形状便可将文本插入点定位至该形状中，输入所需文本内容，如图 6-42 所示。

在幻灯片中插入智能图形后，将自动激活"文本工具"选项卡和"绘图工具"选项卡，如图 6-43 所示，在这两个选项卡中可进行智能图形的编辑操作。

图 6-41　"智能图形"对话框

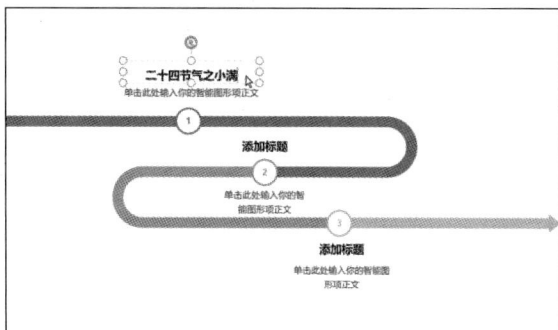

图 6-42　在智能图形中输入文本

图 6-43　"文本工具"选项卡和"绘图工具"选项卡

- 调整位置：选择智能图形，按住鼠标左键不放并拖动可调整其位置。另外，在"绘图工具"选项卡中单击"上移"按钮或"下移"按钮可调整智能图形的排列顺序。
- 缩放：将鼠标指针移动到智能图形四周的某一个角上，当鼠标指针变为或形状时，向内或向外拖动鼠标，可对智能图形进行缩放操作。另外，在"绘图工具"选项卡中的"形状高度"和"形状宽度"数值框中输入数值，可精确设置智能图形的大小。
- 设置文本格式：选择智能图形或其中的任意形状后，在"文本工具"选项卡中可设置文本的字体格式，如字体、字号、颜色等；同时，还可以在其中设置文本的对齐方式和字符间距等。
- 更改智能图形的形状：选择智能图形，在"绘图工具"选项卡中单击"编辑形状"按钮，在打开的下拉列表中选择"更改形状"选项，如图 6-44 所示，再在打开的子列表中选择所需形状选项，即可将新形状应用到智能图形中。
- 更改智能图形的样式：选择智能图形，在"绘图工具"选项卡的"智能图形样式"列表框中选择对应选项可设置智能图形的样式，如图 6-45 所示。
- 更改智能图形中的形状样式：选择智能图形中的任意形状，在"绘图工具"选项卡中单击"填充"按钮、"轮廓"按钮和"效果"按钮，可以设置形状的填充颜色、轮廓样式和形状效果。

图 6-44　更改智能图形的形状

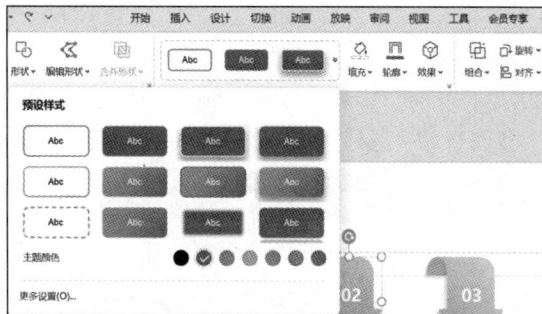

图 6-45　更改智能图形的样式

7. 插入媒体文件

媒体文件是演示文稿中比较常用的一种多媒体元素，很多演讲场合都需要通过媒体文件来烘托气氛或辅助讲解。在 WPS 演示中可以插入计算机中的音频和视频文件。

（1）插入音频

在幻灯片中可以添加音频，以达到强调或实现特殊效果的目的，同时，音频的插入也会使演示文稿的内容更加丰富。在 WPS 演示中，可以插入计算机中保存的音频文件。

通常在幻灯片中插入的音频都是计算机中保存的音频文件，插入的方法与在幻灯片中插入图片类似。方法为，打开要插入音频的演示文稿，单击"插入"选项卡中的"音频"按钮◁，在打开的下拉列表中选择"嵌入音频"选项，如图 6-46 所示。打开"插入音频"对话框，选择所需音频文件后单击"打开"按钮。返回 WPS 演示的工作界面，此时，幻灯片中将显示一个喇叭图标，如图 6-47 所示。

图 6-46　选择"嵌入音频"选项

图 6-47　查看插入音频的效果

小贴士

单击"插入"选项卡中的"音频"按钮◁，在打开的下拉列表中选择"嵌入背景音乐"选项，打开"从当前页插入背景音乐"对话框，选择要插入的音频文件后单击"打开"按钮，同样可以在幻灯片中插入计算机中保存的音频文件。

（2）编辑音频

在幻灯片中成功插入音频后，将自动激活"音频工具"选项卡，如图 6-48 所示，在该选项卡中可以对音频进行编辑，如设置音量、放映时隐藏、循环播放和播放方式等。

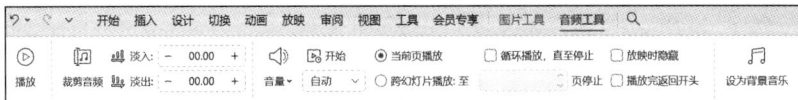

图 6-48　"音频工具"选项卡

• 试听音频播放效果：选择喇叭图标后，单击"音频工具"选项卡中的"播放"按钮⊙，可试听音频效果，此时"播放"按钮⊙将变为"暂停"按钮⏸，单击"暂停"按钮⏸可停止试听。

• 裁剪音频：选择喇叭图标后，单击"音频工具"选项卡中的"裁剪音频"按钮▣，打开"裁剪音频"对话框，在其中可以通过输入开始和结束时间来裁剪音频，也可以拖动绿色滑块或红色滑块来裁剪音频，如图 6-49 所示。

• 设置淡化持续时间：选择喇叭图标后，在"音频工具"选项卡的"淡入"和"淡出"文本框中可以设置音频开始和结束的淡化时间。

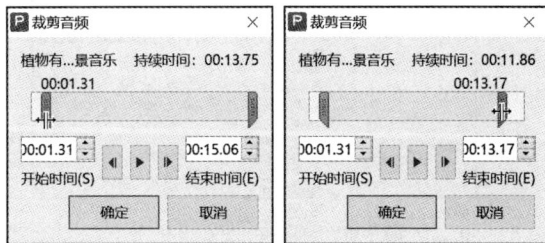

图 6-49　拖动滑块裁剪音频

● 设置音量：选择喇叭图标后，在"音频工具"选项卡中单击"音量"按钮◁》，在打开的下拉列表中可以选择音量的大小，如高、中、低等。

● 隐藏喇叭图标：选择喇叭图标后，在"音频工具"选项卡中选中"放映时隐藏"复选框，在幻灯片放映时将不显示喇叭图标。

● 设置播放时间：选择喇叭图标后，在"音频工具"选项卡中选中"循环播放，直至停止"复选框，在该张幻灯片放映期间，音频将循环播放，直到转到下一张幻灯片为止。选中"播放完返回开头"复选框，音频播放完毕将停止播放，并返回到音频的开头。

● 设置音频的播放方式：在"音频工具"选项卡的"开始"下拉列表中可设置音频的播放方式。包括"自动"和"单击"两个选项，其中"自动"选项表示放映幻灯片时自动播放音频；"单击"选项则表示在放映幻灯片时单击后才开始播放音频。

● 让音频在指定页面中播放：选择喇叭图标后，在"音频工具"选项卡中取消选中"循环播放，直至停止"复选框，选中"跨幻灯片播放：至"单选项和"放映时隐藏"复选框，并在"跨幻灯片播放：至"右侧的数值框中输入"6"，表示音频将在 6 张幻灯片中进行播放，从第 7 张幻灯片开始停止播放。在"开始"下拉列表中选择"自动"选项，如图 6-50 所示。此时再放映幻灯片，插入的音频就变成自动播放的背景音乐，并且幻灯片中的喇叭图标也会在播放时被隐藏起来。

图 6-50 设置指定页面中播放音频参数

（3）插入视频

在幻灯片中除了可以插入音频外，还可以插入视频，在放映幻灯片时可以直接在幻灯片中放映影片，使幻灯片更加丰富多彩。和插入音频类似，通常在幻灯片中插入的视频都是计算机中的视频文件，其方法为，打开要插入视频的演示文稿，选择要播放视频的幻灯片后单击"插入"选项卡中的"视频"按钮▣，在打开的下拉列表中选择"嵌入视频"选项。打开"插入视频"对话框，在其中选择要插入的视频文件，然后单击"打开"按钮，如图 6-51 所示。返回 WPS 演示的工作界面，此时幻灯片中将显示一个视频图标。

（4）编辑视频

在幻灯片中成功插入视频后，将自动激活"视频工具"选项卡，如图 6-52 所示，在该选项卡中可以对视频进行编辑，如设置音量、裁剪视频、设置视频封面等，其中的大部分功能与"音频工具"选项卡类似。例如，单击"裁剪视频"按钮▣，可在打开的"裁剪视频"对话框中设置开始和结束时间来裁剪视频。

若要使影片在放映时全屏显示，则可以选中"视频工具"选项卡中的"全屏播放"复选框；若希望未播放视频时在幻灯片中隐藏该视频，则可以选中"视频工具"选项卡中的"未播放时隐藏"复选框。

图 6-51　"插入视频"对话框

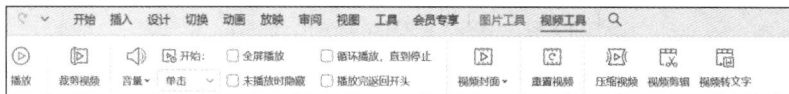

图 6-52　"视频工具"选项卡

下面主要对视频封面设置和视频画面美化操作进行介绍。

● 设置视频封面：拖动视频画面下的进度条，定位到某一帧适合做封面的画面后释放鼠标，在弹出的浮动工具栏中单击"设为视频封面"按钮，如图 6-53 所示，即可将当前画面设置为视频封面。

● 美化视频画面：选择插入的视频，单击"图片工具"选项卡中的"效果"按钮，如图 6-54 所示，在打开的下拉列表中选择所需选项，可为视频画面添加阴影、倒影、发光、柔化边缘等效果。单击"边框"按钮下方的下拉按钮，在打开的下拉列表中可以为视频画面添加不同颜色的边框效果。

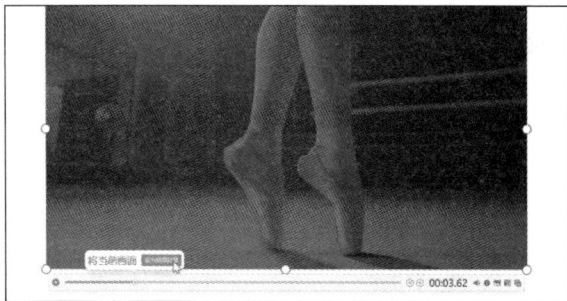

图 6-53　设置视频封面

图 6-54　美化视频画面

6.3.2　美化幻灯片

若想快速美化演示文稿，用户可以通过 WPS 演示的智能美化功能来实现。此外，WPS 演示还提供了多种预设的配色方案和字体风格，用户通过选择恰当的配色方案和字体风格，可以营造出视觉效果上统一而美观的演示文稿。

（1）智能美化

智能美化是 WPS 演示基于 AI 技术打造的一个非常实用的功能，可以自动对整个演示文稿进行排版美化。打开要美化的演示文稿，单击"设计"选项卡中"全文美化"按钮下方的下拉按钮，在打开的下拉列表中可选择"全文换肤"、"统一版式"或"统一字体"选项，如图 6-55 所示，对演示文稿相应的部分进行排版美化。

图 6-55 智能美化演示文稿

- 全文换肤：用于统一演示文稿中全部幻灯片的外观。在"全文美化"下拉列表中选择"全文换肤"选项，打开"全文美化"对话框，选择需要的效果选项后，对话框右侧的"美化预览"栏中将显示换肤效果，如图 6-56 所示，然后单击"应用美化"按钮，可将所选换肤效果应用到全部幻灯片中。

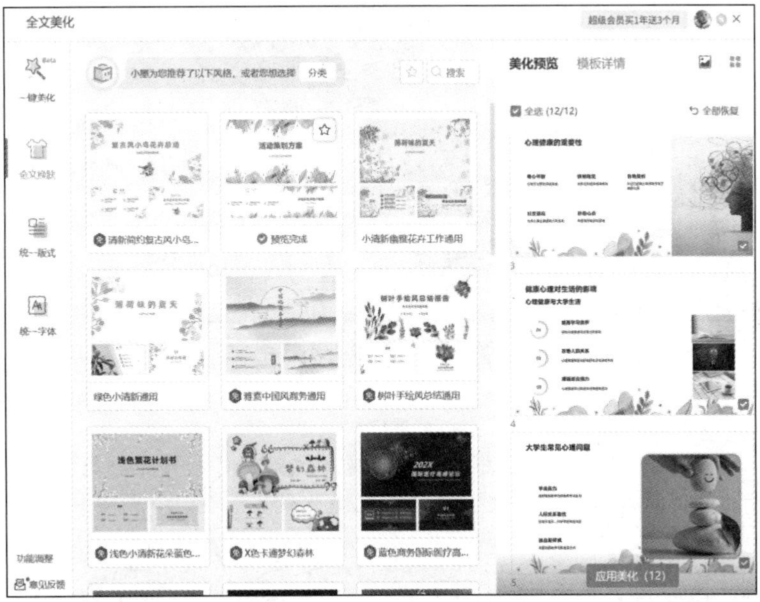

图 6-56 智能美化演示文稿

- 统一版式：用于将幻灯片中未排版的文字或图文内容统一，既可以用于设置单张幻灯片，也可以用于批量设置多张幻灯片。在"全文美化"对话框左侧选择"统一版式"选项，如图 6-57 所示，在展开的列表中选择需要的版式，然后在右侧预览版式效果并选择需要应用版式的幻灯片，单击"应用美化"按钮，即可将该版式应用到所选幻灯片中。
- 统一字体：用于快速将演示文稿的字体统一。在"全文美化"对话框左侧选择"统一字体"选项，如图 6-58 所示，在展开的列表中选择需要的字体后，在右侧预览字体效果和选择需要应用字体的幻灯片，然后单击"应用美化"按钮，即可将该字体应用到所选幻灯片中。
- 单页美化：在"大纲/幻灯片"浏览窗格中，将鼠标指针定位至需要美化的幻灯片中，单击"单页美化"按钮，此时，WSP 演示将自动进入单页美化模式，并开始美化所选幻灯片，稍后将显示美化效果，如图 6-59 所示。

图 6-57 "统一版式"选项卡

图 6-58 "统一字体"选项卡

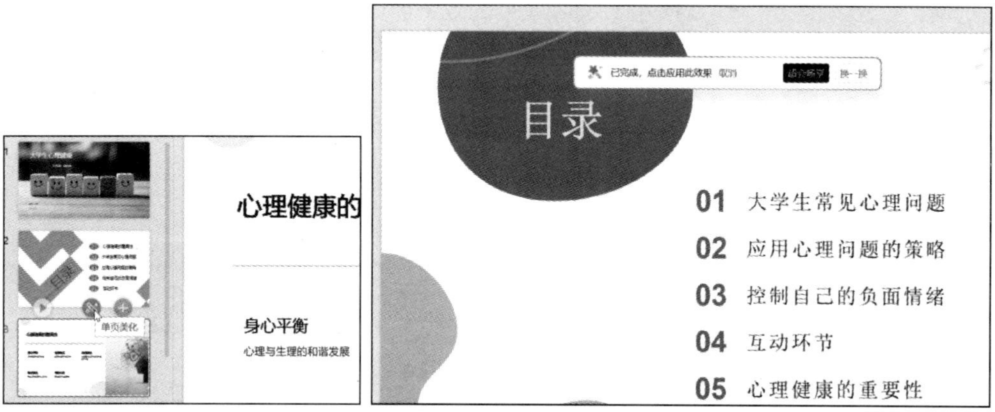

图 6-59 单页美化幻灯片

> **小贴士**
>
> 在"设计"选项卡的"样式"列表框中选择所需样式后，将打开"全文美化"对话框中的"全文换肤"选项卡，并同时对当前演示文稿进行全文美化设置。

（2）自定义配色方案和字体

如果用户觉得预设的配色方案和字体不能满足实际的编辑需求，WPS演示也提供了灵活的定制选项。用户可以根据需要自由地调整幻灯片的配色方案和字体，以确保演示文稿更符合特定的主题要求。

- 自定义配色方案：打开要编辑的演示文稿，单击"设计"选项卡中的"配色方案"按钮 ，在打开的下拉列表中选择"自定义"选项卡，然后单击"创建自定义配色"按钮＋，如图6-60所示。打开"自定义颜色"对话框，在其中重新设置配色方案的名称和主题颜色，如图6-61所示，单击"保存"按钮。再次单击"配色方案"按钮 ，在打开的下拉列表中选择"自定义"选项卡，该选项卡中将显示自定义的配色方案名称，此时，单击方案名称即可将其应用到当前演示文稿中。

- 自定义字体：打开要编辑的演示文稿，单击"设计"选项卡中的"统一字体"按钮 ，在打开的下拉列表中选择"自定义"选项卡，然后单击"创建自定义字体"按钮＋，如图6-62所示。打开"自定义字体"对话框，在其中重新设置名称和字体，如图6-63所示，单击"保存并应用"按钮，便可将自定义的字体立即应用到当前演示文稿中。

图 6-60　单击"创建自定义配色"按钮

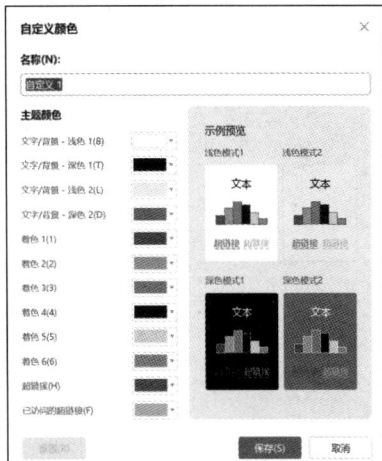

图 6-61　自定义主题颜色和方案名称

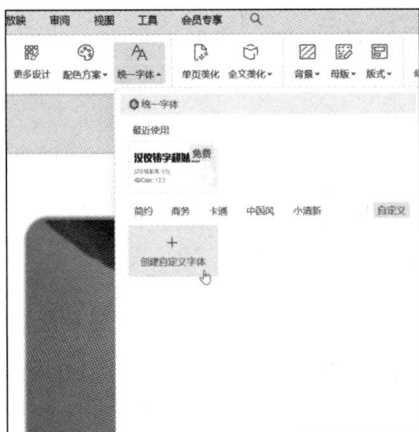

图 6-62　单击"创建自定义字体"按钮

图 6-63　自定义字体和名称

6.3.3　编辑幻灯片母版

母版是存储了演示文稿中所有幻灯片主题或页面格式的幻灯片视图或页面，用它可以制作演示文稿中的统一标志、文本格式、背景等。制作母版后，可以应用母版快速制作出多张版式相同的幻灯片，极大地提高了工作效率。

1. 认识母版的类型

母版是演示文稿中特有的概念，通过设计、制作母版，可以快速使设置的内容在多张幻灯片、讲义或备注中生效。WSP 演示中存在 3 种母版：幻灯片母版、讲义母版和备注母版，其作用分别如下。

● 幻灯片母版：幻灯片母版用于存储关于模板信息的设计模板，这些模板信息包括字形、占位符大小和位置、背景设计和配色方案等，只要在母版中更改了样式，对应幻灯片中相应的样式也会随之改变。在"视图"选项卡中单击"幻灯片母版"按钮即可进入幻灯片母版视图，如图 6-64 所示。

● 讲义母版：讲义是指演讲者在演示演示文稿时为了方便而使用的辅助工具，可以显示每张幻灯片的大致内容、要点等。讲义母版用于设置该内容在讲义中的显示方式。制作讲义母版主要包括设置每页显示的幻灯片数量、排列方式以及页眉和页脚的信息等。在"视图"选项卡中单击"讲义母版"按钮即可进入讲义母版视图，如图 6-65 所示。

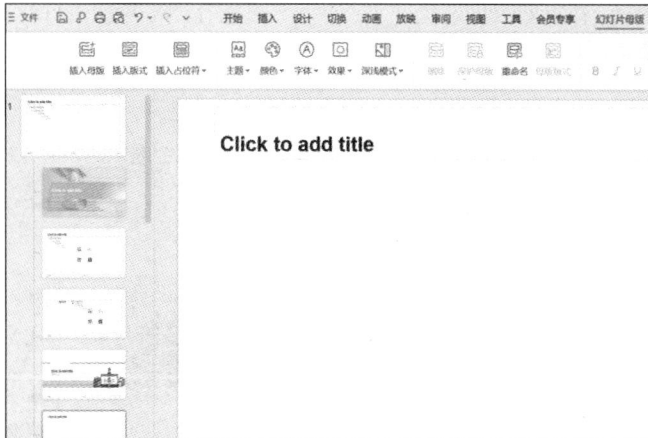

图 6-64　幻灯片母版视图

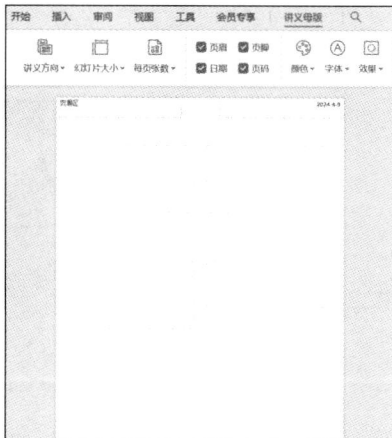

图 6-65　讲义母版视图

● 备注母版：备注是指演讲者在幻灯片下方输入的内容，根据需要可将这些内容打印出来。备注母版是指为将这些备注信息打印在纸张上而对备注进行的相关设置。

2. 编辑幻灯片母版的方法

编辑幻灯片母版与编辑幻灯片的方法类似，在幻灯片母版中也可以添加图片、声音、文本等对象，但通常只添加通用对象，即只添加在大部分幻灯片中都需要使用的对象。完成母版样式的编辑后单击"关闭"按钮⊠即可退出幻灯片母版视图。下面新建演示文稿，并设置幻灯片母版的主题、文本格式、形状样式、页脚及图片等内容，其具体操作如下。

步骤 1：在 WPS Office 中新建一个空白演示文稿，并以"母版幻灯片"为名称进行保存，然后单击"视图"选项卡中的"幻灯片母版"按钮▤，进入幻灯片母版视图。在"幻灯片母版"选项卡中单击"主题"按钮▦，在打开的下拉列表中选择"流畅"选项，如图 6-66 所示。

步骤 2：在幻灯片母版视图左侧的幻灯片版式选择窗格中选择第 1 张幻灯片版式，然后选择"单击此处编辑母版标题样式"占位符，在"开始"选项卡中设置占位符的文本格式为"方正兰亭中黑简体""44"，如图 6-67 所示。继续选择正文占位符，并设置占位符的文本格式为"黑体"。

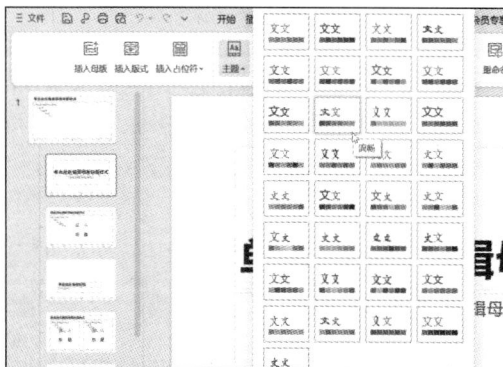

图 6-66　应用母版主题

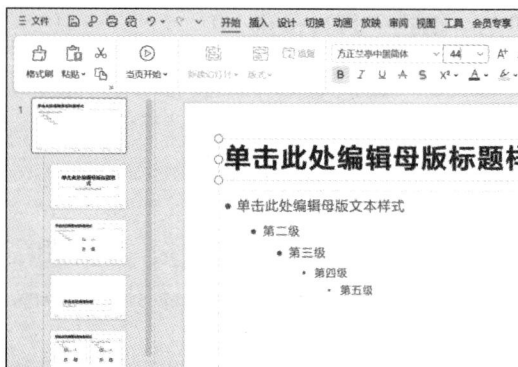

图 6-67　设置母版中标题的文本格式

步骤 3：选择第 1 张幻灯片的正文占位符，在"绘图工具"选项卡中单击"轮廓"按钮▥下方的下拉按钮，然后在打开的下拉列表中选择"主题颜色"栏中的"深灰绿，着色 6"选项，如图 6-68 所示。

步骤 4：保持正文占位符的选择状态，单击"绘图工具"选项卡中的"编辑形状"按钮⬨，在打开的下拉列表中选择"更改形状"/"圆角矩形"选项，如图 6-69 所示。

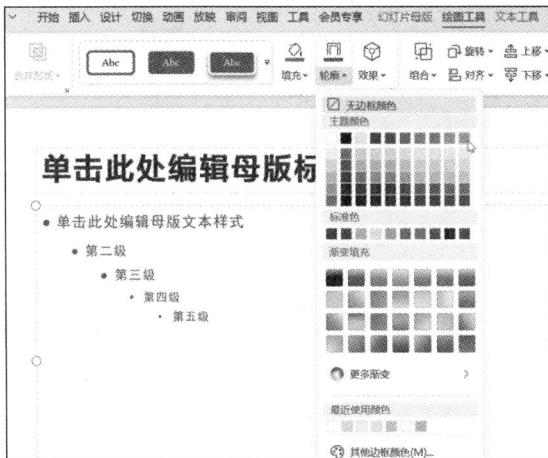

图 6-68　设置占位符边框颜色

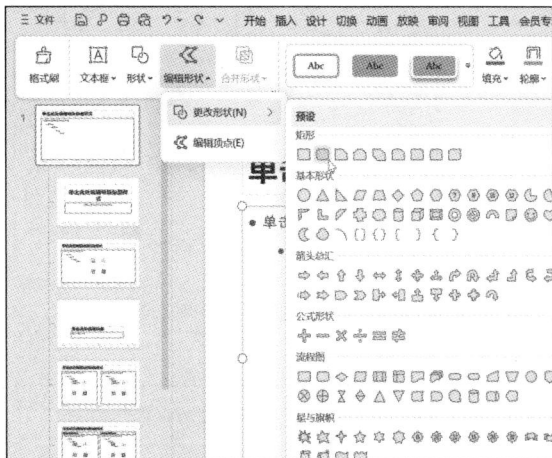

图 6-69　更改占位符形状

步骤 5：在"插入"选项卡中单击"页眉页脚"按钮，打开"页眉和页脚"对话框，在"幻灯片"选项卡中选中"页脚"复选框，并在文本框中输入"璇玑光高级中学"文本，然后选中"标题幻灯片不显示"复选框，单击"全部应用"按钮，如图 6-70 所示。

步骤 6：单击"插入"选项卡中的"图片"按钮，打开"插入图片"对话框，选择所需图片后单击"打开"按钮。

步骤 7：返回幻灯片母版视图，在"图片工具"选项卡中将图片的高度和宽度分别设置为"2.51厘米""4.02 厘米"，然后拖动图片至幻灯片的右上角，如图 6-71 所示。

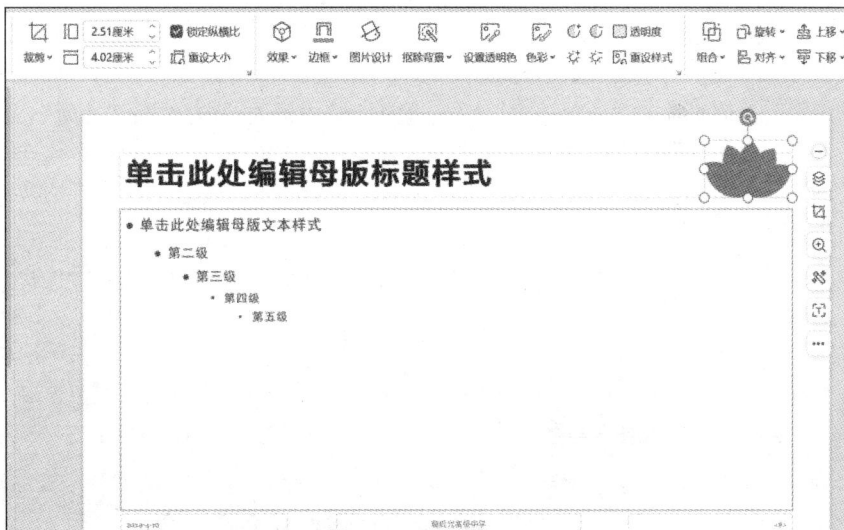

图 6-71　插入并编辑图片

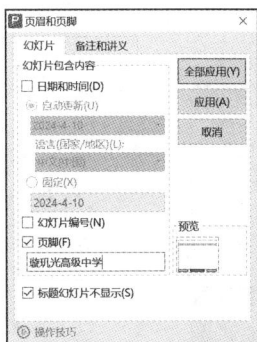

图 6-70　插入页脚

步骤 8：单击"幻灯片母版"选项卡中的"背景"按钮，打开"对象属性"任务窗格，在"填充"选项卡中选中"渐变填充"单选项，然后删除"色标颜色"下拉列表上方多余的停止点，并将停止点 2 的颜色更改为"深灰绿，着色 6，浅色 80%"，如图 6-72 所示。

步骤 9：在"幻灯片母版"选项卡中单击"关闭"按钮切换至"普通视图"模式，标题幻灯片中显示了设置后的版式。在"大纲/幻灯片"浏览窗格的空白区域单击鼠标右键，在弹出的快捷菜单中选择"新建幻灯片"命令，新建的幻灯片中显示了插入的图片和页脚，如图 6-73 所示。

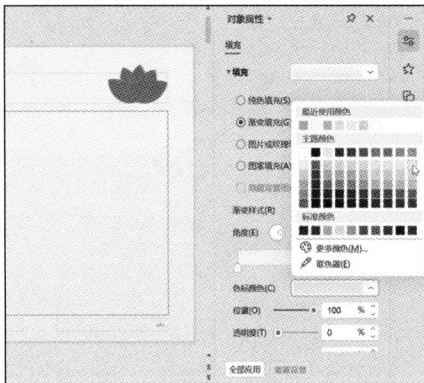

图 6-72　设置母版背景填充颜色

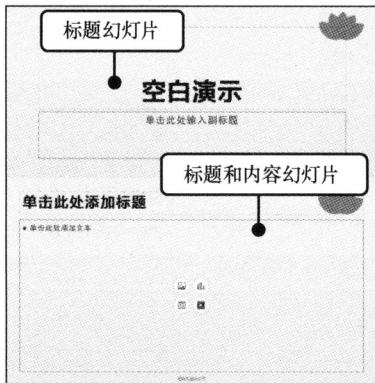

图 6-73　查看设置的幻灯片效果

6.4　为幻灯片添加交互元素

在幻灯片中融入交互元素，不仅赋予了幻灯片内容更多趣味性，还在无形中加强了观看者与演讲者之间的连接与互动，使得演讲更具感染力。这些交互元素种类繁多，如动画、超链接及动作等，它们各自拥有独特的功能。接下来逐一介绍这些交互元素的添加与设置方法。

6.4.1　添加切换效果

幻灯片切换效果是指在幻灯片放映过程中从一张幻灯片切换到下一张幻灯片时出现的动画效果，切换效果可使幻灯片之间的衔接更加自然、生动。

在演示文稿中添加切换效果的方法为，打开要添加切换效果的演示文稿，选择"切换"选项卡，在"切换方案"列表框中选择所需切换效果，如图 6-74 所示。为幻灯片添加切换效果后，可以单击"切换"选项卡中的"效果选项"按钮设置切换效果的播放效果；"速度"数值框用于设置切换速度；"声音"下拉列表用于设置切换效果的声音；选中"单击鼠标时换片"复选框表示在单击时应用切换效果，否则自动播放切换效果；单击"应用到全部"按钮，可以将切换效果应用到当前演示文稿的所有幻灯片中。

图 6-74　为幻灯片添加切换效果

6.4.2　添加动画

在 WPS 演示中，用户可以为每张幻灯片中的不同对象添加动画效果。WPS 演示中动画效果的类型主要包括进入动画、退出动画、强调动画和动作路径动画 4 种。

- 进入动画：进入动画反映文本或其他对象在幻灯片放映时进入放映界面的动画效果。例如对象从左上角飞入幻灯片中指定的位置，对象在指定位置以翻转效果由远及近地显示出来等。

- 退出动画：退出动画反映文本或其他对象在幻灯片放映时退出放映界面的动画效果，即对象从有到无、逐渐消失的动画效果，如"百叶窗""擦除""飞出""缓慢移出""阶梯状"等。

- 强调动画：强调动画反映文本或其他对象在幻灯片放映过程中进行强调的动画效果，主要用于对象进入画面后对重要的内容进行强调。如"放大/缩小""更改填充颜色""更改线条颜色""更改字号""更改字体"等。

- 动作路径动画：为对象设置动作路径动画后，放映幻灯片时，对象将沿着指定的路径进入幻灯片编辑区相应的位置或从幻灯片中沿路径退出。

1. 添加单一动画

为对象添加单一动画效果是指为某个对象或多个对象快速添加进入、退出、强调或动作路径动画。

在幻灯片编辑区中选择要设置动画的对象，然后在"动画"选项卡中单击"动画"列表框右下角的下拉按钮，在打开的下拉列表中选择某一动画选项即可，如图 6-75 所示。为幻灯片对象添加动画效果后，系统将自动在幻灯片编辑窗口中对设置了动画效果的对象进行预览放映，且该对象旁会出现数字标识，数字代表播放动画的顺序。

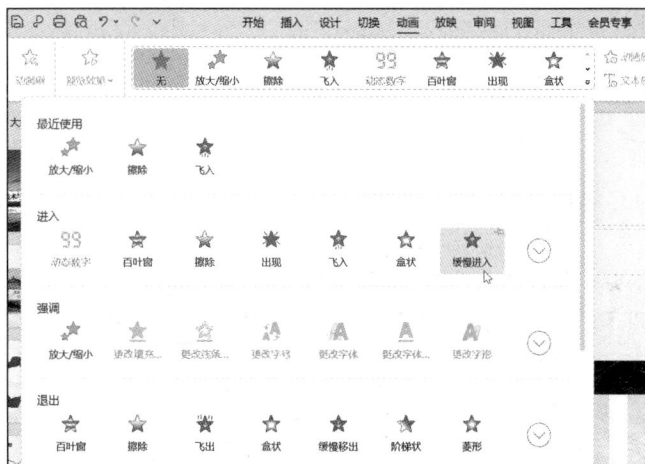

图 6-75　为图片添加单一动画

2. 添加组合动画

添加组合动画是指为同一个对象同时添加进入、强调、退出和动作路径动画 4 种类型动画的任意组合，如同时添加进入和退出动画等。

选择需要添加组合动画效果的幻灯片对象，然后在"动画"选项卡的"动画"列表框中选择某一类型的动画后，单击"动画"选项卡中的"动画窗格"按钮，打开"动画窗格"任务窗格，单击 添加效果 按钮，在打开的下拉列表中选择某一类型的动画即可，如图 6-76 所示。添加组合动画后，该对象的左侧将同时出现多个数字标识，如图 6-77 所示，数字代表播放动画的顺序。

> ✏️ **小贴士**
>
> 　　动画并非越多越好，而应基于实际制作需求审慎选择。对于内容严肃且正式的演示文稿，过度或复杂的动画效果并不适宜，因为它们会分散观看者注意力或影响信息的传达。然而，在宣传、娱乐或展示类的演示文稿中，则可依据情境适当添加多重动画效果，以增强视觉冲击力。因此，动画的使用应恰到好处，既要符合演示文稿的整体风格，又要能够提升观看者的观看体验。

图 6-76 添加强调动画

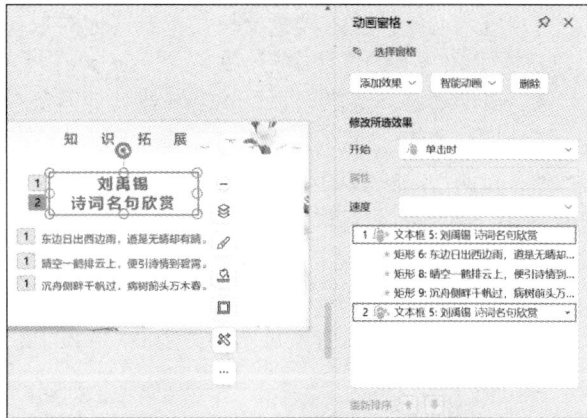

图 6-77 为同一对象添加多个动画效果

6.4.3 设置动画

用户在为幻灯片中的文本或对象添加动画效果后，还可以对动画效果进行设置，如设置动画播放参数、调整动画播放顺序等。

- 设置动画播放参数：默认添加的动画效果总是按照添加的顺序逐一播放，并且默认的动画效果播放速度和播放时间是统一的，用户可以根据需要更改这些动画效果的播放速度和播放时间。动画播放参数主要通过"动画"选项卡来进行设置，如图 6-78 所示。在"动画"组中主要设置动画属性和文本属性，包括动画方向、文本播放方式等，也可以重新选择动画效果；在"计时"组中主要设置动画的播放方式、持续时长、是否延时等参数。

图 6-78 "动画"选项卡

- 调整动画播放顺序：播放幻灯片时各动画之间的衔接效果、逻辑关系和播放顺序等都会影响播放质量。因此用户在为幻灯片中的对象添加完动画效果后，还应检查并调整各动画的播放顺序。调整动画播放顺序的操作主要通过"动画窗格"任务窗格来实现，单击"动画"选项卡中的"动画窗格"按钮，打开"动画窗格"任务窗格，选择需要调整顺序的动画，然后单击窗格底部的"上移"按钮或"下移"按钮来调整动画播放顺序，或者直接选择动画，拖动调整其顺序，如图 6-79 所示，完成后单击"动画窗格"底部的播放按钮或单击"动画"选项卡中的"预览效果"按钮进行预览。

图 6-79 拖动鼠标调整动画顺序

　　在"动画窗格"任务窗格中除了可以调整动画顺序外，还可以设置动画的开始方式、速度、缩放比例等动画选项（注意，不同动画的设置选项会有所不同）。另外，还可以单击"更改效果"按钮，在打开的下拉列表中重新选择所需的动画类型；单击"删除"按钮，则可以删除已添加的动画。

6.4.4　创建链接

　　在 WPS 演示中创建链接，主要是在幻灯片中添加超链接或动作。这些链接可以是内部链接，也可以是外部链接，通过创建链接的方式，可以将一个或多个对象（如文本、形状、图像等）与其他幻灯片、网页、文档及图片等相关内容相连接。成功创建链接后，用户在放映幻灯片时，只需单击或将鼠标指针悬停于特定对象上，就能迅速跳转至目标内容进行播放。

1. 创建超链接

　　在 WPS 演示中，可以为幻灯片中的文本、图片、形状和文本框等对象创建超链接。方法为，在幻灯片编辑区中选择要添加超链接的对象，然后在"插入"选项卡中单击"超链接"按钮✎或按【Ctrl+K】组合键，打开"插入超链接"对话框，左侧的"链接到"列表框中提供了 4 种不同的链接方式，选择所需链接方式后，在中间列表框中按实际链接要求进行设置，如图 6-80 所示，完成后单击"确定"按钮，即可为选择的对象添加超链接效果。在放映幻灯片时，单击添加超链接的对象，即可快速跳转至所链接的页面或程序中。

　　为幻灯片中的文本添加超链接后，文本颜色默认为蓝色，已访问超链接的颜色为紫色，且超链接有下画线，这些参数不是固定不变的，可根据实际需求进行修改。其方法为，在"插入超链接"对话框中单击底部的"超链接颜色"按钮，打开"超链接颜色"对话框，如图 6-81 所示，在其中可以对颜色和是否有下画线等参数进行更改，完成后单击"应用到当前"按钮，表示只对当前超链接颜色进行修改，若单击"应用到全部"按钮，则表示修改幻灯片中所有的超链接颜色。

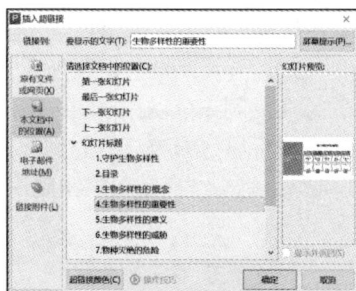

图 6-80　添加超链接

图 6-81　更改超链接颜色

　　如果直接选择幻灯片中的文本并为其设置超链接效果，设置完成后文本颜色将发生改变，且文本下方将添加下画线，但如果选择幻灯片中的文本框并为其设置超链接效果，则不会改变文本框中文本的效果。

　　除此之外，在"插入超链接"对话框中单击右上角的"屏幕提示"按钮，在打开的"设置超链接屏幕提示"对话框中的"屏幕提示文字"文本框中可输入当鼠标指针指向链接对象时的提示文字。

2. 创建动作

　　创建动作与创建超链接的目的是一样的，都是通过链接快速跳转到相应的位置。动作分为鼠标单击时跳转和鼠标移过时跳转两种。

- 鼠标单击时跳转：鼠标单击时跳转是指为对象创建鼠标单击时跳转的动作后，在放映幻灯片时，在创建动作的对象上单击即可跳转到链接的目标幻灯片。方法为，在幻灯片中选择需要创建动作的对象，单击"插入"选项卡中的"动作"按钮，打开"动作设置"对话框，默认显示"鼠标单击"选项卡，选中"超链接到"单选项，在其下拉列表中选择链接目标后单击"确定"按钮，如图 6-82 所示。
- 鼠标移过时跳转：鼠标移过时跳转是指为对象创建鼠标移动时跳转的动作后，在放映幻灯片的过程中，将鼠标指针移动到创建动作的对象上，即可跳转到链接的目标幻灯片。方法为，在幻灯片中选择需要创建动作的对象，在打开的"动作设置"对话框中切换到"鼠标移过"选项卡，在其中进行相应的设置，如图 6-83 所示。

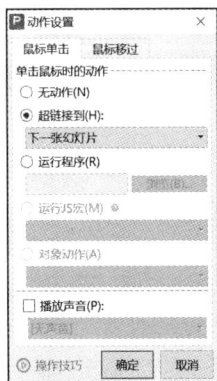

图 6-82　设置鼠标单击时的动作　　图 6-83　设置鼠标移过时的动作

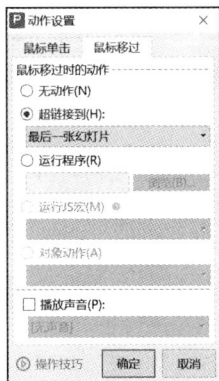

6.4.5　添加动作按钮

动作按钮的功能与超链接比较类似，在幻灯片中创建动作按钮后，可将其设置为单击或经过该动作按钮时快速切换到上一张幻灯片、下一张幻灯片或第一张幻灯片。

在幻灯片中添加动作按钮的方法为，选择要添加动作按钮的幻灯片，在"插入"选项卡中单击"形状"按钮，在打开的下拉列表中选择"动作按钮"栏中所需的选项，如图 6-84 所示。此时鼠标指针将变为+形状，在幻灯片右下角的空白位置按绘制形状的方式绘制一个动作按钮，完成绘制操作后会自动打开"动作设置"对话框，然后在其中设置鼠标单击或鼠标移过时要执行的操作，如链接到其他幻灯片或演示文稿、运行程序、播放声音等，如图 6-85 所示，单击"确定"按钮应用设置。

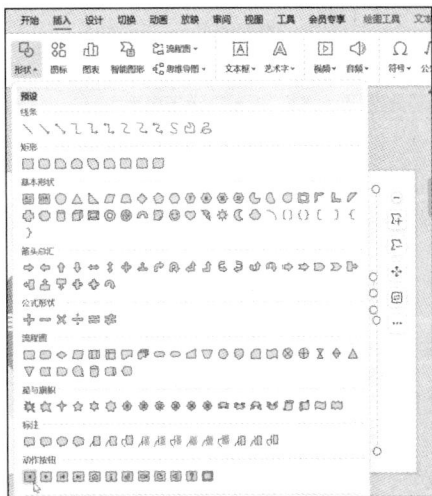

图 6-84　选择要绘制的动作按钮　　图 6-85　设置动作按钮

6.5　放映幻灯片和输出演示文稿

用户完成演示文稿制作后，可以对演示文稿中的幻灯片和内容进行放映或讲解，这是制作演示文稿的最终目的。此外，用户还可以对演示文稿进行输出操作，以达到共享演示文稿的目的，让更多人能够欣赏和使用，进一步扩大演示文稿的影响力。

6.5.1　放映设置

不同的放映场合对演示文稿的放映要求有所不同，因此，在放映前需要对演示文稿进行一些放映设置，包括设置放映方式和自定义放映等。

1. 幻灯片放映类型

WPS 演示提供了两种放映类型，其作用和特点如下。

- 演讲者放映（全屏幕）："演讲者放映（全屏幕）"是默认的放映类型，此类型将以全屏幕的状态放映演示文稿。在演示文稿放映过程中，演讲者具有完全的控制权，可以手动切换幻灯片和动画效果，也可以将演示文稿暂停以添加细节等，还可以在放映过程中录下旁白。
- 展台自动循环放映（全屏幕）：此类型是最简单的一种放映类型，不需要人为控制，系统将自动全屏循环放映演示文稿。使用这种类型进行放映时，幻灯片不能通过单击切换，但可以通过单击幻灯片中的超链接和动作按钮来切换，按【Esc】键可结束放映。

2. 幻灯片放映方式

幻灯片放映方式的设置方法为，在"放映"选项卡中单击"放映设置"按钮，打开"设置放映方式"对话框，在"放映类型"栏中选中不同的单选项，选择相应的放映类型，设置完成后单击"确定"按钮即可，如图 6-86 所示。"设置放映方式"对话框中各主要设置功能介绍如下。

- 设置放映类型：在"放映类型"栏中选中相应的单选项，即可为幻灯片设置相应的放映类型。
- 设置放映选项：在"放映选项"栏中选中"循环放映，按

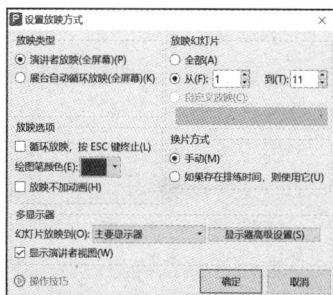

图 6-86　"设置放映方式"对话框

ESC 键终止"复选框可设置循环放映，在该栏中还可设置绘图笔的颜色，在"绘图笔颜色"下拉列表中选择一种颜色，在放映幻灯片时可使用该颜色的绘图笔在幻灯片上写字或做标记。

- 设置放映幻灯片的数量：在"放映幻灯片"栏中可设置需要放映的幻灯片数量，可以选择放映演示文稿中所有的幻灯片，或手动输入放映开始和结束的幻灯片页数。
- 设置换片方式：在"换片方式"栏中可设置幻灯片的切换方式，选中"手动"单选项，表示在演示过程中将手动切换幻灯片及演示动画效果；选中"如果存在排练时间，则使用它"单选项，表示演示文稿将按照幻灯片的排练计时自动切换幻灯片和动画，但是如果没有已保存的排练计时，即使选中该单选项，放映时还是会以手动方式进行控制。

3. 自定义放映

自定义放映是指根据用户自己的意愿设定放映幻灯片的一种方法。通过该方法，用户可以在现有演示文稿中对幻灯片进行分组，以便给特定的观看者放映演示文稿的部分内容。该功能对需要在不同场合或面对不同观看者展示不同内容的演讲者来说非常有用。

自定义放映幻灯片的方法为，打开要放映的演示文稿，在"放映"选项卡中单击"自定义放映"按钮，打开"自定义放映"对话框，单击"新建"按钮，如图 6-87 所示。打开"定义自定义放映"

对话框，输入幻灯片放映名称后，在"在演示文稿中的幻灯片"列表框中选择需要放映的幻灯片，然后单击"添加"按钮，将选择的幻灯片添加到"在自定义放映中的幻灯片"列表框中，同时还可以通过"上移"按钮·和"下移"按钮·来调整幻灯片的显示顺序，如图 6-88 所示，单击"确定"按钮返回"自定义放映"对话框，"自定义放映"列表框中将显示新建的自定义放映名称，单击"关闭"按钮完成设置。

图 6-87　单击"新建"按钮

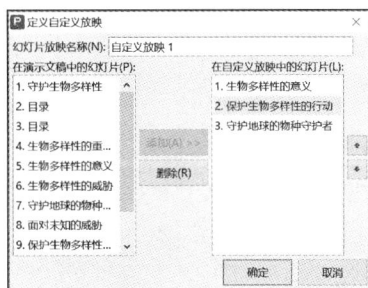

图 6-88　自定义要放映的幻灯片

4. 设置排练计时

对于某些需要自动放映的演示文稿，用户在设置动画效果后可以设置排练计时，使它们可根据排练的时间和顺序放映，其具体操作如下。

步骤 1： 在"放映"选项卡中单击"排练计时"按钮，进入放映排练状态，同时打开"预演"工具栏自动为该幻灯片计时，如图 6-89 所示。

步骤 2： 单击或按【Enter】键控制幻灯片中下一个动画出现的时间。

步骤 3： 一张幻灯片播放完成后，单击切换到下一张幻灯片，"预演"工具栏中将从头开始为该张幻灯片的放映计时。

步骤 4： 放映结束后，打开提示框，提示排练计时时间，并询问是否保留新的幻灯片排练时间，单击"是"按钮保存，如图 6-90 所示。

步骤 5： 打开"幻灯片浏览"模式，每张幻灯片的左下角将显示幻灯片的播放时间。图 6-91 所示为某幻灯片在"幻灯片浏览"模式中显示的播放时间。

图 6-89　"预演"工具栏　　图 6-90　询问是否保留排练时间　　图 6-91　显示播放时间

5. 隐藏幻灯片

放映幻灯片时，如果用户只需要放映其中的几张幻灯片，除了可以通过自定义放映的方式选择需要放映的幻灯片外，还可以将不需要放映的幻灯片隐藏起来，在需要放映时再将其重新显示出来。隐藏幻灯片的方法为，在"大纲/幻灯片"浏览窗格中选择需要隐藏的幻灯片，然后单击"放映"选项卡中的"隐藏幻灯片"按钮将其隐藏，这样，放映幻灯片时，隐藏的幻灯片将不再显示，若再次单击"隐藏幻灯片"按钮则可将隐藏的幻灯片重新显示出来。

6.5.2　放映幻灯片

对幻灯片进行放映设置后，即可开始放映幻灯片，在放映过程中演讲者可以进行标记和定位等控制操作。

1. 放映幻灯片

幻灯片的放映包含开始放映和切换放映两种操作。

（1）开始放映

开始放映幻灯片的方法有以下 3 种。

- 在"放映"选项卡中单击"从头开始"按钮🖵或按【F5】键，将从第 1 张幻灯片开始放映。
- 在"放映"选项卡中单击"当页开始"按钮⊙或按【Shift+F5】组合键，将从当前选择的幻灯片开始放映。
- 单击状态栏中的"从当前幻灯片开始播放"按钮▶，将从当前幻灯片开始放映。

（2）切换放映

在放映需要讲解和介绍的演示文稿（如课件类、会议类演示文稿）时，经常需要切换到上一张或下一张幻灯片，此时就需要使用幻灯片放映的切换功能。

- 切换到上一张幻灯片：按【PageUp】键、按【←】键或按【Backspace】键。
- 切换到下一张幻灯片：单击、按空格键、按【Enter】键或按【→】键。

2. 放映过程中的控制

用户在放映演示文稿的过程中，如果想突出幻灯片中的某些内容，可以使用 WPS 演示提供的"圆珠笔""水彩笔""荧光笔"效果，在幻灯片中通过勾勒下画线和圆圈等方式来标记重点内容。方法为，进入演示文稿的放映状态后，在放映的幻灯片上单击鼠标右键，在弹出的快捷菜单中选择"墨迹画笔"命令，在弹出的子菜单中选择"圆珠笔"、"水彩笔"或"荧光笔"命令，然后拖动鼠标在重要内容上勾勒出标记即可，图 6-92 所示为使用"水彩笔"标记的效果。

需要注意的是，在放映演示文稿时，无论当前放映的是哪一张幻灯片，都可以通过幻灯片的快速定位功能快速定位到指定的幻灯片进行放映。其方法为，在放映的幻灯片中单击鼠标右键，在弹出的快捷菜单中选择"定位"命令，再在弹出的子菜单中选择切换至的目标幻灯片即可，图 6-93 所示为按标题快速定位幻灯片的效果。

图 6-92　使用水彩笔标记幻灯片内容　　　　图 6-93　利用鼠标右键快速定位幻灯片

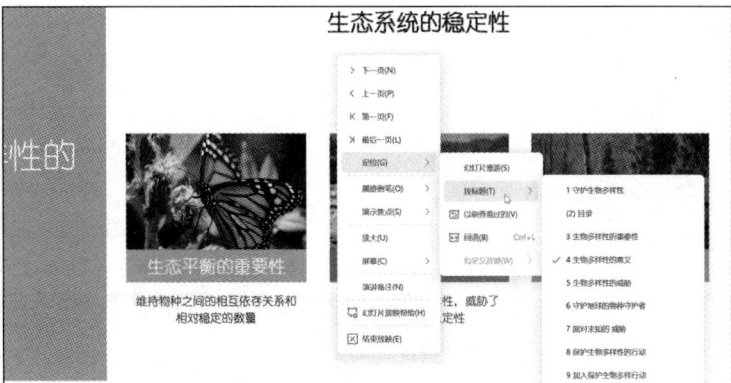

6.5.3　输出演示文稿

在 WPS 演示中，用户可以将演示文稿输出为不同格式的文件，方便观看者通过不同的方式浏览演示文稿的内容。

1. 打包演示文稿

将演示文稿打包后复制到其他计算机中，即使该计算机没有安装 WPS Office，也可以播放该演示文稿。打包演示文稿的方法为，打开"文件"菜单，选择"文件打包"/"将演示文档打包成文件夹"命令，打开"演示文件打包"对话框，在"文件夹名称"文本框中输入"守护生物多样性"，在"位置"文本框中输入打包后的文件夹的保存位置，单击"确定"按钮，打开提示框，提示文件打包已完成，单击"关闭"按钮，如图 6-94 所示，完成打包操作。

图 6-94　打包演示文稿

✍ **小贴士**

在"演示文件打包"对话框中，选中"同时打包成一个压缩文件"复选框，在将演示文稿打包到指定文件夹的同时还会自动生成一个压缩文件，压缩文件体积更小，可以节省一定的磁盘空间，但需要解压缩后才能访问其中的文件。

---

2. 将演示文稿输出为 PDF 文件

将演示文稿输出为 PDF 文件便于传输、查阅和存储。将演示文稿输出为 PDF 文件的方法是打开"文件"菜单，选择"输出为 PDF"命令，打开"输出为 PDF"对话框，设置输出文件、输出范围、输出选项和保存位置，如图 6-95 所示，然后单击"开始输出"按钮。

图 6-95　将演示文稿输出为 PDF 文件

3. 将演示文稿输出为图片

将演示文稿输出为图片可以确保内容的完整性和安全性，同时还可以轻松地将演示文稿的内容转化为直观、易懂的图片形式，从而方便地在各种场合和平台上进行分享和传播。

将演示文稿输出为图片的方法为，打开"文件"菜单，选择"输出为图片"命令，打开"批量输出为图片"对话框，如图 6-96 所示，设置输出方式、输出范围、输出格式等参数后单击"开始输出"按钮。

图 6-96　将演示文稿输出为图片

4. 打印演示文稿

演示文稿制作完成后，用户可以根据实际需要以不同的颜色（如彩色、灰度或黑白）打印整个演示文稿中的幻灯片、大纲、备注和讲义，但在打印之前，用户还需要进行页面设置及打印预览，使打印出来的效果符合实际需要。

对幻灯片进行页面设置主要包括调整幻灯片的大小、设置幻灯片编号起始值及打印方向等，使之适合各种类型的纸张。打印演示文稿的方法为，单击"设计"选项卡中的"幻灯片大小"按钮，在打开的下拉列表中选择"自定义大小"选项，打开"页面设置"对话框，如图 6-97 所示，在其中可以选择纸张大小和方向，设置幻灯片宽度和高度的具体数值，设置幻灯片编号起始值等参数，完成后单击"确定"按钮。

对演示文稿进行页面设置后，用户即可预览打印效果并进行打印。方法为，单击 WPS 演示的工作界面的快速访问工具栏中的"打印预览"按钮，进入"打印预览"界面，在左侧可预览打印效果，在右侧的"打印设置"部分可以对打印份数、打印方式、打印范围及打印内容等进行设置，如图 6-98 所示，完成后单击"打印"按钮。

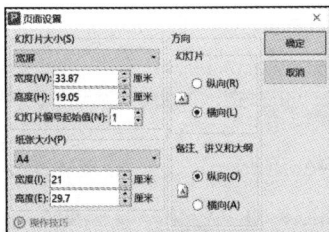

图 6-97　"页面设置"对话框

图 6-98　打印预览

6.6　综合案例

（1）新建一个空白演示文稿，并将其名称设置为"工作总结"（配套资源：\效果文件\第 6 章\工作总结.dps），然后在幻灯片中输入并编辑文本，并对幻灯片进行美化设置，涉及的操作主要包括在幻灯片中输入与编辑文本、全文美化幻灯片、添加结束页幻灯片以及将文本转换为智能图形等，参考效果如图 6-99 所示。

操作提示如下。

● 启动 WPS Office，新建一个空白演示文稿，并将其以"工作总结.dps"为名称保存至计算机中。

● 在标题页幻灯片中单击标题占位符，输入文本"工作总结"，然后在"大纲/幻灯片"浏览窗格的空白区域单击鼠标右键，在弹出的快捷菜单中选择"新建幻灯片"命令，新建一张幻灯片，然后利用【Ctrl+C】组合键和【Ctrl+V】组合键复制 7 张新建的幻灯片。

● 在新幻灯片中通过占位符输入相关的文字内容（可参见效果图），其中第 3 张幻灯片中的文本"帮助、感恩、成长"是利用文本框输入的。

● 打开"全文美化"对话框，在"全文换肤"选项卡中选择"蓝色极简大气通用模板"为幻灯片进行全文美化设置。

● 选择第 4 张幻灯片中的内容文本，然后单击"文本工具"选项卡中的"转智能图形"按钮，在打开的"智能图形"对话框中将文本转换为所需的智能图形，按照相同的操作思路，将第 5~8 张幻灯片中的内容文本转换为智能图形。

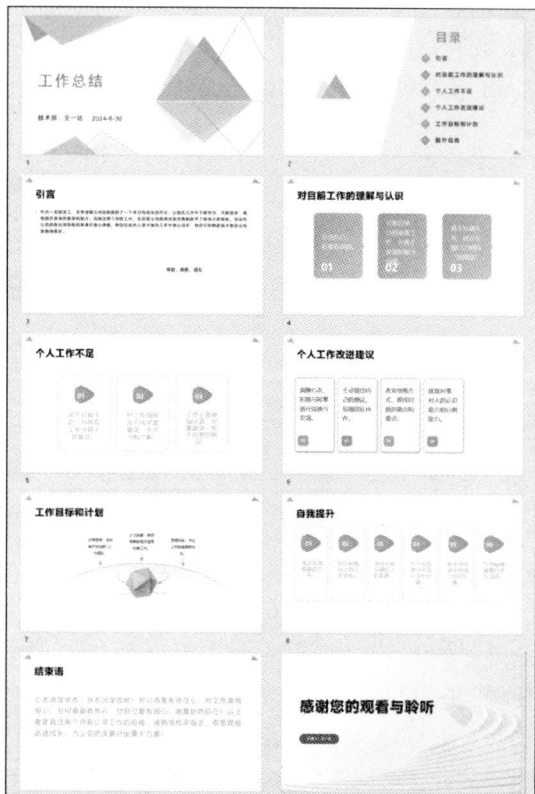

图 6-99　制作"工作总结.dps"演示文稿

● 选择第 9 张幻灯片中的内容文本，然后在"文本工具"选项卡中将文本设置为艺术字样式"填充-矢车菊蓝，着色 1，阴影"。

● 选择第 9 张幻灯片，在"开始"选项卡中单击"新建幻灯片"按钮下方的下拉按钮，在打开的下拉列表中切换到"结束页"选项卡，在其中选择一张结束页幻灯片。

（2）打开"回乡偶书.wps"演示文稿（配套资源：\素材文件\第 6 章\回乡偶书.wps），并丰富其幻灯片的内容，从而提升演示文稿的可阅读性和美观度。涉及的操作主要包括插入与美化图片、添加音频、添加切换效果和动画等，参考效果如图 6-100 所示。

操作提示如下。

● 打开"回乡偶书.wps"演示文稿，分别在第 6 张和第 7 张幻灯片中插入"图片 1.png"和"图片 2.png"（配套资源：\素材文件\第 6 章\图片 1.png、图片 2.png），然后为图片 1 添加阴影效果，为图片 2 添加发光效果。

● 在第 4 张幻灯片中，利用"插入音频"对话框，插入音频素材"背景音乐.wav"，然后在"音频工具"选项卡中单击"设为背景音乐"按钮，并取消选中"循环播放，直至停止"复选框。

● 为所有幻灯片添加"页面卷曲"样式的切换效果，然后为幻灯片中的文本添加"擦除""劈裂"等样式的进入动画。

● 按【F5】键从头开始放映幻灯片。

（3）打开"读书与成长.dps"演示文稿（配套资源：\素材文件\第 6 章\读书与成长.dps），并在幻灯片中添加交互元素，然后输出幻灯片，涉及的操作主要包括创建超链接、添加动作按钮、将演示文稿打包至文件夹、自定义放映幻灯片，参考效果如图 6-101 所示。

图 6-100　编辑"回乡偶书.wps"演示文稿

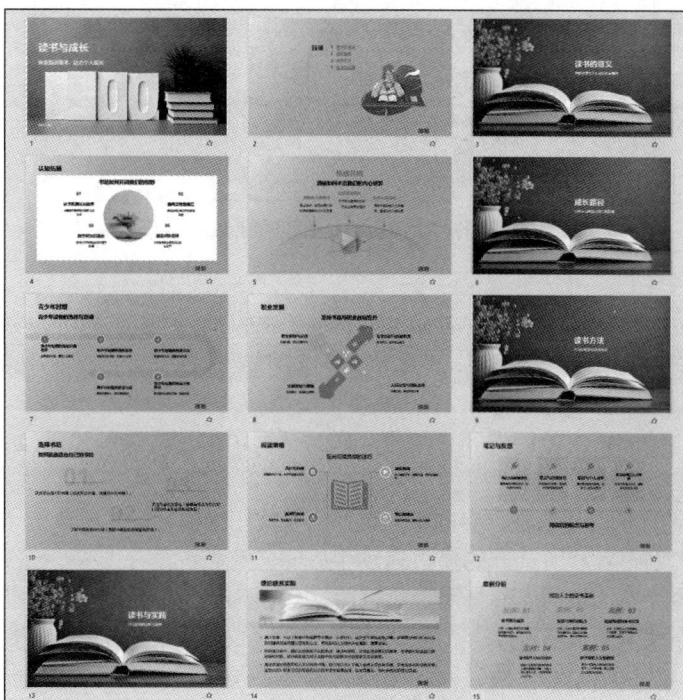

图 6-101　编辑"读书与成长.dps"演示文稿

操作提示如下。

- 打开"读书与成长.dps"演示文稿，为第 2 张幻灯片中的文本添加超链接，链接目标为第 3 张、第 6 张、第 9 张和第 13 张幻灯片。

- 单击"视图"选项卡中的"幻灯片母版"按钮🖾，进入幻灯片母版视图，在第 1 张幻灯片中添加"后退或前一项""前进或下一项"动作按钮，然后设置动作按钮的样式和大小。

- 打开"自定义放映"对话框，新建一个名为"读书意义与方法"的自定义放映效果，然后在"设置放映方式"对话框中将"放映幻灯片"方式设置为"自定义放映"。

- 使用密码加密演示文稿，然后选择"文件"/"输出为 PDF"命令，将演示文稿输出为 PDF 文件。

（4）新建一个空白演示文稿，单击功能区中的"WPS AI"选项卡，利用"WPS AI"对话框中的"上传文档"功能，快速创建演示文稿框架。再进一步对幻灯片中显示的文本或图片进行编辑，并为幻灯片添加动画效果。最后，将演示文稿以"大学生职业生涯规划.dps"为名称保存（配套资源：\效果文件\第 6 章\大学生职业生涯规划.dps），参考效果如图 6-102 所示。

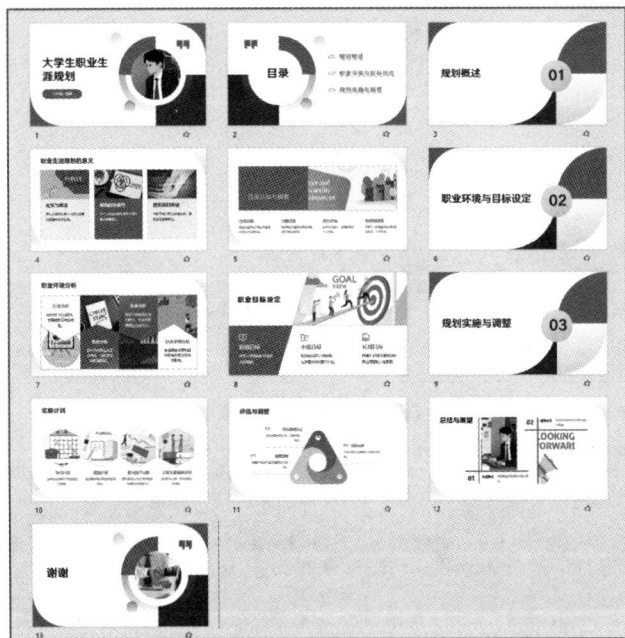

图 6-102　制作"大学生职业生涯规划.dps"演示文稿

操作提示如下。

- 新建一个空白演示文稿，单击"WPS AI"选项卡中的"文档生成 PPT"按钮，在打开的"AI 生成 PPT"对话框中单击"上传文档"按钮，然后单击"选择文档"按钮，将整理好的大纲"大学生职业生涯规划.docx"上传至 WPS Office。

- WPS AI 将自动解析上传的内容，并显示在对话框中供用户进一步修改，修改完成确认大纲内容后，单击"生成幻灯片"按钮。

- 在打开的"选择幻灯片模板"界面中，选择需要使用的模板，然后单击"创建幻灯片"按钮。

- AI 将根据大纲内容和所选择的模板自动生成一份完整的演示文稿，仔细检查每张幻灯片的内容，包括文本、图片等，根据实际情况进行修改，然后为幻灯片添加"平滑"切换效果。

- 为目录页中的文本添加超链接，链接对象为当前演示文稿中的第 3 张、第 6 张和第 9 张幻灯片。

注意，由于演示文稿由 AI 生成，因此选择的模板不同生成的最终效果也会有所不同，只要操作正确即可。

07 第7章　计算机网络基础

计算机网络简而言之，就是通过将计算机连接至网络，使得资源共享与信息流通成为可能。如今，因特网（Internet）无疑是备受青睐的网络之一，它将全世界的计算机紧密相连，共同构筑了一个庞大的网络世界。通过这个网络世界，企业可以轻松实现数据的共享与协同作业，从而提升工作的质量与效率；同时，人们也能够畅享在线视频、音乐等丰富多彩的数字娱乐内容。本章将具体介绍计算机网络基础知识，以及网络信息安全和信息检索的相关知识。

【学习目标】

➢ 了解计算机网络的基本概念与组成。
➢ 了解计算机网络体系结构。
➢ 熟悉 Internet 的接入与应用操作。
➢ 了解网络信息安全技术。
➢ 掌握信息检索的流程与方法。

7.1　计算机网络

随着信息技术的飞速发展，计算机网络应用已成为计算机应用的核心领域。无论是高精尖的航空航天技术还是人们的日常生活，计算机网络随时都在展现着其强大的影响力与渗透力。

7.1.1　计算机网络基本概念

在计算机网络发展的不同阶段，人们对计算机网络的理解也不尽相同。针对不同的观点，人们对计算机网络提出了不同的定义。就计算机网络现状来看，从资源共享的观点出发，通常将计算机网络定义为以能够相互共享资源的方式连接起来的独立计算机系统的集合。换句话说，计算机网络就是将相互独立的计算机系统以通信线路相连接，按照全网统一的网络协议进行数据通信，以实现网络资源共享的功能。

从计算机网络的定义可以看出，构成计算机网络需要具备以下 4 点要求。

● 计算机相互独立：从地理位置的分布来看，计算机是独立的，既可以近在咫尺，也可以相隔千里；从数据处理功能上来看，计算机也是独立的，既可以连网工作，也可以脱离网络独立工作，而且连网工作时也没有明确的主从关系，即网络内的一台计算机不能强制性地控制另一台计算机。

- 通信线路相连接：各计算机系统必须用传输介质和通信设备实现互连，传输介质可以是双绞线、同轴电缆、光纤、微波和其他频段的无线电信道等，通信设备则包括路由器、交换机等。
- 采用统一的网络协议：计算机网络中的各台计算机在通信过程中需共同遵守"全网统一"的通信规则，即网络协议。
- 资源共享：计算机网络中一台计算机的资源，包括硬件、软件和信息可以提供给全网其他计算机系统共享。

7.1.2 计算机网络的发展历程

计算机网络出现的历史不长，但发展迅速，经历了从简单到复杂，从地方到全球的发展过程，从形成初期到现在大致可以分为 4 个阶段。

1. 雏形阶段

这一阶段可以追溯到 20 世纪 50 年代。人们将多台终端通过通信线路连接到一台中央计算机上，构成"主机-终端"系统。这一阶段的计算机网络又称为面向终端的计算机网络。这里的终端不具备自主处理数据的能力，仅能完成简单的输入、输出操作，所有数据处理和通信处理任务均由主机完成。从今天对计算机网络的定义来看，"主机-终端"系统只称得上是计算机网络的雏形，还算不上真正的计算机网络，但这一阶段进行的计算机技术与通信技术相结合的研究成为计算机网络发展的基础。

2. 形成阶段

20 世纪 60 年代中期至 20 世纪 70 年代的第二代计算机网络是由多台计算机通过通信线路互连起来的，即计算机-计算机网络。与第一代计算机网络相比，第二代计算机网络的多台计算机都具有自主处理能力，能完成计算机与计算机之间的通信，因此，第二代计算机网络才算是真正的计算机网络。第二代计算机网络的典型代表是美国国防部高级研究计划局协助开发的"阿帕网"（Advanced Research Project Agency Network，ARPANET），其主机之间不是直接用线路相连，而是由接口消息处理器（Interface Message Processor，IMP）转接后互连的。IMP 和它们之间互连的通信线路一起负责主机间的通信任务，由此构成通信子网。与通信子网互连的主机负责运行程序、提供资源共享、组成资源子网。

3. 体系结构标准化阶段

20 世纪 70 年代末至 20 世纪 90 年代初的第三代计算机网络是具有统一的网络体系结构并遵守国际标准的开放式和标准化的网络。"阿帕网"兴起后，计算机网络发展迅猛，为了促进网络产品的开发，各大计算机公司纷纷制定自己的网络技术标准。由于没有统一的标准，不同厂商的产品之间互连很困难，人们迫切需要一种开放性的标准化实用网络环境，这最终促成了国际标准的制定。1984年，国际标准化组织正式制定了开放系统互连（Open System Interconnection，OSI）模型，针对第二代计算机网络只能和同种计算机互连，它支持计算机与其他系统通信和相互开放。

4. 高速网络互连阶段

随着社会经济和文化的迅速发展及计算机技术的不断进步，计算机网络日益深入现代社会的各个角落。由于局域网技术发展成熟，出现光纤及高速网络技术，20 世纪 90 年代中期至今的第四代计算机网络就像一个对用户透明的大型计算机系统，Internet 便是该阶段的典型应用。支持第四代计算机网络的技术有：异步传输方式（Asynchronous Transfer Mode，ATM）、光纤传输介质、分布式网络、智能网络、高速网络、互联网技术等。人们对这些新的技术注以极大的热情和关注，正在不断深入地研究和积极地应用。

我国 Internet 的发展历程可以分为 3 个阶段，分别是 1986—1993 年的研究试验阶段、1994—1996 年的起步阶段、1997 年至今的发展阶段。第一阶段主要进行 Internet 连网技术的研究，该阶段的网络应用仅限于小范围内的电子邮件服务。第二阶段主要实现 TCP/IP（Transmission Control Protocol/Internet Protocol，传输控制协议/互联网协议）连接，从而开通 Internet 全功能服务，使 Internet 进入公众生活并开始发展。第三阶段是 Internet 的快速发展阶段，在该阶段 Internet 得到普及并广泛应用到各行各业。同时，我国的网络用户快速增长，电子商务也顺势发展并逐渐兴起，至今已成为人们工作和生活密不可分的一部分。

Internet 技术的飞速发展以及在企业、学校、政府、科研部门和千家万户的广泛应用，使人们对计算机网络提出了越来越高的要求。未来的计算机网络应能提供目前电话网、电视网和计算机网络的综合服务；能支持多媒体信息通信，以提供多种形式的视频服务；具有高度安全的管理机制，以保证信息安全传输；具有开放、统一的应用环境，以及智能的系统自适应性和高可靠性，网络的使用、管理和维护将更加方便。总之，计算机网络将进一步朝着"开放、综合、智能"的方向发展，将对未来世界的经济、军事、科技、教育与文化的发展产生重大的影响。

7.1.3 计算机网络的组成

网络硬件和软件作为计算机网络不可或缺的组成部分，共同构筑了网络的基础设施与功能体系。网络硬件和软件的协同工作使得计算机之间能够无缝连接，实现高效的数据传输与通信。

1. 计算机网络的硬件

要形成一个能传输信号的网络，必须有硬件设备的支持。由于网络的类型不一样，使用的硬件设备可能会有所差别，总体来说，计算机网络中的硬件设备有传输介质、网卡、路由器和交换机等。

（1）传输介质

传输介质是网络中信息传递的媒介，传输介质的性能对传输速率、通信距离、网络节点数目和传输的可靠性均有很大的影响。网络中常见的传输介质包括双绞线、同轴电缆和光导纤维，另外还包括微波和红外线等无线传输介质。

- 双绞线：双绞线是由两条相互绝缘的导线按照一定的规格互相缠绕（一般按顺时针缠绕）在一起而制成的一种通用配线，如图 7-1 所示，属于信息通信网络传输介质。双绞线一般由两根 22～26 号绝缘铜导线相互缠绕而成，实际使用时，将多对双绞线一起包在一个绝缘电缆套管中。

- 同轴电缆：同轴电缆由一组共轴心的电缆构成，它是计算机网络中常见的传输介质之一，具有误码率低、性价比较高的特点，在早期的局域网中应用广泛。其具体的结构由内到外包括中心铜线、绝缘层、网状屏蔽层和塑料封套 4 个部分，如图 7-2 所示。同轴电缆同样可以组成宽带系统，主要有双缆系统和单缆系统两种类型。同轴电缆网络一般可分为主干网、次主干网和线缆 3 类。

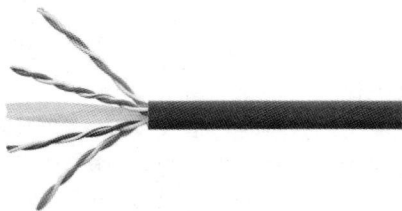

图 7-1 双绞线

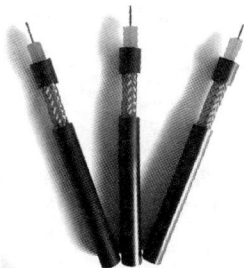

图 7-2 同轴电缆

● 光导纤维：光导纤维简称光纤，是一种性能非常优秀的网络传输介质，具有频带宽、损耗低、重量轻、抗干扰能力强、保真度高、工作性能可靠、成本低的优点，是目前网络传输介质中传播速度最快的一种传输介质。光纤主要在传输距离较长、布线条件特殊的情况下用于大型局域网中主干线路的连接。根据需要还可以将多根光纤合并在一根光缆里面。按光在光纤中的传输模式可将光纤分为单模光纤和多模光纤。

● 无线传输介质：无线传输利用可以在空气中传播的微波、红外线等无线传输介质进行传输，无线局域网就是由无线传输介质组成的局域网。利用无线传输介质可以有效扩展通信空间，摆脱有线介质的束缚。常用的无线通信方法有无线电波、微波、蓝牙和红外线，紫外线和更高的波段目前还不能用于通信。

（2）网卡

网卡即网络接口卡（Network Interface Card，NIC），又叫网络适配器或网络卡，是以太网的必备设备。网卡通常工作在 OSI 模型的物理层和数据链路层，在功能上相当于广域网的通信控制处理机，通过它将工作站或服务器连接到网络，实现网络资源共享和相互通信。

网络有多种类型，如以太网、令牌环和无线网络等，现在使用最多的仍然是以太网。不同的网络必须采用与之相适应的网卡，网卡的种类有很多，根据不同的标准，有不同的分类方式，最常用的分类方式是将网卡分为有线网卡（见图 7-3）和无线网卡（见图 7-4）两种。有线网卡是指必须将网络连接线连接到网卡中才能访问网络的网卡，主要包括 PCI 网卡、集成网卡和 USB 网卡 3 种类型。无线网卡是在无线局域网的无线网络信号覆盖下通过无线连接网络进行上网使用的无线终端设备，主要包括 PCI 网卡、USB 网卡、PCMCIA 网卡和 MINI-PCI 网卡 4 种类型。

图 7-3　有线网卡　　　　　　图 7-4　无线网卡

（3）路由器

路由器（Router）是一种连接多个网络或网段的网络设备，如图 7-5 所示，它能将不同网络或网段之间的数据信息进行"翻译"，使不同网段和网络之间能够相互"读懂"对方的数据，从而构成一个更大的网络。路由器的主要工作就是为经过路由器的每个数据帧寻找一条最佳传输路径，并将该数据有效地传送到目的站点。路由器是网络与外界的通信出口，也是联系内部子网的桥梁。在网络组建的过程中，路由器的选择是极为重要的，需要考虑安全性能、处理器、控制软件、容量、网络扩展能力、支持的网络协议和带线拔插等因素。

（4）交换机

交换机（Switch）是一种用于电信号转发的网络设备。它可以为接入交换机的任意两个网络节点提供独享的电信号通路。交换机的雏形是电话交换机系统，经过发展和不断创新，才形成了如今的交换机技术。交换机的主要功能包括物理编址、网络拓扑构建、错误校验、帧的转发与过滤及流量控制。最常见的交换机是以太网交换机，如图 7-6 所示，其他常见的交换机有电话语音交换机、光纤交换机等。目前一些高档交换机还具备一些新的功能，如对虚拟局域网的支持、对链路汇聚的支持，有的还具有路由器和防火墙的功能。

图 7-5　路由器

图 7-6　以太网交换机

2. 计算机网络的软件

网络的正常工作需要网络软件的控制。网络软件一方面授权用户对网络资源进行访问，帮助用户方便、快速地访问网络；另一方面管理和调度网络资源，提供网络通信和用户所需要的各种网络服务。网络软件包括通信支撑平台软件、网络服务支撑平台软件、网络应用支撑平台软件、网络应用系统，以及用于特殊网络站点的软件等，通常可分为通信软件、网络协议软件和网络操作系统三大类。其中，通信软件和各层网络协议软件构成网络功能实现的核心基础。

- 通信软件：通信软件主要用于监督和控制通信工作，其不仅可作为计算机网络软件的基础组成部分，还可实现计算机与自带终端或附属计算机之间的通信，其通常由线路缓冲区管理程序、线路控制程序及报文管理程序组成。
- 网络协议软件：网络协议软件是网络软件的重要组成部分，由网络所采用的协议层次模型（如 ISO 建议的开放系统互连基本参考模型）组织而成。除物理层外，其余各层协议大都由软件实现，每层协议软件通常由一个或多个进程组成，其主要任务是完成相应层协议所规定的功能，以及与上、下层的交互。
- 网络操作系统：网络操作系统是指能够控制和管理网络资源的软件。网络操作系统的功能包括在服务器机器上，为在服务器上的任务提供资源管理服务；在每个工作站机器上，向用户和应用软件提供一个网络环境的"窗口"，从而向网络操作系统的用户和管理人员提供整体的系统控制功能。网络服务器操作系统要完成目录管理、文件管理、安全保障、网络打印、存储管理和通信管理等主要服务；工作站的操作系统主要完成工作站任务的识别和与网络的连接，即首先判断应用程序提出的服务请求是使用本地资源还是使用网络资源，若使用网络资源，则需要完成与网络的连接。常用的网络操作系统有 NetWare 系统、Windows NT 系统、UNIX 系统和 Linux 系统等。

7.1.4　计算机网络的分类

计算机网络依据不同的角度可划分为多种类型。其中，根据网络覆盖的地理范围和网络传输介质进行分类是目前主要的两种分类方法。

1. 按网络覆盖的地理范围分类

计算机网络根据覆盖的地理范围与规模可以分为局域网（Local Area Network，LAN）、城域网（Metropolitan Area Network，MAN）、广域网（Wide Area Network，WAN）等类型。

- 局域网：局域网是将较小地理区域内的计算机或数据终端设备连接在一起的通信网络，覆盖的地理范围比较小，一般在几十米到几千米之间，主要用于实现短距离的资源共享。局域网可以由一个建筑物内或相邻建筑物内的几百台至上千台计算机组成,也可以由一个房间内的几台计算机、打印机和其他设备组成。图 7-7 所示为一个简单的企业内部局域网。局域网与其他网络的区别主要体现在网络所覆盖的物理范围、网络所使用的传输技术和网络的拓扑结构 3 个方面。从功能的角度来看，局域网的服务用户个数有限，但是局域网的配置容易实现，传输速率高，一般可达 4Mbit/s～2Gbit/s，使用费用也较低。

167

● 城域网：城域网是一种大型的通信网络，它的覆盖范围介于局域网和广域网之间，一般为几千米至几万米，在一个城市内，它将位于一个城市内不同地点的多个计算机局域网连接起来实现资源共享。城域网所使用的通信设备和网络设备的功能要求比局域网高，以便有效地覆盖整个城市的地理范围。一般在一个大型城市中，城域网可以将多个学校、企事业单位和医院的局域网连接起来共享资源。图 7-8 所示的是某城区教育系统的城域网。

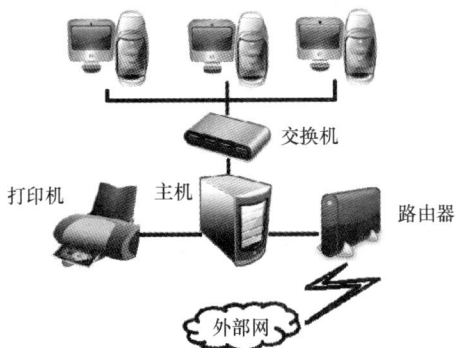

图 7-7　企业内部局域网

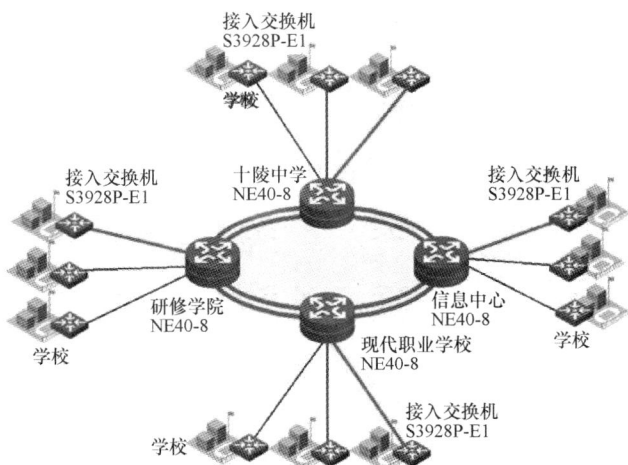

图 7-8　某城区教育系统的城域网

● 广域网：广域网在地域上可以跨越国界、洲界，甚至覆盖全球。目前，Internet 是最大的广域网，横跨全球、供公共商用。除此之外，许多大型企业以及跨国公司和组织也建立了内部使用的广域网。例如我国的分组交换数据网（Packet Switched Data Network，PSDN）、中国公用数字数据网（China DDN）和中国公用分组交换数据网（China PAC）等都是广域网。广域网的物理结构如图 7-9 所示。

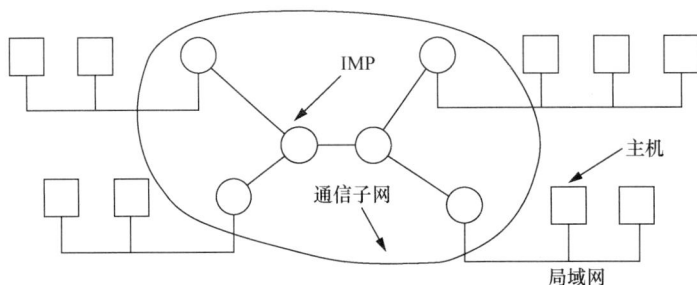

图 7-9　广域网的物理结构

2. 按服务方式分类

服务方式是指计算机网络中每台计算机之间的关系，按照这种方式可将计算机网络分为对等网络和客户机/服务器网络两种形式，对等网络的服务方式是点对点，客户机/服务器网络的服务方式是一点对多点。

● 对等网络：在对等网络中，计算机的数量通常不超过 20 台，所以对等网络相对比较简单。在对等网络中，各台计算机有相同的功能，无主从之分，网上任意节点计算机可以作为网络服务器为其他计算机提供资源，也可以作为工作站分享其他服务器的资源；任意一台计算机均可同时作为服务器和工作站，也可只作为其中之一。同时，对等网络除了可以共享文件之外，还可以共享打印机，对等网络上的打印机可被网络上的任意节点使用，如同使用本地打印机一样方便。图 7-10 所示为一个对等网络。

168

● 客户机/服务器网络：在计算机网络中，如果只有一台或几台计算机作为服务器为网络上的用户提供共享资源，而其他的计算机仅作为客户机访问服务器中提供的各种资源，这样的网络就是客户机/服务器网络。服务器指专门提供服务的高性能计算机或专用设备；客户机指用户计算机。客户机/服务器网络的特点是安全性较高，计算机的权限、优先级易于控制，监控容易实现，网络管理能够规范化。服务器的性能和客户机的数量决定了该网络的性能。图 7-11 所示为客户机/服务器网络。

图 7-10　对等网络

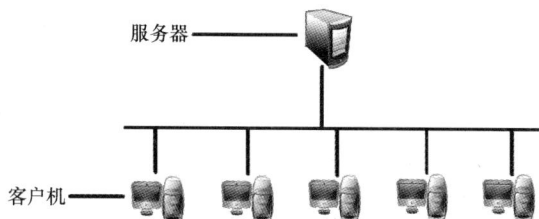

图 7-11　客户机/服务器网络

3. 按网络线路结构分类

根据计算机网络线路布局结构，计算机网络可以分为不同的类型，其中最常见的有总线网络、星形网络和环形网络。

（1）总线网络

总线网络采用一条公共总线作为传输介质，每台计算机通过相应的硬件接口接入网络，信号沿总线进行广播式传送，如图 7-12 所示。

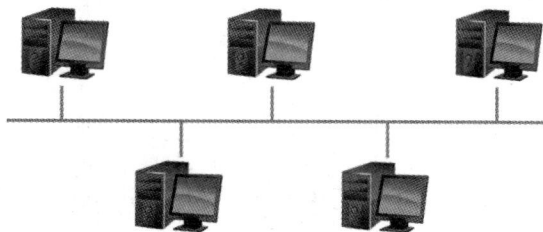

图 7-12　总线网络

总线网络是典型的共享传输介质的网络，从信源发出的信息会传送到介质长度所及的位置，并被其他所有节点接收到。总线网络的优点是容易布线，可以随时增删节点，并能节约通信介质。但它的缺点也非常明显，当计算机节点过多时，容易造成信息阻塞、传递不畅。另外，如果一台计算机接入总线的接口发生故障，会造成整个网络瘫痪；且当网络发生故障时，故障诊断和隔离非常困难。

（2）星形网络

星形网络由一台中央节点计算机和周围的从节点计算机组成，如图 7-13 所示。中央节点和从节点可以直接通信，而从节点之间必须经过中央节点转接才能通信。

星形网络的优点在于可靠性高，每台计算机及其接口的故障不会影响其他计算机和整个网络，也不会造成网络瘫痪。同时星形网络的故障诊断和隔离容易，更易管理和维护。另外，星形网络扩展性好，配置灵活，传输速率高。星形网络的缺点在于线缆使用量大，布线、安装工作量大，最重要的是星形网络的可靠性完全依赖于中央节点，如果中央节点交换机发生故障，就可能造成全网瘫痪。

（3）环形网络

环形网络由计算机通过硬件接口接入，这些接口首尾相连形成一条链路，如图 7-14 所示。环形网络的信息传输也是广播式的，沿一个方向逐点传输。

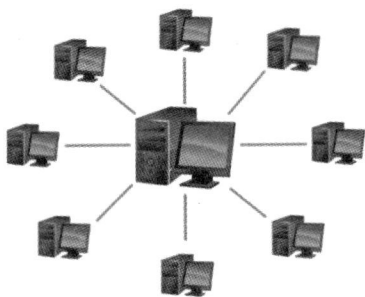

图 7-13　星形网络　　　　　　　　　　　图 7-14　环形网络

环形网络的优点是传输距离远，适合作为主干网。同时环形网络的故障诊断容易定位，初始安装容易，线缆用量少。环形网络也有缺点，其环形结构决定了它的扩展性能远不如星形网络，如果要添加或移动节点就必须中断整个网络，在环的两端做好连接器后才能连接。

> **小贴士**
>
> 环形网络主要应用于令牌环中，因此也被称为"令牌环网"。所谓令牌环，指该网络使用一种标记数据作为令牌，它始终在环上传输，当无帧发送时，令牌为空闲状态，所有的站点都可以获得令牌，只有当站点获得空闲令牌后，才将令牌设置为忙碌状态并发送数据。

4. 按网络传输介质分类

网络传输介质是指在网络中传输信息的载体，常用的传输介质分为有线传输介质和无线传输介质两大类。

- 有线网：有线传输介质指在两个通信设备之间实现的物理连接部分，能将信号从一方传输到另一方，主要有同轴电缆、双绞线和光纤。有线网则是使用这些有线传输介质连接的网络。采用同轴电缆连网的特点是经济、实惠，但传输速率和抗干扰能力一般、传输距离较短；采用双绞线连网的特点是价格便宜、安装方便，但易受干扰、传输速率较低、传输距离比同轴电缆短；采用光纤连网的特点是传输距离长、传输速率高和抗干扰性强。双绞线和同轴电缆传输电信号，光纤传输光信号。

- 无线网：无线网是指采用空气中的电磁波作为载体来传输数据的网络。无线网的特点为连网费用较高、数据传输速率高、安装方便、传输距离长和抗干扰性不强等。无线网包括无线电话网、无线电视网、微波通信网和卫星通信网等。

5. 按网络的使用性质分类

网络的使用性质主要指该网络服务的对象和组建的原因，根据这种方式可将计算机网络分为公用网、专用网、利用公用网组建的专用网 3 种类型。

- 公用网：公用网是指由电信部门或其他提供通信服务的经营部门组建、管理和控制，网络内的传输和转接装置可供任何部门和个人使用的网络。

- 专用网：专用网是由用户部门独立组建经营的网络，不允许其他用户和部门使用；由于投资等因素，专用网常为局域网或通过租借电信部门的线路而组建的广域网。

- 利用公用网组建的专用网：许多部门直接租用电信部门的通信网络，并配置一台或多台主机，向社会各界提供网络服务，这些部门构成的应用网络称为增值网络（或增值网），即在通信网络的基础上提供了增值的服务。这种类型的网络其实就是利用公用网组建的专用网，如中国教育和科研计算机网、全国各大银行的网络等。

7.1.5　计算机网络体系结构

网络体系结构定义了计算机网络的功能，而这些功能往往通过硬件与软件来实现。从网络协议的层次模型来看，网络体系结构（Architecture）可以定义为计算机网络的所有功能层次、各层次的通信协议以及相邻层次间接口的集合。

网络体系结构的 3 要素分别是分层、协议和接口，可以表示为如下形式。

网络体系结构={分层，协议，接口}

网络体系结构是抽象的，仅给出一般性指导标准和概念性框架，不包括实现的方法，其目的是在统一的原则下设计、建造和发展计算机网络。

1．网络体系结构的分层原则

目前，层次结构被各种网络协议所采用，如 OSI、TCP/IP 等。由于网络协议的不同，因此其协议分层的方法有很大差异。通常情况下，网络体系结构分层有如下原则。

- 各层功能明确：在网络体系结构中分层需要各层既保持系统功能的完整，又能避免系统功能的重叠，让各层结构相对稳定。
- 接口清晰简洁：在网络体系结构中，下层通过接口对上层提供服务，对接口的要求有两点，一是接口需要定义向上层提供的操作和服务；二是通过接口的信息量最小。
- 层次数量适中：为了让网络体系结构便于实现，要考虑层次的数量，既不能过多，也不能太少。如果层次过多，会导致系统烦冗和协议复杂化；如果层次过少，会导致一层中有多种功能。
- 协议标准化：在网络体系结构中，各个层次的功能划分和设计应强调协议的标准化。

2．网络体系结构的分层

目前，大多数计算机网络产品都遵循国际标准化组织制定的 OSI 模型。OSI 模型的体系结构分为 7 层，由低层至高层分别为物理层、数据链路层、网络层、传输层、会话层、表示层和应用层，如图 7-15 所示。

图 7-15　OSI 模型

- 物理层：物理层不是指具体的传输媒体，而是考虑怎样在传输媒体上传输数据比特流。它的作用是尽可能屏蔽传输媒体和通信手段的差异，使数据链路层感觉不到这些差异。在物理层，数据还没有被组织，仅作为原始的位流或电气电压处理，单位是比特。
- 数据链路层：数据链路层负责在两个相邻节点间的线路上无差错地传送以帧为单位的数据，并进行流量控制。每一帧包括一定数量的数据和一些必要的控制信息。数据链路层主要负责建立、维持和释放数据链路的连接。在传送数据时，如果接收方检测到所传数据中有差错，就会通知发送方重发对应帧。

- 网络层：网络层为传输层实体提供端到端的交换网络数据传送功能，使得传输层摆脱路由选择、交换方式、拥塞控制等网络传输细节；可以为传输层实体建立、维持和拆除一条或多条通信路径；对网络传输中发生的不可恢复的差错予以报告。网络层将数据链路层提供的帧组成数据包，数据包中封装有网络层包头，其中含有逻辑地址信息，即源站点和目的站点的网络地址。

- 传输层：传输层为会话层实体提供透明、可靠的数据传输服务。传输层包括两种协议：传输控制协议（Transmission Control Protocol，TCP），提供面向连接、可靠的数据传输服务，数据单位为报文段；用户数据报协议（User Datagram Protocol，UDP），提供无连接、尽最大努力的数据传输服务，数据单位为用户数据报。TCP 主要提供完整性服务，UDP 主要提供及时性服务。

- 会话层：会话层为彼此合作的表示层实体提供建立、维护和结束会话连接的功能；完成通信进程的逻辑名字与物理名字间的对应；提供会话管理服务。

- 表示层：表示层为应用层进程提供能解释所交换信息含义的一组服务，即将欲交换的数据从适合某一用户的抽象语法转换为适合 OSI 系统内部使用的传送语法，提供格式化的表示和转换数据服务。数据的压缩和解压缩、加密和解密等工作都由表示层负责。

- 应用层：应用层提供 OSI 用户服务，即确定进程之间通信的性质，以满足用户需要以及提供网络与用户应用软件之间的接口服务。

OSI 模型中，1~4 层被认为是低层，这些层与数据移动密切相关；5~7 层是高层，包含应用程序级的数据。每一层负责一项具体工作，然后把数据传输到下一层。

7.2　Internet

Internet 是网络与网络之间所串连成的庞大网络，这些网络以一组通用的协议相连，形成逻辑上的单一巨大国际网络。物联网、云计算、大数据、人工智能、区块链、在线教育、虚拟现实和增强现实等技术都是以 Internet 为基础的应用，它们利用 Internet 的通信和数据传输能力实现了各自领域的创新和发展。

7.2.1　Internet 概述

Internet 是全球最大、连接能力最强，由遍布全世界的众多大大小小的网络相互连接而成的计算机网络，是由美国的阿帕网发展起来的。Internet 主要采用 TCP/IP，它使网络上各个计算机可以相互交换各种信息。目前，Internet 通过全球的信息资源和数百万个网点在网上提供数据、电话、广播、出版、软件分发、商业交易、视频会议及视频节目点播等服务。Internet 在全球范围内提供了极为丰富的信息资源，一旦连接到 Web 节点，就意味着计算机已经进入 Internet。

Internet 将全球范围内的网站连接在一起，形成一个资源十分丰富的信息库，在人们的工作、生活和社会活动中起着越来越重要的作用。

7.2.2　TCP/IP 的工作原理

计算机网络协议是为计算机网络中进行数据交换而建立的规则、标准或约定的统称。在计算机网络中，两个相互通信的实体可能处在不同的地理位置，其中的两个进程要相互通信，就需要通过交换信息来协调这两个进程的动作以达到同步，而信息的交换必须按照预先共同约定好的规则进行。

常见的网络协议有 TCP/IP、IPX/SPX 协议、NetBEUI 协议等。其中，TCP/IP 是这三大协议中最重要的一个，互联网中的计算机使用的就是 TCP/IP 作为互联网的基础协议，任何和互联网有关的操作都离不开 TCP/IP。TCP/IP 在一定程度上参考了 OSI 模型的体系结构。OSI 模型共有 7 层，但这显然是有些复杂的，所以在 TCP/IP 中，它们被简化为了 4 个层次，分别是应用层、传输层、网络互连层和网络接口层，如图 7-16 所示。

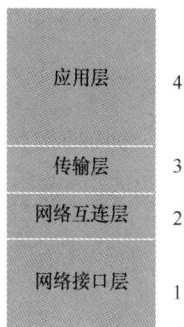

图 7-16 TCP/IP 模型

- 网络接口层：网络接口层是 TCP/IP 中的底层，负责网络层与硬件设备的联系。网络接口层实际上并不是 IP 组中的一部分，但它是数据包从一个设备的网络层传输到另外一个设备的网络层的方法。这个过程可以通过网卡的软件驱动程序控制，也可以通过专用芯片控制，实现如添加报头以准备发送、通过物理媒介实际发送数据包这样的数据链路层功能。在接收方，网络接口层将完成数据帧接收、去除报头并将接收到的数据包传到网络层的功能。网络接口层与 OSI 模型中的物理层和数据链路层相对应。网络接口层是 TCP/IP 与各种 LAN 或 WAN 的接口。

- 网络互连层：网络互连层是整个 TCP/IP 的核心，对应 OSI 模型的网络层，负责对独立传送的数据分组进行路由选择，以保证其可以发送到目的主机。由于该层使用的是 IP，因此又称为 IP 层。网络互连层还拥有拥塞控制的功能。网络互连层的主要功能包括 3 点：处理互连的路径、流程与拥塞问题；处理来自传输层的分组发送请求；处理接收的数据报。

- 传输层：在 TCP/IP 中，源端主机和目标端主机上的对等实体进行会话属于传输层的功能。传输层解决了 TCP 和 UDP 两种服务质量不同的问题。TCP 是一个面向连接的、可靠的协议，它将一台主机发出的字节流无差错地发往互联网上的其他主机。TCP 还要进行端到端的流量控制。

- 应用层：TCP/IP 中，应用层实现了 OSI 模型中应用层、会话层和表示层的功能。在应用层中，能够对不同的网络应用引入不同的应用层协议。其中，有基于 TCP 的应用层协议，如文件传送协议（File Transfer Protocol，FTP）和超文本传送协议（HyperText Transfer Protocol，HTTP）等，也有基于 UDP 的应用层协议。

7.2.3 IP 地址和域名

Internet 连接了众多的计算机，想要有效地分辨这些计算机，需要通过 IP 地址和域名系统来实现。

1. IP 地址

IP 地址即网络协议地址。连接在 Internet 上的每台主机都有一个在全世界范围内唯一的 IP 地址。一个 IP 地址由 4 字节（32 位）组成，通常用小圆点分隔，其中每字节可用一个十进制数来表示。例如，192.168.1.51 就是一个 IP 地址。

IP 地址通常可分成两部分，一部分是网络号，另一部分是主机号。

Internet 的 IP 地址可以分为 A、B、C、D 和 E 五类。其中，0～127 为 A 类地址；128～191 为 B 类地址；192～223 为 C 类地址；D 类地址留给 Internet 体系结构委员会使用；E 类地址保留到今后使用。也就是说每字节的数字由 0～255 的数字组成，大于或小于该数字的 IP 地址都不正确，通过数字所在的区域可判断该 IP 地址的类别。

由于网络的迅速发展，已有协议（IPv4）规定的 IP 地址已不能满足用户的需要。IPv6 采用 128 位地址长度，几乎可以不受限制地提供地址。IPv6 除解决了地址短缺问题以外，还解决了在 IPv4 中存在的其他问题，如端到端的 IP 连接、服务质量、安全性、多播、移动性和即插即用等。IPv6 将成为新一代的网络协议标准。

2. 域名系统

数字形式的 IP 地址难以记忆，故在实际使用时常采用字符形式来表示 IP 地址，即域名系统

173

（Domain Name System，DNS）。域名系统由若干子域名构成，子域名之间用小数点的圆点来分隔。域名的层次结构如下。

……三级子域名.二级子域名.顶级子域名

每一级的子域名都由英文字母和数字组成（不超过 63 个字符，并且不区分大小写字母），级别最低的子域名写在最左边，而级别最高的顶级子域名写在最右边。一个完整的域名不超过 255 个字符，其子域级数一般不予限制。

在顶级域名下，二级域名又分为类别域名和行政区域名。类别域名共 6 个，包括用于科研机构的 ac；用于工商金融企业的 com；用于教育机构的 edu；用于政府部门的 gov；用于互联网络信息中心和运行中心的 net；用于非营利组织的 org。我国的行政区域名有 34 个。

7.2.4　Internet 的接入

总体来说，目前计算机连入 Internet 的方法主要有以下几种。

1. 无线上网

无线上网是指通过无线传输介质（如红外线和无线电波）来接入 Internet。通俗地说，只要上网终端（如笔记本计算机、智能手机等）没有连接有线线路，都称为无线上网。无线上网主要有以下 3 种方式。

- 通过无线网卡、无线路由器上网：笔记本计算机一般配置了无线网卡，通过无线路由器把有线信号转换成 Wi-Fi 信号，再连入 Internet，从而实现上网功能。这也是普通家庭常见的无线上网方式。
- 通过无线网卡在网络覆盖区上网：在无线上网的网络覆盖区，如机场、超市等公共场所，无线网卡能够自动搜索出 Wi-Fi，选择可接入的网络即可连接到 Internet。
- 通过无线上网卡上网：无线上网卡相当于调制解调器，通过它可在无线电话信号覆盖的地方利用手机的 SIM（Subscriber Identify Module，用户标志模块）卡连接到 Internet，而上网费用计入 SIM 卡中。由于使用无线上网卡上网方便、简单，因此现在很多台式计算机也在使用无线上网卡上网。无线上网卡有通用串行总线（Universal Serial Bus，USB）接口和个人计算机存储卡国际协会（Personal Computer Memory Card International Association，PCMCIA）接口两种。

2. DDN 专线接入

数字数据网（Digital Data Network，DDN）是随着数据通信业务发展而迅速发展起来的一种新型网络。DDN 的主干网传输介质有光纤和电磁波等，用户端多使用普通电缆和双绞线。DDN 将数字通信技术、计算机技术、光纤通信技术、数字交叉连接技术有机地结合在一起，提供了高速度、高质量的通信环境，可以向用户提供点对点、一点对多点透明传输的数据专线出租电路，为用户传输数据、图像、声音等信息，速度越快，租金越高。

3. 光纤接入

光纤通信系统的出口带宽通常在 10Gbit/s 以上，适用于各类局域网的接入。光纤通信具有容量大、质量高、性能稳定、保密性强、防电磁干扰等优点。光纤宽带网以 2Mbit/s～10Mbit/s 为最低标准接入用户家中，光纤用户端要有一个光纤收发器和一个路由器。

4. 有线电视网接入

同轴电缆调制解调器（Cable Modem）是一种超高速调制解调器，它利用现有的有线电视网传输数据，已是比较成熟的一种技术。同轴电缆调制解调器集调制解调器、调谐器、加/解密设备、桥接器、网络接口卡、虚拟专用网代理和以太网集线器的功能于一身。它无须拨号上网，不占用电话线，可提供随时在线的永久连接。服务商的设备同用户的调制解调器之间建立了一个虚拟专用网连接，同轴电缆调制解调器提供一个标准的10BaseT或100BaseT以太网接口与用户的PC设备或以太网集线器相连。

7.2.5　Internet 的应用

Internet 已经是现代人工作、学习和生活中不可缺少的部分。通过 Internet，人们能够更为便捷和高效地处理各种事务，无论是搜索所需信息、下载所需资源，还是发送指定邮件，都能轻松实现。

1. 使用 Microsoft Edge 浏览器

Microsoft Edge 浏览器主要用于浏览 Internet 上的信息，实现信息交换。Microsoft Edge 浏览器作为 Windows 操作系统集成的浏览器，用户借助它可以浏览网页、保存网页中的资料、使用历史记录和使用收藏夹等。

（1）浏览网页

无论是寻找资讯、购物、学习、娱乐，还是进行社交，Microsoft Edge 都能满足，并且能迅速且准确地找到用户需要的信息，其具体操作如下。

步骤 1：单击任务栏中的 Microsoft Edge 图标■进入浏览器界面，在上方的地址栏中输入网易的网址，然后按【Enter】键确认，Microsoft Edge 浏览器将打开该网页。

步骤 2：将鼠标指针移动到"体育"超链接上，当鼠标指针变为形状时单击，如图 7-17 所示，打开"体育"专题，滚动鼠标滚轮上下移动网页，在该网页中找到自己感兴趣的内容的超链接后再次单击，在打开的网页中即可查看相关的体育信息。

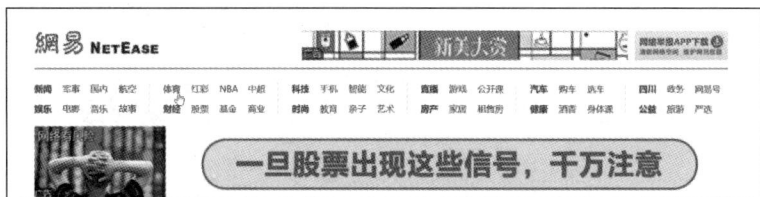

图 7-17　在 Internet 中浏览网页内容

（2）保存网页中的资料

Microsoft Edge 浏览器为用户提供了信息保存功能，当用户浏览的网页中有自己需要的内容时，可将其长期保存在计算机中，以备使用，其具体操作如下。

步骤 1：利用 Microsoft Edge 浏览器打开一个需要保存资料的网页，选择需要保存的文字，在被选择的文字区域中单击鼠标右键，在弹出的快捷菜单中选择"复制"命令或按【Ctrl+C】组合键。

步骤 2：启动"写字板"程序或 WPS Office，按【Ctrl+V】组合键，将从网页中复制的文字信息粘贴到新建的写字板或 WPS 文字文档中。

步骤 3：在"写字板"程序或 WPS 文字中按【Ctrl+S】组合键，打开"另存为"对话框，在其中进行相应的设置后，将文档保存到计算机中。

步骤 4：在需要保存的图片上单击鼠标右键，在弹出的快捷菜单中选择"将图像另存为"命令，打开"另存为"对话框，如图 7-18 所示，在其中设置好图片的保存位置和文件名后单击"保存"按钮，即可将该图片保存到计算机中。

（3）使用历史记录

用户使用 Microsoft Edge 浏览器浏览过的网页将被记录在 Microsoft Edge 浏览器中，当需要再次打开该网页时，可通过历史记录找到该网页并打开。在 Microsoft Edge 浏览器中使用历史记录的方法为，单击 Microsoft Edge 浏览器窗口右上角的"设置及其他"按钮…或按【Alt+F】组合键，在打开的下拉列表中选择"历史记录"选项，如图 7-19 所示。打开"历史记录"列表，如图 7-20 所示，该列表以日期的形式列出用户浏览过的网页，"最近"栏中显示了用户当天查看过的所有网页，选择一个网页，即可显示该网页的具体内容。

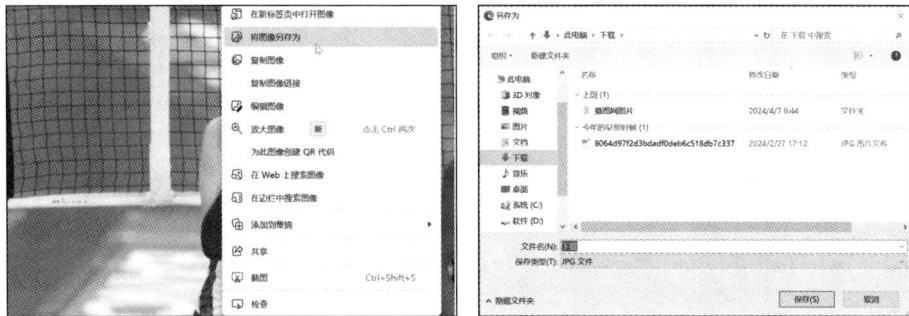

图 7-18　保存图片

图 7-19　选择"历史记录"选项

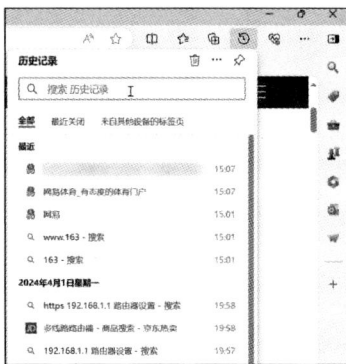

图 7-20　"历史记录"列表

如果希望查找未显示在"历史记录"列表中的特定历史记录，可以在搜索框中输入相关关键词，利用搜索功能快速定位并查看。

（4）使用收藏夹

对于需要经常浏览的网页，用户可以将其添加到收藏夹中，以便快速打开，其具体操作如下。

步骤 1： 在 Microsoft Edge 浏览器的地址栏中输入京东的网址，按【Enter】键打开该网页，然后在地址栏右侧单击"收藏夹"按钮或按【Ctrl+Shift+O】组合键。

步骤 2： 网页右侧将打开"收藏夹"列表，单击该列表顶部的"添加文件夹"按钮，在显示的文本框中输入"购物"，修改文件夹名称，如图 7-21 所示。

步骤 3： 在地址栏中单击"将此页面添加到收藏夹"按钮☆，打开"已添加到收藏夹"对话框，在"文件夹"下拉列表中选择"购物"选项，如图 7-22 所示，然后单击"完成"按钮。

步骤 4： 再次打开"收藏夹"列表，发现新增的"购物"文件夹中多了一个"京东"网页选项，如图 7-23 所示，选择该选项即可打开该网页。

图 7-21　创建文件夹

图 7-22　将网页添加到收藏夹

图 7-23　收藏网页后的"收藏夹"列表

2. 搜索信息

在 Internet 中搜索信息时，用户往往会借助搜索引擎这个工具。搜索引擎是专门用来查询信息的网站，它可以提供全面的信息查询功能。目前，常用的搜索引擎有百度、搜狗、必应、360 搜索及搜搜等。使用搜索引擎搜索信息的方法有以下几种。

（1）只搜索含有关键词的信息

输入关键词时，搜索引擎会拆分输入的关键词，只要信息中包含所拆分的关键词，不管是标题还是内容都会显示出来，因此会导致用户搜索到很多无用的信息。要想避免这种情况，可输入括号。下面在百度搜索引擎中搜索只包含"计算机等级考试"的内容，其具体操作如下。

步骤 1： 启动 Windows 10 操作系统自带的 Microsoft Edge 浏览器，在地址栏中输入百度搜索引擎的网址，按【Enter】键打开"百度"网站首页，如图 7-24 所示。

步骤 2： 在搜索框中输入关键词"（计算机等级考试）"，单击"百度一下"按钮。

步骤 3： 打开的网页中将会列出搜索到的结果，如图 7-25 所示，单击任意一个超链接，即可在打开的网页中查看具体内容。

图 7-24　打开百度搜索引擎

图 7-25　利用搜索引擎搜索网络资源

（2）只搜索标题含有关键词的内容

当希望搜索一些文献或文章时，如果通过直接输入关键词的方式进行搜索，将会出现很多无用的信息，此时可通过"intitle:标题"的方法只搜索标题含有关键词的内容。在搜索框中输入关键词"intitle:唐诗宋词"，单击"百度一下"按钮，即可在列表窗口显示标题含有"唐诗宋词"关键词的相关信息，如图 7-26 所示。

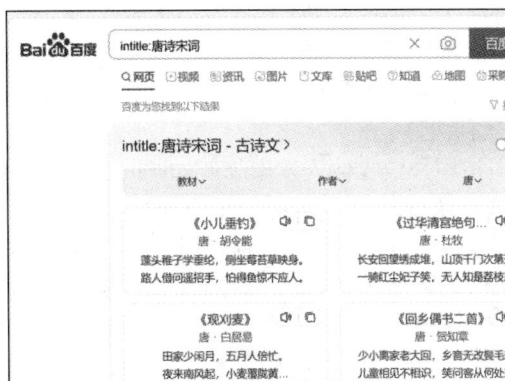

图 7-26　标题含关键词的搜索结果

3. 下载资源

Internet 中拥有海量的资源，用户可根据需要将其下载到计算机中以便使用。如果需要下载文字内容，用户可以直接通过选择并复制的方法将其复制到 WPS 文字等文档编辑软件中保存；如果需要下载各种工具软件，则可结合搜索引擎来实现，其具体操作如下。

步骤 1：启动 Microsoft Edge 浏览器并打开百度官方网站首页，在搜索框中搜索需要的工具软件，如"搜狗五笔输入法"，单击搜狗官方网站对应的超链接，如图 7-27 所示。

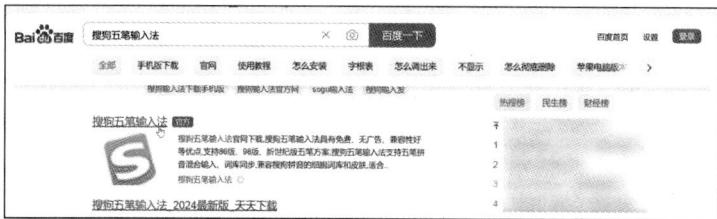

图 7-27　搜索工具软件

步骤 2：打开搜狗官方网站提供的下载页面，单击"立即下载"按钮，如图 7-28 所示。

步骤 3：此时浏览器将自动下载软件，并在地址栏下方显示下载进度，如图 7-29 所示。待下载完成后按【Ctrl+J】组合键，在打开的"下载"列表中即可查看下载的软件。

图 7-28　单击"立即下载"按钮

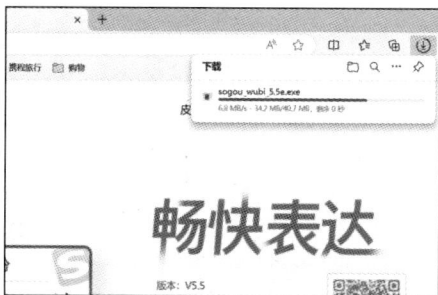

图 7-29　显示下载进度

4. 发送邮件

最早也是最广泛的网络应用是收发电子邮件。通过电子邮件，用户可快速地与世界上任何一个网络用户进行联系。电子邮件可以是文字、图像或声音文件，它因为使用简单、价格低廉和易于保存等优点被广泛应用。在撰写电子邮件的过程中，经常会使用一些专用名词，如收件人、主题、抄送、密件抄送、附件和正文等，它们的含义如下。

- 收件人：收件人指邮件的接收者，用于输入收信人的邮箱地址。
- 主题：主题指信件的主题，即这封信的名称。
- 抄送：抄送指输入同时接收该封邮件的其他人的地址。在抄送方式下，收件人能够看到发件人将该邮件抄送给了其他收件人。
- 密件抄送：密件抄送指用户给收件人发出邮件的同时又将该邮件暗中发送给其他人，与抄送不同的是收件人并不知道发件人还将该邮件发送给了哪些对象。
- 附件：附件指随同邮件一起发送的附加文件，附件可以是各种形式的单个文件。
- 正文：正文指电子邮件的主体部分，即邮件的详细内容。

（1）设置邮件账户和签名

Windows 10 自带了"邮件"程序，基本能满足日常的电子邮件发送需求。在使用前需要先设置邮件签名，其具体操作如下。

步骤1：打开"开始"菜单，在菜单列表中选择"邮件"选项，启动"邮件"应用程序，然后在打开的提示界面中根据要求输入账户和密码。

步骤2：成功登录到邮箱后，可查看收件箱中的邮件，单击界面右上角的"设置"按钮，如图 7-30 所示，在打开的"账户设置"界面中切换到"签名"选项卡。

步骤3：在"签名"选项卡的文本框中输入签名内容，如图 7-31 所示，然后单击"保存"按钮完成设置。

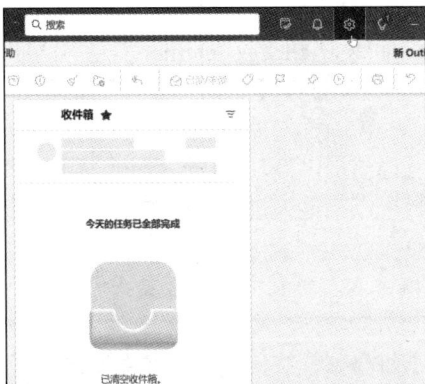

图 7-30　单击"设置"按钮

图 7-31　设置邮件签名

（2）撰写并发送电子邮件

设置好邮箱后就可以开始撰写并发送邮件了。在撰写邮件时，还可以对文本进行格式设置，插入图片、表格、附件元素等，其具体操作如下。

步骤1：在"邮件"主界面中单击左侧的"新邮件"按钮，打开邮件编辑窗口，在收件人地址文本框中输入收件人的地址。

步骤2：在"添加主题"文本框中输入邮件的主题内容，然后在下方输入邮件内容，选择邮件内容后，在主界面上方的"消息"选项卡的"字体"下拉列表中选择所需的字体样式，如图 7-32 所示。

步骤3：保持邮件内容的选择状态，继续在"消息"选项卡中单击"更多选项"按钮，在打开的下拉列表中选择"字体颜色"选项。

步骤4：单击"插入"选项卡中的"附加文件"按钮，在打开的下拉列表中选择"浏览此计算机"选项，如图 7-33 所示。

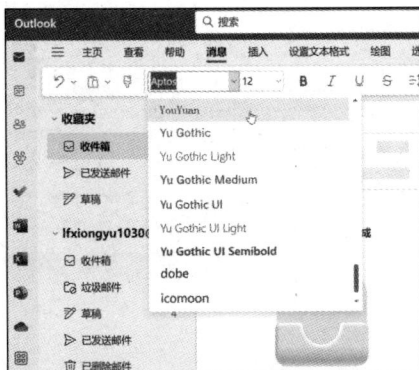

图 7-32　设置文本的字体格式

图 7-33　为邮件添加附件

步骤5：打开"打开"对话框，在其中选择要插入邮件的文件，然后单击"打开"按钮，即可将选择的文件插入邮件中，并显示在主题的下方，单击"发送"按钮。

在"插入"选项卡中，除了可以在邮件中添加附加文件外，还可以在邮件中添加图片、表情符号、表格等元素。添加方法很简单，单击相应的按钮，在打开的对话框或列表中进行选择即可。例如要想添加图片，只需单击"图片"按钮▣，在打开的"打开"对话框中选择要上传的图片后单击"打开"按钮。

5. 进行即时通信

即时通信（Instant Messaging，IM）是指能够即时发送和接收 Internet 消息等的业务。即时通信在生活、商务、教育、医疗等多个领域都得到了广泛应用，并且正逐步从单一的通信工具向多元化业务服务平台转型，实现线上线下的无缝衔接。

目前，微软公司、腾讯公司等都是重要的即时通信提供商。其中，腾讯公司基于 Internet 的即时通信工具开发的腾讯 QQ 应用广泛，通过该工具可以与他人进行通信联络，如信息交流、文件传送等，其具体操作如下。

步骤 1： 启动并登录 QQ，在 QQ 主界面的"联系人"列表中双击好友头像，打开聊天窗口，然后在下方的文本输入区中输入需发送的内容，如图 7-34 所示。

步骤 2： 单击"发送"按钮或按【Ctrl+Enter】组合键，将输入的内容发送出去，该信息将在文本输入区上方显示出来。

步骤 3： 好友的 QQ 将收到发送的信息，收到消息时，计算机会传出"滴滴"的提示音，并在聊天窗口上方显示内容。

步骤 4： 若要向对方传送文件，可在 QQ 聊天窗口中单击"上传文件"按钮▣，打开"打开"对话框，选择需要传送的文件后单击"打开"按钮，然后按【Ctrl+Enter】组合键发送文件。

步骤 5： QQ 开始执行文件传送操作，并显示传送情况。

步骤 6： 当好友向自己传送文件时，可在聊天窗口中单击该文件下方的"接收"超链接，如图 7-35 所示，此时文件将保存到默认的位置（C:\Users\Administrator\Documents\Tencent Files\QQ 账号\FileRecv）。若单击"另存为"超链接，则可在打开的"另存为"对话框中自定义接收文件的保存位置。接收完成后可在相应的位置打开文件进行查看。

图 7-34　输入需发送的内容　　　　图 7-35　接收文件

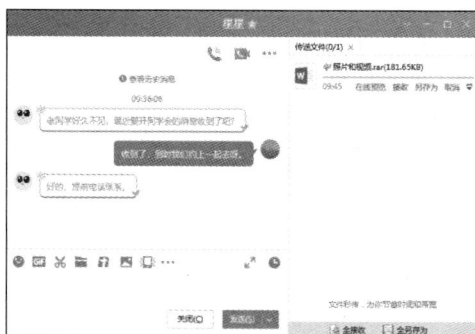

7.3　网络信息安全

信息技术的发展为社会发展带来了契机，改变了人们的生活方式、工作方式和思想观念，并且成为衡量一个国家现代化程度和综合国力的重要标志，信息安全的研究直接关系着我国信息化发展的进程。

7.3.1 信息安全概述

信息安全是指保护信息和信息系统在未经授权时不被访问、使用、泄露、中断、修改与破坏。信息安全可以为信息和系统提供保密性、完整性、可用性、可控性和不可否认性，其范围很广泛，如防范商业机密泄露、防范个人信息泄露等都属于信息安全的范畴。

- 保密性：保密性是指信息在传输或存储时不被他人窃取。一般可通过密码技术对传输的信息进行加密处理。
- 完整性：完整性主要包括两个方面，一是保证信息在传输、使用和存储等过程中不被篡改、不丢失、不缺损；二是保证信息处理方法正确，不因不正当操作而丢失内容。
- 可用性：可用性指可被授权实体访问并按需求使用的特性，即当需要时能够存取所需的信息。网络环境下拒绝服务、破坏网络和有关系统的正常运行等都属于对可用性的攻击。
- 可控性：可控性指对信息的传播及内容具有控制能力，如能够阻止未授权的访问。
- 不可否认性：不可否认性也叫不可抵赖性，是指用户不能否认自己的行为与参与活动的内容。传统方式下，用户可以通过在交易合同、契约或贸易单据等书面文件上手写签名或使用印章来进行鉴别。在网络环境下，一般通过数字证书机制的时间签名和时间戳来进行验证。

1. 信息安全的影响因素

信息技术的飞速发展使人们在享受网络信息带来的巨大利益时，面临着信息安全的严峻考验，政治安全、军事安全、经济安全等均以信息安全为前提条件。影响信息安全的因素的种类有很多，下面对主要影响因素进行介绍。

- 硬件及物理因素：硬件及物理因素指系统硬件及环境的安全性，如机房设施、计算机主体、存储系统、辅助设备、数据通信设施及信息存储介质的安全性等。
- 软件因素：软件因素指系统软件及环境的安全性，软件的非法删改、复制与窃取都可能造成系统损失、泄密等情况，如计算机网络病毒即以软件为手段侵入系统造成破坏。
- 人为因素：人为因素指人为操作、管理的安全性，包括工作人员的素质、责任心，严密的行政管理制度、法律法规等。防范人为因素方面的安全风险，主要是指预防由人为主动因素对系统安全所造成的直接威胁。
- 数据因素：数据因素指数据信息在存储和传递过程中的安全性，数据因素是计算机犯罪的核心途径，也是信息安全的重点。
- 其他因素：信息和数据传输通道在传输过程中产生的电磁波辐射可能被检测或接收，造成信息泄露，同时空间电磁波也可能对系统产生电磁干扰，影响系统的正常运行。此外，一些不可抗的自然因素也可能对系统的安全造成威胁。

2. 信息安全面临的威胁

计算机技术的不断发展使信息安全面临的威胁变得多样化，主要包括计算机病毒、流氓软件、木马程序、网络钓鱼和系统漏洞等。

（1）计算机病毒

一旦感染了计算机病毒，计算机中的程序将受到损坏，这些病毒还会非法盗取用户的信息，使用户自身权益受到损害。病毒可以通过杀毒软件进行清除与查杀，建议用户养成定期检查计算机病毒的习惯，以保证自己的切身利益。

👉 **小贴士**

不仅个人计算机容易受到病毒的侵害，手机也容易感染病毒。一般手机病毒可以通过短信、电子邮件、浏览网站、下载铃声和应用蓝牙等方式进行传播，可能出现手机关机、死机、自动拨打电话、自动发送短信和资料被盗取等情况。

（2）流氓软件

流氓软件是介于正规软件与病毒之间的软件，其目的一般是散布广告以进行宣传。流氓软件一般不会影响用户的正常活动，但可能出现以下 3 种情况。

- 上网时会不断有窗口弹出。
- 浏览器被莫名修改。
- 在浏览器中打开网页时，网页会变成不相干的其他页面。

流氓软件一般是在用户没有授权的情况下强制安装的，当出现上述情况时用户需要警惕，尽快清除网页中保存的账户信息资料，并通过软件管理软件进行清除。因为流氓软件会恶意收集用户信息，并且不经用户许可卸载系统中的非恶意软件，甚至捆绑一些恶意插件，导致用户资料泄露、文件受损等。

（3）木马程序

木马程序（Trojan Horse Program）通常被称为木马、恶意代码等，指潜伏在计算机中，可受外部用户控制以窃取本机信息或控制权的程序。木马程序是比较常见的病毒文件，但不具有自我繁殖性，也不会"刻意"感染其他文件，一般通过伪装来吸引用户下载和执行，使木马程序的发起人可以任意毁坏、窃取被感染者的文件，甚至远程操控用户的计算机。

（4）网络钓鱼

网络钓鱼（Phishing）是一种通过欺骗性的电子邮件和伪造的 Web 站点来进行网络诈骗的方式。它一般通过伪造或发送声称来自银行或其他知名机构的欺骗性信息来引诱用户泄露自己的信息，如银行卡账号、身份证号和动态口令等。

网络钓鱼是目前十分常见的一种电子商务安全问题，其实施途径多种多样，可通过假冒网站、手机银行和运营商向用户发送诈骗信息，也可以通过手机短信、电子邮件、微信消息和 QQ 消息等形式实施不法活动，如常见的中奖诈骗、促销诈骗等。用户在进行电子商务活动时不要轻信他人发送的消息，不要打开来路不明的邮件，不要轻易泄露私人资料，尽量减少交易的风险。

（5）系统漏洞

系统漏洞（System Vulnerabilities）是指应用软件或操作系统在逻辑设计上的缺陷或错误。不同的软、硬件设备和不同版本的系统都存在不同的安全漏洞，容易被不法分子通过木马、病毒等方式进行控制，窃取用户的重要资料。不管是计算机操作系统、手机运行系统，还是应用软件都容易因为漏洞问题而遭受攻击，因此，建议用户使用最新版本的应用程序，并及时更新应用商提供的漏洞补丁。

3. 信息安全策略

信息安全策略是指为保证提供一定级别的安全保护所必须遵守的规则，而要保证信息安全，则需不断对先进的技术、法律约束、严格的管理、安全教育等方面进行完善。

- 先进的技术：先进的信息安全技术是网络安全的根本保证，要形成全方位的安全系统需对自身面临威胁的风险进行评估，然后对所需要的安全服务种类进行确定，并通过相应的安全机制集成先进的安全技术。
- 法律约束：法律法规是信息安全的基石。计算机网络作为一种新生事物，在很多行为上可能会出现无法可依、无章可循的情况，从而无法对网络犯罪进行合理的管制，因此必须建立与网络安全相关的法律法规，对网络犯罪行为进行惩罚。
- 严格的管理：信息安全管理是提高安全性的有效手段，对计算机网络使用机构、企业和单位而言，必须建立相应的网络安全管理办法和安全管理系统，加强对内部信息安全的管理，建立起合适的安全审计和跟踪体系，提高网络安全意识。
- 安全教育：要建立网络安全管理系统，在提高技术、制定法律、加强管理的基础上，还应该开展安全教育，提高用户的安全意识，对网络攻击与攻击检测、网络安全防范、安全漏洞与安全对策、信息安全保密、系统内部安全防范、病毒防范、数据备份与恢复等有一定的认识和了解，及时发现潜在问题，尽早解决安全隐患。

7.3.2　信息安全技术

计算机网络具有连接形式多样性、终端分布不均匀性、网络开放性和互连性等特性，使其不管在单机系统、局域网或广域网中都不可避免地面临一些自然或人为因素的威胁。为了保证网络信息的保密性、完整性和可用性，就必须对影响计算机网络安全的因素进行研究，通过各种信息安全技术保障计算机网络信息的安全。下面主要对图 7-36 所示的关键性信息安全技术进行介绍。

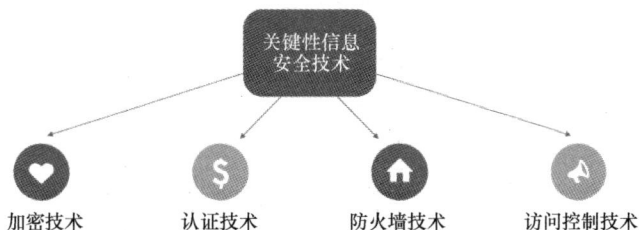

图 7-36　关键性信息安全技术

1. 加密技术

加密技术是实现信息保密性、真实性和完整性的前提。它是一种主动的安全防御策略，通过基于数学方法的程序和密钥对信息进行编码，将计算机数据变成一堆杂乱无章且难以理解的字符，即将明文变为密文，从而阻止非法用户对信息的窃取。

加密技术与密码学息息相关，涉及信息（明文、密文）、密钥（加密密钥、解密密钥）和算法（加密算法、解密算法）3 种基本术语。明文是指传输的原始信息，对信息进行加密后，明文则变为密文。密钥和算法都是加密的技术，密钥是转换明文与密文时算法中的一组参数，可以是数字、字母或词语。算法是明文与密钥的结合，明文通过加密运算则成为密文；密文通过解密运算则变为明文。

（1）对称加密技术

对称加密采用对称密码编辑技术，要求发送方和接收方使用相同的密钥，即文件加密与解密使用相同的密钥。采用这种方法进行信息加密需要双方都知道这个密钥，并在安全通信前将密钥发送给对方。对称加密的工作流程如图 7-37 所示。

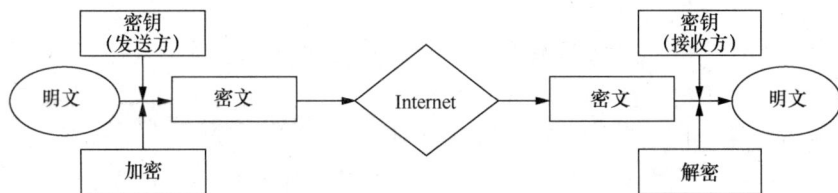

图 7-37　对称加密的工作流程

较常用的对称加密算法有数据加密标准（Data Encryption Standard，DES）、高级加密标准（Advanced Encryption Standard，AES）和三重数据加密标准（3DES）。

- DES：DES 是一种使用密钥加密的分块算法，于 1977 年被美国确定为联邦信息处理标准（Federal Information Processing Standards，FIPS），并授权在非密级政府通信中使用。DES 的算法是把 64 位的明文输入块变为 64 位的密文输出块，其密钥也是 64 位，但由于密钥表中每个字节的第 8 位（第 8、16、24、32、40、48、56、64 位）都用作奇偶校验，因此密钥的实际有效长度为 56 位。

- AES：AES 基于比利时密码学家设计的 Rijndael 密钥系统，目的是取代 DES，解决某些 DES 使用过程中的缺陷。AES 是一种区块加密标准，其固定区块长度为 128 位，密钥长度则可以是 128、192 或 256 位。

- 3DES：3DES 是一种三重数据加密算法块密码的统称。它使用 3 条 56 位的密钥对数据进行 3 次加密，以增加 DES 的有效密钥长度。3DES 的加密过程为：先用密钥 a 对 64 位的信息块加密，再用密钥 b 对加密的结果解密，然后用密钥 c 对解密结果再加密。3DES 比最初的 DES 更加安全，但需要使用更多的处理器资源。

（2）非对称加密技术

非对称加密技术使用公开密钥（简称公钥）和私有密钥（简称私钥）来进行加密和解密。公钥是公开的，私钥则由用户自己保存，它们之间进行信息传输的工作过程如图 7-38 所示。

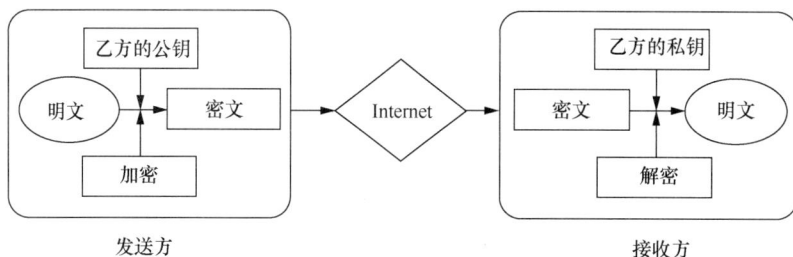

图 7-38　非对称密钥的工作过程

- 乙方生成一对密钥（公钥和私钥）并向其他方公开公钥。
- 得到公钥的甲方使用该密钥对机密信息进行加密，然后再发送给乙方。
- 乙方用自己保存的另一把专用密钥（私钥）对加密后的信息进行解密。

非对称加密比对称加密的安全性更好，就算攻击者截获了传输的密文并得到乙方的公钥也无法进行破解。但非对称加密需要的时间更长，速度更慢。因此，非对称加密只适合对少量数据进行加密，目前互联网中常用的电子邮件和文件加密软件 PGP（Pretty Good Privacy，优良保密协议）就采用了非对称加密技术。

2. 认证技术

加密技术主要用于网络信息传输的通信保密，不能保证网络通信双方身份的真实性，因此还需要认证技术来验证网络活动对象是否属实与有效。常见的认证技术主要包括身份认证技术、数字摘要、数字信封、数字签名和数字时间戳 5 种。

（1）身份认证技术

身份认证技术是一种用于鉴别、确认用户身份的技术。通过对用户的身份进行认证，判断用户是否具有对某种资源的访问和使用权限，以保证网络系统的正常运行，防止非法用户冒充并攻击系统。

身份认证技术主要基于机密技术的公钥加密体制，普遍采用 RSA 算法。身份认证的过程只在两个对话者之间进行，它要求被认证对象提供身份凭证信息和与凭证有关的鉴别信息，且鉴别信息要事先告诉对方，以保证身份认证的有效性和真实性。身份认证是网络安全的第一道关口，其认证方法主要包括以下 3 种。

- 根据所知道的信息认证：一般以静态密码（登录密码、短信密码）和动态口令等方式进行验证，但密码和口令容易泄露，安全性不高。

- 根据所拥有的信息认证：通过用户自身拥有的信息，如网络身份证、网络护照、密钥盘、智能卡等进行身份认证，认证的安全性较高，但认证系统较为复杂。

- 根据所具有的特征认证：通过用户的生物特征，如声音、虹膜和指纹等进行认证，其安全性最高，但实现技术更加复杂。

为了保证身份认证的有效性，常采用 2～3 种认证方法结合的方式进行认证。

（2）数字摘要

数字摘要可以用于证实消息来源的有效性，以防止数据被伪造和篡改。它通过采用单向 Hash 函数（单向散列函数）将需要加密的明文"摘要"成一串固定长度（128 位）的密文，这个密文就是所谓的数字指纹，并在传输信息时将密文加入文件一并传送给接收方。接收方收到文件后，使用相同的方法进行变换运算，若得到相同的摘要，则判定文件未被篡改。

（3）数字信封

数字信封又称数字封套，是一种结合对称加密技术与非对称加密技术进行信息安全传输的技术。使用数字信封时，只有规定的收信人才能阅读通信的内容，信息发送方采用对称密钥来加密信息内容，然后用接收方的公钥加密，形成"数字信封"，并将它和加密后的信息一起发送给接收方。接收方先用相应的私钥打开数字信封，得到对称密钥，然后使用对称密钥解开加密信息。数字信封具有算法速度快、安全性高等优点，可以很好地保证数据的机密性。

（4）数字签名

数字签名是基于公开密钥加密技术实现的，因此又叫公钥数字签名。数字签名可简单地理解为附加在数据单元上的一些数据或对数据单元所做的密码变换。它可以帮助数据单元的接收方判断数据的来源，保证数据的完整性并防止数据被篡改。

数字签名采用双重加密方法，即使用数字摘要和 RSA 算法来保证信息安全，其工作过程如下。

- 报文发送方采用单向 Hash 函数加密产生一个 128 位的数字摘要。
- 发送方用自己的私钥对数字摘要进行加密，形成发送方的数字签名。
- 将数字签名作为报文的附件和报文一起传输给接收方。
- 接收方使用发送方的公钥对摘要进行解密，同时从接收到的原始报文中使用同样的单向 Hash 函数加密得到一个数字摘要。
- 将解密后的摘要和接收方重新加密产生的摘要进行对比，若两者相同，则判断信息在传送过程中没有被破坏、篡改。

（5）数字时间戳

为了保证电子商务活动的参与方与交易方不能否认其行为，避免随意修改交易时间，需要一个权威第三方来提供可信赖的且不可抵赖的时间戳服务——数字时间戳。数字时间戳是一种对交易日期和时间采取的安全措施，由专门的机构提供。数字时间戳是一个经加密后形成的凭证文档，它包括以下 3 个部分。

- 时间戳文件的摘要。
- 数字时间戳发送和接收文件的日期和时间。
- 数字时间戳的数字签名。

3. 防火墙技术

防火墙是一种位于内部网络与外部网络之间的网络安全防护系统，有助于实施比较广泛的安全性政策。防火墙可以依照特定的规则允许或限制传输的数据通过，网络中的"防火墙"主要用于对内部网络和公众访问网络进行隔离，使一个网络不受另一个网络的攻击。防火墙系统的主要用途是控制对受保护网络的往返访问，是网络通信时的一种尺度，只允许符合特定规则的数据通过，最大限度地防止黑客的访问，阻止他们对网络进行非法操作。

防火墙不仅可以有效地监控内部网络和 Internet 之间的活动，保证内部网络的安全，还可以将局域网的安全管理集中起来，屏蔽非法请求，防止跨权限访问。防火墙是网络安全的屏障，可以强化网络安全策略，对网络存取和访问进行监控审计，能够防止内部信息泄露，实现远程管理，并且能实现流量控制、统计分析和流量计费等。

随着现代通信技术与信息安全技术的不断发展，防火墙越来越成熟，功能也更加丰富，主要包括以下 3 个方面。

- 模式的变化：传统防火墙一般设置在网络的边界位置，以数据流进行分隔，从而形成了很好的针对外部网络的防御方式。但内部网络同样会遭受恶意攻击，因此现在的防火墙产品开始采用分布式结构，通过网络节点来最大限度地覆盖需要保护的对象，大大提高了防火墙的防护强度。
- 功能多样化：防火墙不仅完善了自身已有的功能，如信息记录功能，还进行了功能扩展，如虚拟专用网、认证、授权、记账、公钥基础设施、互联网协议安全性等功能也被集成到防火墙中，有些防火墙甚至还添加了防病毒和入侵检测等功能。未来，防火墙的功能将更加多元化，且朝着入侵防御系统的方向发展。但在扩展防火墙功能的同时，不能忽略防火墙本身的性能与安全问题。
- 性能的提高：防火墙模式与功能的改变必然会引起性能的提高，因为只有更强的性能才能保证这些功能的正常运行。在未来，一些经济、实用且经过验证的技术手段，如并行处理技术，将被应用到防火墙中，以提升防火墙的性能，这将提升防火墙的过滤能力。同时，规则处理的方式和算法等软件性能也将得到提升，以衍生出更多的专用平台技术。

4. 访问控制技术

访问控制技术是按用户身份和所归属的某项定义组来限制用户对某些信息项的访问权或某些控制功能的使用权的一种技术。

访问控制主要是对信息系统资源的访问范围和方式进行限制，通过对不同访问者的访问方式和访问权限进行控制，达到防止合法用户非法操作的目的，从而保障网络安全。访问控制通常用于系统管理员控制用户对服务器、目录、文件等网络资源的访问，涉及的技术比较多，包括入网访问控制、网络权限控制、目录级安全控制、属性安全控制和服务器安全控制等。

7.3.3 移动互联网环境下的安全问题

移动互联网是在移动通信技术和移动终端技术的飞速发展下产生的，是一种通过智能移动终端，采用移动无线通信方式获取服务的新兴业务。虽然移动互联网使人们能够随时随地享受网络服务、给生活带来便利、提高了工作效率，但也面临着各种安全问题，主要是无线通信网络和移动终端的安全威胁，其次是垃圾短信泛滥造成的威胁。

1. 无线通信网络的安全威胁

移动电子商务的运营和使用都是在无线通信网络中进行的，无线通信网络的数据传输是在空气中以广播的方式传播的，因此无线通信网络所面临的安全问题比有线网络更加严峻。总体而言，无线通信网络的安全威胁体现在以下 5 个方面。

- 被窃听的威胁：这里所说的窃听是黑客常用的一种网络攻击手段，当黑客或不法分子采取某种方法登录网络主机并取得超级用户权限后，便可有效地截获网络上的数据。由于无线通信网络传输介质的安全性比有线网络更低，因此无线通信网络更易面临被窃听的威胁。
- 网络漫游的威胁：一般情况下将数据上传到网络服务器中保存，使用户可以在任何地方任意操作数据，该数据可以是文本、影音及其他相对安全的数据。用户在外地使用这些服务即漫游。网络漫游涉及上传等操作，必然需要面对数据传输过程中可能面临的断链、被窃听等威胁。
- 对数据完整性的威胁：数据完整性指存储在数据库中的所有数据值均正确的状态。如果数据库中存储了不正确的数据值，则该数据库已丧失数据的完整性。对无线通信网络而言，确保数据的完整性就是移动终端在任何环境下，都能接收或发送正确的数据。就目前而言，在不同地区、不同环境下，无线通信网络的信号是有强弱区别的，数据完整性在通信顺畅的条件下执行得更好，在通信不顺畅的条件下执行得相对较差。

- 无线通信标准的攻击：就目前而言，无线通信标准的种类多种多样，包括 Wi-Fi、蓝牙和其他非 Wi-Fi 技术。它们都有特定的网络标准，仅 Wi-Fi 技术而言，就包括 802.11a、802.11b、802.11g 和 802.11n 等多种标准。随着技术的发展，无线通信标准都会或多或少暴露出自身的漏洞或缺陷，这就成为黑客攻击的缺口，为移动电子商务活动的开展埋下了隐患。
- 窃取用户的合法身份：当用户在无线通信网络的环境下进行移动电子商务活动时，如果自己的合法身份被不法分子盗用，不仅会使个人隐私遭到泄露，还极有可能造成财产的损失。这个威胁与用户利益直接相关，并且此类事件一直都在发生，是无线通信网络面临的又一重大威胁。

2. 移动终端的安全威胁

移动终端又称为移动通信终端，泛指可以在移动中使用的计算机设备，广义上包括手机、笔记本计算机、平板计算机、POS 机、车机。但在大部分情况下是指智能手机及平板计算机。随着网络和技术的发展，移动终端成为移动电子商务活动正常开展的必不可少的组成部分，因此移动终端面临的安全威胁将直接影响移动电子商务活动的开展。移动终端所面临安全威胁主要有以下 4 种。

- 移动终端物理安全：物理安全是指在使用移动终端的过程中不会受到人为或自然因素的影响而使信息丢失、泄露和破坏，是对终端设备采取的安全技术措施，包括受灾防护、区域防护、设备防盗、设备防毁、防止电磁信息泄露、防止线路截获、抗电磁干扰和电源保护等。
- 移动终端数据被破坏：数据源的数据缺损、数据传输过程中的数据缺损、异常操作导致的数据缺损等，这些情况都会导致无法正常使用移动终端进行移动电子商务活动。其中，数据源的数据缺损是指操作系统、应用软件自身的数据遭到了破坏；数据传输过程中的数据缺损是指在上传或下载过程中，传输协议、无线通信标准等某些方面出现问题导致数据被破坏；异常操作导致的数据缺损则是指用户自身进行了错误的操作导致数据丢失或受到破坏。
- 移动终端被攻击：随着移动电子商务的不断发展，网络攻击对象也开始向移动终端转移，相较于服务器端，移动终端被攻击的可能性要高许多，黑客和不法分子可以将病毒、木马传播到移动终端，以便实施不正当的攻击活动。
- RFID 被解密：RFID（Radio-Frequency Identification，射频识别）技术目前应用得越来越广泛，例如，手机采用此技术后便可成为电子钱包，在消费时直接通过 RFID 进行付费等，这也使得 RFID 的安全性面临一定的威胁，一旦其芯片中的数据信息被解密，就可能造成用户丢失数据、损失金钱等情况。

3. 垃圾短信泛滥造成的安全威胁

垃圾短信是指未经用户同意而发送的、用户不愿接收且无法自主拒绝接收的短信。垃圾短信被用于进行勒索、诈骗等违法犯罪活动，传播不实消息，以及传播毒化社会风气的信息等。对移动电子商务而言，垃圾短信泛滥造成的安全威胁体现在以下 3 个方面。

- 影响运营商利益：过多的垃圾短信会耗费运营商的一些资源，严重时可能造成运营商通信线路的拥堵甚至崩塌，从而导致无线网络出现故障。
- 浪费时间：移动终端经常会收到垃圾短信，无论是否浏览，都需要花费时间对其进行清理，如查看、删除等。

7.3.4 信息伦理与职业行为自律

信息伦理对每个社会成员的道德规范要求是相似的，在信息交往自由的同时，每个人都必须承担同等的伦理道德责任，共同维护信息伦理秩序，这也对我们今后形成良好的职业行为规范有积极的影响。信息伦理是信息活动中的规范和准则，主要涉及信息隐私权、信息准确性权利、信息产权、信息资源存取权等。

- 信息隐私权：信息隐私权即依法享有的自主决定的权利及不被干扰的权利。
- 信息准确性权利：信息准确性权利即享有拥有准确信息的权利，以及要求信息提供者提供准确的信息的权利。
- 信息产权：信息产权即信息生产者享有自己所生产和开发的信息产品的所有权。
- 信息资源存取权：信息资源存取权即享有获取所应该获取的信息的权利，包括对信息技术、信息设备及信息本身的获取权利。

1. 与信息伦理相关的法律法规

在信息领域，仅依靠信息道德并不能完全解决问题，还需要强有力的法律支撑。因此，与信息伦理相关的法律法规十分重要。有关的法律法规与国家强制力的威慑，不仅可以有效打击在信息领域造成严重后果的行为者，还可以为信息伦理的顺利实施构建较好的外部环境。

随着计算机技术和互联网技术的发展与普及，我国为了更好地保护信息安全，培养公众正确的信息伦理道德，陆续制定了一系列法律法规，用以制约和规范对信息的使用行为和阻止有损信息安全的事件发生。

在法律层面上，我国于 1997 年修订的《中华人民共和国刑法》中首次界定了计算机犯罪的相关罪名和规定，如第二百八十五条的非法侵入计算机信息系统罪、第二百八十六条的破坏计算机信息系统罪、第二百八十七条的利用计算机实施犯罪的提示性规定等，能够有效确保信息的正确使用并解决相关安全问题。

在政策法规层面上，我国颁布了一系列法规文件，如《中华人民共和国网络安全法》《互联网信息服务管理办法》《计算机信息网络国际联网安全保护管理办法》《中华人民共和国计算机信息系统安全保护条例》等，这些法规文件都明确规定了信息的使用方法，使信息安全得到了有效保障，也能使公众形成良好的信息伦理意识。

2. 职业行为自律

信息技术在改变我们的生活、学习和工作的同时，个人信息隐私泄露、软件知识产权被侵犯、网络黑客入侵等问题也层出不穷，这些问题突出了信息技术方面的职业道德行为的重要性。一个人信息素养的高低与其信息伦理、职业行为自律水平的高低密不可分。我们能否在利用信息解决实际问题的过程中遵守职业行为，最终决定了我们能否成为一位高素养的信息化人才。

在使用信息技术时，我们应该从坚守健康的生活情趣、培养良好的职业态度、秉承正确的职业操守、维护核心的商业利益、规避产生个人不良记录等方面培养自己的职业行为自律思想。职业行为自律的培养途径主要有以下 3 个方面。

- 确立正确的人生观是职业行为自律的前提。
- 职业行为自律要从培养自己良好的行为习惯开始。
- 发挥榜样的激励作用，向先进模范人物学习，不断激励自己。学习先进模范人物时，还要密切联系自己职业活动和职业道德的实际，注重实效，自觉抵制拜金主义、享乐主义等腐朽思想的侵蚀，大力弘扬新时代的创业精神，提高自己的职业道德水平。

除此之外，我们还应该充分发挥以下 4 种个人特质，逐步建立起自己的职业行为自律标准。

- 责任意识：具有强烈的责任感和主人翁意识，对自己的工作负全责。
- 自我管理：在可能的范围内起到带头作用，做企业形象的代言人和员工的行为榜样。
- 坚持不懈：面对激烈的竞争，尤其是在面临困境或危急的时刻，能够顽强坚持，不轻言放弃。
- 抵御诱惑：有较高的职业道德素养和坚定的品格，能够抵御各种利益诱惑。

7.4　信息检索

信息检索是查询信息的一种技术和方法，它涉及多个方面的技术，包括自然语言处理、机器学习、数据挖掘等。信息检索的首要目标是保证检索的准确性，即通过检索平台能够识别并返回与用户查询内容相关性较高的结果，以满足用户的信息检索需求。

7.4.1　信息检索的含义

"信息检索"一词出现于 20 世纪 50 年代，它是指将信息按照一定的方式组织和存储起来，并根据用户的需要找出相关信息的过程。

- 狭义的信息检索：在互联网中，用户经常会通过搜索引擎搜索各种信息，像这种从一定的信息集合中找出所需要的信息的过程就是狭义的信息检索，也就是我们常说的信息查询（Information Search 或 Information Seek）。
- 广义的信息检索：广义的信息检索包括信息存储和信息获取两个过程。信息存储是指通过对大量无序信息进行选择、收集、著录、标引后组建成各种信息检索工具或系统，使无序信息转化为有序信息集合的过程。信息获取则是根据用户特定的需求，运用已组织好的信息检索系统将特定的信息查找出来的过程。

7.4.2　信息检索的分类

信息检索的种类有很多，主要可以按照检索对象和检索手段两种方式来进行划分。具体选择何种检索类型需要用户根据不同的需求和场景来确定，以获得更准确、高效的检索结果。

1. 根据检索对象划分

根据检索对象的不同，信息检索可以分为以下 3 种类型。

- 文献检索（Document Retrieval）：文献检索以特定的文献为检索对象，包括全文、文摘、题录等。文献检索是一种相关性检索，它不会直接给出用户所提出问题的答案，只会提供相关的文献以供参考。
- 数据检索（Data Retrieval）：数据检索以特定的数据为检索对象，包括统计数字、工程数据、图表、计算公式、化学结构式等。数据检索是一种确定性检索，它能够返回确切的数据，直接回答用户所提出的问题。
- 事实检索（Fact Retrieval）：事实检索以特定的事实为检索对象，如有关某一事件发生的时间、地点、人物和过程等。事实检索也是一种确定性检索，一般能够直接提供给用户所需的并确定的事实。

2. 根据检索手段划分

根据检索手段的不同，信息检索还可以分为手动检索、机械检索和计算机检索 3 种类型。

- 手动检索：手动检索是一种传统的检索方法，是利用工具书，包括图书、期刊、目录卡片等进行信息检索的一种手段。
- 机械检索：机械检索是指利用计算机检索数据库的过程，其优点是速度快；缺点是回溯性不好，且有时间限制。
- 计算机检索：计算机检索是指在计算机或计算机检索网络终端上使用特定的检索策略、检索指令、检索词，从计算机检索系统的数据库中检索出所需信息后，再由终端设备显示、下载和打印相应信息的过程。计算机检索具有检索方便快捷、获得信息类型多、检索范围广等特点。

7.4.3 信息检索的流程

信息检索是用户获取知识的一种快捷方式，一般来说，信息检索的流程包括分析问题、选择检索工具、确定检索词、构建检索提问式、调整检索策略、输出检索结果 6 步。

- 分析问题：分析要检索内容的特点和类型（如文献类型、出版类型），以及所涉及的学科范围、主题要求等。
- 选择检索工具：根据检索要求得到的信息类型、时间范围、检索成本等因素，经过综合考虑后选择合适的检索工具。正确选择检索工具是保证检索成功的基础。
- 确定检索词：检索词是计算机检索系统中进行信息匹配的基本单元。检索词会直接影响最终的检索结果。常用的确定检索词的方法有选用专业术语、选用同义词与相关词等。
- 构建检索提问式：检索提问式是在计算机信息检索中用来表达用户检索提问的逻辑表达式，由检索词和各种布尔逻辑算符、截词符、位置算符等运算符组合构成。检索提问式将直接影响信息检索的查全率和查准率。
- 调整检索策略：检索时，用户要及时分析检索结果，若发现检索结果与检索要求不一致，则要根据检索结果对检索提问式做出相应的修改和调整，直到得到满意的检索结果为止。
- 输出检索结果：根据检索系统提供的检索结果输出格式，用户可以选择需要的记录及相应的字段，将检索结果存储到磁盘中或直接打印。至此，整个检索过程完成。

7.4.4 搜索引擎检索

搜索引擎是互联网中重要的工具和资源，无论是寻找资讯还是解决问题，搜索引擎都能够迅速提供大量的参考信息。目前，国内的搜索引擎主要有百度、360 搜索、搜狗搜索等，国外的搜索引擎主要有 Bing 等。

1. 基本搜索

搜索引擎的基本搜索方法就是直接在搜索框中输入搜索关键词进行查询。例如，在百度搜索引擎中搜索一月之内发布的包含"中华优秀传统文化"关键词的演示文稿，方法为，启动浏览器，在地址栏中输入百度的网址后，按【Enter】键进入百度首页，然后在中间的搜索框中输入要查询的关键词"中华优秀传统文化"，单击"百度一下"按钮或按【Enter】键。

打开搜索结果页面，单击搜索框下方的"搜索工具"按钮▽，如图 7-39 所示。展开搜索工具，在"时间不限"下拉列表中选择"一月内"选项；在"所有文件和网页"下拉列表中选择"PowerPoint(.ppt)"选项，然后在"站点内检索"下拉列表的文本框中输入百度的网址，最后单击"确认"按钮，如图 7-40 所示，此时将返回一个月内，从百度网站中搜索到的演示文稿。

图 7-39　单击"搜索工具"按钮

图 7-40　设置检索时间、文件类型和检索数据库

2. 设置多个关键词搜索

关键词搜索是指用户在搜索框中输入与所需信息相关的关键词或短语后，搜索引擎将根据这些关键词匹配网页内容，并返回相关的搜索结果。在搜索引擎中使用多个关键词进行搜索的方法有以下两种。

- 使用空格分隔关键词：在浏览器中打开搜索引擎，如百度或 360 搜索等的首页，然后在搜索框中输入多个关键词，每个关键词之间用空格隔开。例如，如果想在搜索引擎中查找关于"孔子"和"儒学"的信息，则可以在搜索框中输入第一个关键词"孔子"后输入空格，继续输入第二个关键词"儒学"，然后单击"百度一下"按钮或按【Enter】键，效果如图 7-41 所示。如果需要，还可以继续添加更多的关键词，每个关键词之间用空格隔开即可。

图 7-41　在搜索引擎中使用空格分隔关键词进行搜索

- 使用双引号引用关键词：如果想要搜索一个完整的关键词，可以使用双引号将其引起来。例如，如果想在搜索引擎中查找关于"新能源汽车"的信息，则可以在搜索框中输入带双引号的关键词"新能源"，然后输入第二个带双引号的关键词"汽车"，最后单击"百度一下"按钮或按【Enter】键，返回的网页中将会出现包含完整关键词"新能源汽车"的结果，如图 7-42 所示。

图 7-42　在搜索引擎中使用双引号引用关键词进行搜索

3. 高级语法搜索

高级语法搜索是指在使用搜索引擎时，使用特定的搜索语法或操作符更准确地定位所需的信息。它可以帮助用户过滤和筛选搜索结果，以获得更符合特定需求的内容。搜索引擎支持一些高级搜索语法，常见的高级搜索语法包括逻辑运算符搜索、通配符搜索、引号搜索、减号搜索、加号搜索及文件类型搜索等。

• 逻辑运算符搜索：可以使用逻辑运算符（如 AND、OR、NOT）来进行更复杂的搜索操作。AND 表示同时包含多个关键词，OR 表示包含其中任意一个关键词，NOT 表示排除某个关键词。例如，在百度搜索引擎中输入"净化空气 AND 绿萝 NOT 商品"后按【Enter】键将会搜索同时包含"净化空气"和"绿萝"，但不包含"商品"的结果，如图 7-43 所示。

图 7-43 在搜索引擎中使用运算符进行高级搜索

• 通配符搜索：通配符可以代替一个或多个字符，用于模糊搜索。在搜索中使用"*"或"?"作为通配符。例如，某一家公司的名字为"谟达里科技有限公司"，但是用户忘记了第二个字，此时就可以使用通配符搜索，即在搜索框中输入"谟*里科技有限公司"，用"*"代替忘记的字符，然后按【Enter】键，搜索结果中将会显示包含谟什么里科技有限公司的信息。

• 引号搜索：使用双引号可以将一系列关键词作为一个完整的短语进行搜索。例如，输入带双引号的关键词"人工智能发展"后按【Enter】键将会搜索包含完整短语"人工智能发展"的结果。

• 减号搜索：在关键词前面加上减号，可以排除包含该关键词的网页。例如，在百度搜索引擎中输入"载人航天 -360 搜索"（注意：减号前加空格，减号后面不添加空格），就表示最后的查询结果中一定不包含"360 搜索"，按【Enter】键，效果如图 7-44 所示。

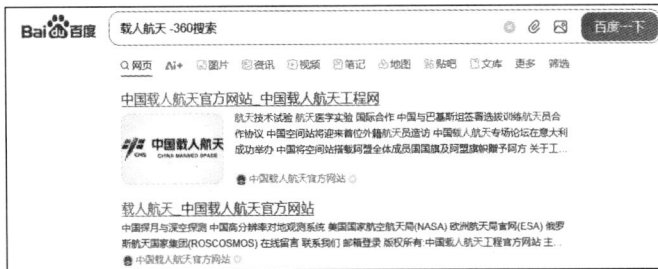

图 7-44 在搜索引擎中使用减号进行高级搜索

• 加号搜索：在关键词前面加上加号，可以强制搜索包含该关键词的网页。例如，在百度搜索引擎中输入"+京东+售后+电话"后按【Enter】键，查找的网页中将同时包含"京东""售后""电话"这 3 个关键词。

• 文件类型搜索：文件类型搜索可以用于查找特定类型的文件，对于查找文档资料非常适用。其格式为"filetype:（文件扩展名）关键词"。该语法可以限定包含关键词的文档格式，支持的文档格式有 PDF、DOC、XLS 及 PPT 等。例如，在搜索框中输入"filetype:pdf 量子计算"后按【Enter】键可以限定搜索结果只包含 PDF 文件，如图 7-45 所示。

• 特定站点中搜索：如果用户知道某个站点中有需要查找的内容，就可以把搜索范围限定在这个站点中，以提高查询效率。把搜索范围限定在这个站点中，就是在查询内容的后面加上"site:站名"，且"site:"和站名之间不能有空格，其后的站名也不要带"http://"。例如，使用天空网下载 360 安全卫士的最新版本，就可以输入"360 安全卫士 site:sky**.com"后按【Enter】键。

图 7-45　在搜索引擎中使用文件类型进行高级搜索

> **小贴士**
>
> 除了可以使用上述几种高级检索方法外，还可以把搜索范围限定在 URL 中进行检索。网页 URL 中的某些信息有时是很有价值的。若想将搜索范围限定在 URL 中，只需在"inurl:"后输入希望在 URL 中出现的关键词，注意"inurl:"与关键词之间不得有空格。例如，若想查找网页制作技巧，可输入"网页制作 inurl:技巧"后按【Enter】键进行检索。

7.4.5　专用平台信息检索

用户在进行信息检索时，除了可以使用检索词进行检索之外，还可以使用专用平台，如 CALIS 平台、万方数据知识服务平台（以下简称"万方数据"）、NSTL 平台等来获取特定领域的相关信息。这些专用平台通常提供了更加精准和全面的信息资源，适用于不同行业和学科。

1. 学术信息检索

互联网中有很多用于检索学术信息的网站，在其中可以检索各种学术论文。在国内，这类网站主要有百度学术、万方数据、维普网等。

例如，在百度学术中检索有关"中国特色社会主义文化自信"的学术信息，方法为，打开"百度学术"网站首页，在首页的搜索框中输入要检索的关键词"中国特色社会主义文化自信"，然后单击"百度一下"按钮。在打开的页面中可以看到检索结果，同时，在每条结果中还可以看到论文的标题、简介、作者、被引量、来源等信息，如图 7-46 所示。

图 7-46　查看在百度学术中检索的信息

设置左侧的时间、领域、核心等参数后，单击要查看的某篇论文的标题，即可打开该论文的网页，显示更详细的信息，如图 7-47 所示。继续单击该论文的标题，即可进入该文献的来源网站，直接打开论文的原文件，查看该论文的内容。

图 7-47　查看论文详细信息

2. 学位论文检索

学位论文是为了获得相应的学位而撰写的论文，其中硕士论文和博士论文非常有价值。因为学位论文不像图书和期刊那样会公开出版，所以学位论文信息的检索和获取较为困难。在国内，检索学位论文的平台主要有中国高等教育文献保障系统（China Academic Library & Information System，CALIS）的学位论文中心服务系统、万方中国学位论文数据库、中国知网的硕士与博士论文数据库等。

例如，在 CALIS 的学位论文中心服务系统中检索有关"碳中和"的学位论文，方法为，打开 CALIS 的学位论文中心服务系统页面，在搜索框中输入关键词"人工智能"，然后单击"检索"按钮或按【Enter】键，如图 7-48 所示。

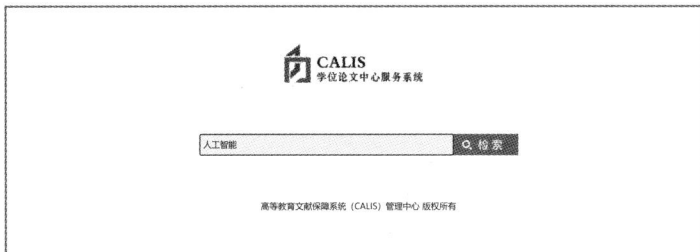

图 7-48　输入关键词后单击"检索"按钮

打开的页面中将显示查询结果，包括学位论文的名称、作者、主题词、摘要等信息，如图 7-49 所示。单击论文名称即可在打开的页面中看到该论文的详细内容。

图 7-49　查看检索结果

3. 利用 NSTL 平台检索期刊信息

期刊是指定期出版的刊物，包括周刊、旬刊、半月刊、月刊、季刊、半年刊、年刊等。"国内统一连续出版物号"简称"国内统一刊号"，即"CN 号"，是我国新闻出版行政部门分配给连续出版物的代号；"国际标准连续出版物号"简称"国际刊号"。

例如，在国家科技图书文献中心网站中检索有关"中国报业"的期刊，方法为，打开国家科技图书文献中心网站首页，取消选中"会议""学位论文"，在搜索框中输入关键词"中国报业"，然后单击"检索"按钮，如图 7-50 所示。打开的页面中显示的是"外文文献"的相关信息，切换到"中文文献"选项卡，可以看到查询结果，但其中有些内容是不属于"中国报业"期刊的。此时单击网页左侧"期刊"栏中的"中国报业"超链接，如图 7-51 所示，即可进行限定条件搜索，稍后便可检索到只包含"中国报业"期刊的内容。

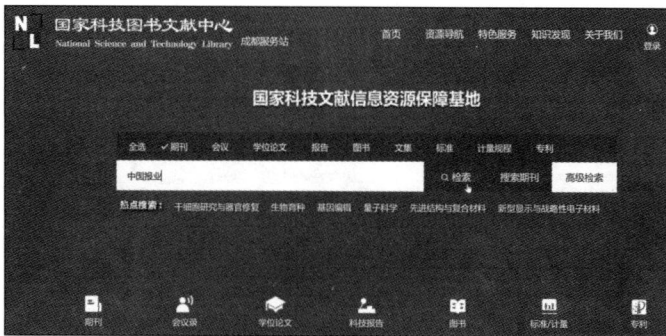

图 7-50　输入关键词并单击"检索"按钮

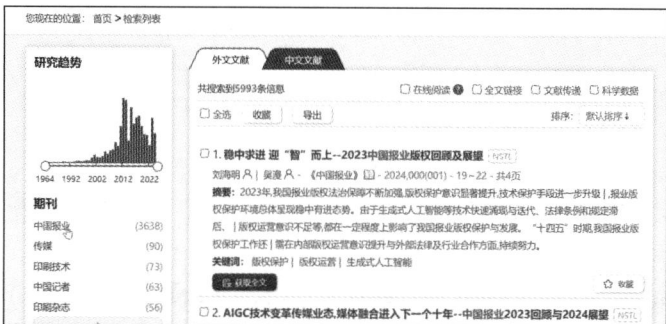

图 7-51　限定条件检索

4. 就业信息检索

随着互联网的发展，许多企业也选择了通过互联网平台来开展招聘工作，这样不但可以节约成本，而且人员的选择范围也更广。找工作时，用户通常可以通过 BOSS 直聘、前程无忧、58 同城、智联招聘等途径搜索就业信息，其具体操作如下。

步骤 1：在浏览器中打开前程无忧网站，在右侧切换到"我要找工作"选项卡，如图 7-52 所示，在下方的文本框中输入手机号和验证码，并选中"首次登录将自动注册，即代表同意用户协议和隐私条款"复选框，然后单击"注册/登录"按钮。

图 7-52　切换到"我要找工作"选项卡

步骤 2： 在搜索框中输入"编辑"，然后单击"搜索"按钮，在打开的页面中可以查看查询结果，同时还可以设置工作地点、月薪范围、工作年限、学历要求、公司性质、公司规模等参数，如图 7-53 所示。

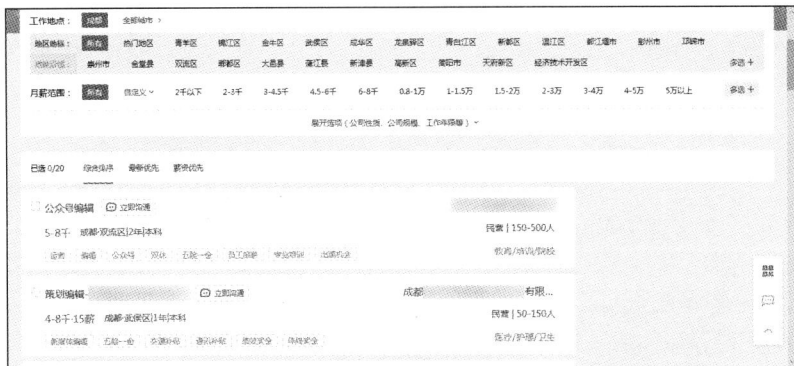

图 7-53　查看检索结果

7.5　习题

一、单项选择题

1. 下列选项中属于计算机网络硬件设备的是（　　　）。
   A. 计算机　　　　　B. 通信软件　　　　C. 主板　　　　　D. 同轴电缆
2. 网络传输介质中发展最为迅速的是（　　　）。
   A. 无线电波　　　　B. 双绞线　　　　　C. 光导纤维　　　D. 同轴电缆
3. 以下各项中不能作为域名的是（　　　）。
   A. www.sina.com　　B. www,baidu.com　C. ftp.pku.edu.cn　D. mail.qq.com
4. 下列信息检索分类中，不属于按检索对象划分的是（　　　）。
   A. 文献检索　　　　B. 数据检索　　　　C. 手动检索　　　D. 事实检索
5. TCP/IP 中的底层是（　　　），它负责网络层与硬件设备的联系。
   A. 网络接口层　　　B. 网络互连层　　　C. 传输层　　　　D. 应用层
6. 下列选项中，不属于信息伦理涉及的问题的是（　　　）。
   A. 信息私有权　　　　　　　　　B. 信息隐私权
   C. 信息资源存取权　　　　　　　D. 信息产权

二、操作题

1. 使用 Microsoft Edge 浏览器浏览网页，并将浏览过的网页保存至收藏夹中。
2. 使用即时通信工具——QQ 与好友聊天，然后接收好友传送的文件。
3. 通过百度搜索引擎查找关于"5G 技术"的相关信息。
4. 在 CALIS 的学位论文中心服务系统中搜索"绿色生态"。

第 8 章　信息新技术

计算机网络技术日新月异,计算机技术也经历了前所未有的巨大变革与创新。这些技术的迅猛发展不仅推动了信息技术行业的进步,而且给人们的生活带来了诸多便利。其中,云计算、大数据、人工智能等前沿信息技术的崛起不仅提升了数据处理和存储的能力,还推动了信息化建设。同时,也催生了众多新兴产业,为经济社会的繁荣发展提供了有力支撑。

【学习目标】
➤ 了解人工智能的含义与应用。
➤ 了解大数据处理的基本流程。
➤ 了解云计算的关键技术与应用。
➤ 了解 5G 与物联网的融合。

8.1　人工智能

人工智能是计算机科学的一个分支,它试图了解智能的实质,并生产出一种新的能以与人类智能相似的方式做出反应的智能机器。人工智能研究的领域比较广泛,包括机器人、语音识别、图像识别及自然语言处理等。

8.1.1　人工智能的含义

人工智能(Artificial Intelligence,AI)是指用计算机模拟人类智力活动的理论和技术,也指由人工制造出来的系统所表现出的智能。这种智能在某些方面能够与人类智能相媲美,甚至在某些特定任务上能够超越人类。

具体来说,人工智能通过模拟、延伸和扩展人的智能,使机器能够像人一样思考、学习和决策,这包括对语言的理解、推理、学习新知识、解决问题以及适应不同环境等多方面的能力。在此基础上,人工智能生成内容(Artificial Intelligence Generated Content,AICG)作为 AI 技术的一个重要分支,能够基于算法和模型自动生成文本、图像、音频、视频等内容,极大地提升了内容生产的效率和多样性。

随着 AI 技术的发展,各大科技公司纷纷推出自己的大语言模型(Large Language Model,LLM)和 AICG 工具。大语言模型是一种基于大量数据训练的人工智能模型,其核心目标是理解和生成自然语言文本。这类模型具有强大的上下文理解能力、语言生成能力和学习能力。随着 AI 技术的快速发展,大语言模型平台已成为众多行业不可或缺的重要工具。它们具有文本处理、知识问答和逻辑推理等方面的能力,被广泛应用于教育、内容创作等多个领域。表 8-1 所示为常见的大语言模型。

表8-1　常见的大语言模型

大语言模型	所属公司	主要功能
通义	阿里云	能续写小说、编写邮件，进行多轮对话理解用户意图，还有多行业模型，如辅助程序员的通义灵码、阅读助手、PPT助手等
文心一言	百度	擅长自然语言处理，可精准解答各类问题，辅助写作功能强大，还有阅读分析、创意写作等实用功能
豆包	字节跳动	能创作多种文体，优化知识问答，AI画图功能出众，还可高效分析文档，支持多语言
DeepSeek	深度求索	多模态AI工具，能智能问答、生成多种内容，可处理数据并可视化，为程序员提供代码辅助，还支持多语言及多模态交互
讯飞星火	科大讯飞	自然语言处理表现卓越，能精准理解语言、生成高质量文本，助力知识问答、辅助写作，在教育和办公领域应用广泛

8.1.2　人工智能的分类

人工智能按照智能的高低等级划分，一般可以分为弱人工智能、强人工智能和超人工智能。

1. 弱人工智能

弱人工智能（Artificial Narrow Intelligence，ANI）是指专注于执行特定任务的AI系统，它可以模拟人类智能的某一方面，但并不具备全面的智能能力。例如，语音识别、图像识别、自然语言处理等都属于弱人工智能的范畴。

2. 强人工智能

强人工智能（Artificial General Intelligence，AGI）是指能够执行人类能执行的所有智力任务的AI系统，具备全面的理解和学习能力。强人工智能可以分为两类，一类是类人的人工智能，即机器的思考和推理方式就像人的思维一样；另一类是非类人的人工智能，即机器产生了和人完全不一样的知觉和意识，使用和人完全不一样的思考和推理方式。

3. 超人工智能

超人工智能（Artificial Super Intelligence，ASI）是一种超越人类智能的人工智能，它可以比人类更好地执行任何任务。英国哲学家尼克·博斯特罗姆（Nick Bostrom）将其定义为"一种几乎在每一个领域都胜过人类大脑的智慧"。

需要注意的是，现阶段所实现并且已经被广泛应用的AI大多属于弱人工智能。一般而言，由于弱人工智能在功能上的局限性，人们更愿意将弱人工智能看作工具，而不会视其为威胁。

8.1.3　人工智能的核心要素

人工智能的核心要素主要包括算法、数据和算力，这三者共同构成了人工智能系统的基石，并推动着人工智能不断发展和进步。

1. 算法

算法是人工智能系统的"大脑"，它决定人工智能如何进行学习、推理、决策和解决问题。算法的选择和设计直接影响人工智能系统的性能和效率。随着技术的不断发展，新的算法不断被提出，以应对更复杂的问题和更高的性能要求。

人工智能中使用了许多不同的算法，常见算法如下。

（1）机器学习算法。机器学习算法是人工智能中常用的算法之一，它使计算机系统能够通过数据进行学习和改进。

（2）深度学习算法。深度学习是机器学习的一个分支，它利用人工神经网络模拟人脑神经元之间的连接和信号传递。深度学习算法在处理大规模数据和复杂任务（如图像识别、语音识别、自然语言处理等）方面表现出色。

（3）强化学习算法。强化学习算法是一种通过观察环境和采取行动来学习最优策略的算法。它通过与环境的交互学习最优策略，根据行动的结果获得奖励或惩罚，从而学习如何做出最佳决策。

2. 数据

数据是人工智能系统的"燃料"，缺乏高质量且大规模的数据支撑，人工智能便无法进行高效的学习与训练。在人工智能领域，数据不仅是算法训练与优化的基础，还能帮助人工智能系统从实践中汲取经验，识别出潜在模式，建立起事物间的联系，并做出精确预测。

数据的形式多样，包括结构化数据（如数据库表格）和非结构化数据（如文本、图像、音频）。数据的质量与多样性直接影响着模型（模型是通过算法和数据训练得到的一种能够模拟人类智能行为的系统）的预测准确性及其在不同场景下的适应能力。

数据的价值主要体现在以下 3 个方面。

（1）训练模型。数据的质量与多样性对提升模型的性能至关重要。高质量、多样化的数据能够帮助 AI 系统深入挖掘数据中的模式与规律，从而更有效地执行预测、分类等任务。

（2）支持决策。数据是帮助用户做出明智决策的重要依据。通过细致的数据分析与挖掘，用户可以发现数据的潜在模式，为企业和组织提供科学、可靠的决策依据。

（3）创新和发现。通过深入分析与挖掘数据，人们能够不断发现新见解、新关系，并从中汲取灵感，推动创新成果的形成。

3. 算力

算力是人工智能系统的"动力"，它赋予了人工智能处理海量数据及执行繁复算法的能力。人工智能算法往往涉及数以亿计的参数，这些参数需要通过训练进行精细调整，计算量极为庞大。因此，高性能的算力资源成为实现人工智能算法不可或缺的要素。人工智能中常用的算力如下。

（1）CPU。CPU 负责执行计算机程序的指令和逻辑运算。在人工智能中，CPU 常用于处理一般的计算任务和控制计算机系统的运行。

（2）图形处理单元（Graphics Processing Unit，GPU）。GPU 是专门用于图形处理的处理单元，具有高度并行的计算能力。在人工智能中，GPU 被广泛应用于深度学习任务，因为深度学习模型中的矩阵运算和神经网络计算可以并行地在 GPU 上进行，大幅提高了计算速度。

（3）张量处理器（Tensor Processing Unit，TPU）。TPU 是专门用于加速机器学习的处理器。TPU 针对机器学习任务的需求进行了优化，特别适用于大规模和对速度有一定要求的张量计算，如神经网络的前向和反向传播。

（4）现场可编程门阵列（Field Programmable Gate Array，FPGA）。FPGA 是一种基于可编程逻辑器件技术的半导体芯片，具备高度的灵活性和可编程性，由可编程逻辑资源、可编程互连资源和可编程输入输出资源组成，允许用户在硬件层面上配置其功能，以适应不同的用途。FPGA 广泛应用于通信、计算、图像处理、信号处理等多个领域，是现代电子设计中的重要组成部分。

（5）分布式计算。在一些需要处理大规模数据和复杂任务的场景中，人工智能系统可以利用分布式计算资源，将计算任务分配给多个计算节点进行并行处理。分布式计算可以提高计算效率和处理能力，加快训练和推理速度。

（6）云计算。云计算平台提供了弹性和可扩展的计算资源，使用户可以按需获取算力。通过云计算，人工智能开发者可以根据需求动态调整计算资源的规模和配置，以适应不同的任务和工作负载。

8.1.4　人工智能的应用

曾经，人工智能只在一些科幻影片中出现，然而，随着科学的不断进步与发展，人工智能已经逐渐从幻想走进现实，并在多个领域实现了广泛的应用。目前，AI 已经被广泛应用于教育、医疗、交通、制造、购物等多个领域，对人类社会的生产和生活产生了深远的影响。

1. 智能教育

智能教育依托 AI 技术重塑教育生态。一方面，智能教学辅助系统能根据学生的学习进度、知识掌握程度自动生成个性化学习计划。例如，针对数学基础薄弱的学生，智能教学辅助系统精准推送有针对性的知识点讲解视频、练习题，并在学生完成练习后迅速分析错题原因，给出详细的解题思路和强化学习建议。另一方面，智能评测工具代替教师进行作业批改和试卷评阅，不仅可以提高效率，还能通过数据分析挖掘学生在知识掌握上的共性问题和个体差异，为教师调整教学策略提供数据支撑。同时，智能教育还打破了时空限制，在线课程平台让学生无论身处何地，都能与全球顶尖教师和学生交流互动，获取优质教育资源，拓宽学习视野。

2. 智能医疗

智能医疗借助物联网、大数据、人工智能等技术改善医疗服务质量。在诊断环节，智能影像诊断系统能够快速分析医学影像，帮助医生更精准地发现病变。例如，在早期肺癌筛查中，智能影像诊断系统可以在短时间内对大量影像进行筛选，标记出疑似病变区域，大大提高诊断效率和准确性。远程医疗技术让患者无须长途奔波，就能与顶级专家进行"面对面"会诊，偏远地区的患者通过远程医疗设备上传自己的症状、病历和检查数据，专家据此做出诊断并给出治疗方案。智能可穿戴设备可帮助用户进行日常健康管理，实时监测用户的心率、血压等生理指标，一旦数据异常，立即发出预警，实现疾病的早发现、早干预。

3. 智能交通

智能交通是指运用 AI 技术、通信技术、控制技术等对传统交通运输系统进行改造，实现交通管理、交通服务。例如，在早高峰时段，当某个路口车流量过大时，信号灯系统自动延长该路口的绿灯时间，减少车辆等待时间。智能导航系统结合实时交通数据，为驾驶员规划最优路线，帮助驾驶员避开拥堵路段，节省出行时间。此外，车联网技术可以让车辆与车辆、车辆与基础设施之间实现信息交互，提高行车安全性和通行效率，为未来自动驾驶的普及奠定了基础。

4. 智能制造

智能制造使制造业生产模式发生了巨大的改变。工业机器人在生产线上承担重复性、高强度的工作，如汽车制造中的焊接、喷漆等工序。这不仅提高了生产效率和产品质量，还能降低人力成本。智能工厂通过传感器、物联网技术实现设备的互联互通和生产过程的实时监控，管理者可以远程掌握生产进度、设备运行状态等信息，一旦设备出现故障或异常，系统会自动报警并进行故障诊断、提供解决方案，保障生产的连续性。同时，借助大数据分析，企业能够根据市场需求和消费者反馈，优化产品设计和生产计划，实现定制化生产。

5. 智能购物

在电商平台，智能推荐系统可以根据用户的浏览历史、购买记录、收藏商品等数据精准推送符合用户兴趣和需求的商品，如果用户经常购买运动装备，平台就会推荐新款运动鞋、运动服装等。线下智能零售商店运用人脸识别、物联网等技术实现无人值守购物，顾客进店挑选商品后无须排队结账，系统会自动识别顾客身份和商品信息，自动完成扣款，使购物变得更加便捷高效。

8.2 大数据技术

随着信息技术的飞速发展以及智能移动终端的普及，网络中每时每刻都会产生大量数据。这些数据既是宝贵的财富，同时又对计算机处理数据的能力提出了新的挑战，大数据技术应运而生。

8.2.1 大数据的含义

大数据指无法在一定时间范围内用常规软件工具进行捕获、管理、处理的数据集合。对大数据进行分析不仅需要采用集群的方法获得强大的数据分析能力，还需研究面向大数据的新数据分析算法。

针对大数据进行分析的大数据技术，则指的是为了传送、存储、分析和应用大数据而采用的软件和硬件技术，也可将其看作面向数据的高性能计算系统。从技术层面来看，大数据与云计算的关系密不可分，大数据必须采用分布式架构对海量数据进行分布式数据挖掘，这使它必须依托于云计算的分布式处理、分布式数据库、云存储和虚拟化技术。

8.2.2 大数据处理的基本流程

大数据处理的数据源类型多种多样，在不同的场合通常需要使用不同的处理方法。大数据处理的流程通常分为采集、导入、预处理、统计分析、数据挖掘、数据可视化和展现等步骤。概括来看，其处理流程可以归纳为数据抽取与集成、数据分析、数据解释与展现 3 个环节。

（1）数据抽取与集成。数据的抽取和集成是大数据处理的第一步，从抽取的数据中提取关系和实体，经过关联和聚合等操作，按照统一定义的格式对数据进行存储。例如，基于物化或数据仓库技术方法的引擎、基于联邦数据库或中间件方法的引擎和基于数据流方法的引擎均是现有主流的数据抽取和集成方式。

（2）数据分析。数据分析是大数据处理的核心步骤，在决策支持、商业智能、推荐系统、预测系统中应用广泛，在获取了原始数据后，将数据导入一个集中的大型分布式数据库或分布式存储集群，进行一些基本的预处理工作后，根据需求开始对原始数据进行分析，如数据挖掘、机器学习、数据统计等。

（3）数据解释与展现。在完成数据分析后，需要使用合适的、便于理解的展示方式将正确的数据处理结果展示给终端用户。其中，可视化和人机交互是数据解释的主要技术。

8.2.3 大数据关键技术

大数据技术直接源于传统的数据库技术，因此数据库技术是大数据技术的基础。同时，根据大数据处理的基本流程可知，数据采集和清洗、数据挖掘、数据可视化等均属于大数据的关键技术。

1. 数据采集和清洗

在大数据环境下，数据采集的规模增大了很多，同时数据变得更加复杂，在这样的背景下，数据采集无法靠人工完成，专门的数据采集技术就尤为重要。以下是一些常见的数据采集技术。

- 分布式爬虫：使用分布式爬虫技术可以高效地抓取大规模的网页数据。通过将任务分发给多个爬虫节点并行执行可以加快数据采集速度，并实现水平扩展。
- 流式数据采集：对于实时数据或流式数据，可以使用流式处理框架，如 Apache Kafka、Apache Flink 等采集，这种技术可以实时接收和处理大量的数据流，做到高吞吐量和低延迟。
- 日志采集：大规模分布式系统通常会生成大量的日志数据，使用工具 Fluentd、Logstash 和 Filebeat 等可以将分散在各个节点的日志集中采集、存储和分析。
- 传感器和物联网设备：物联网设备和传感器，例如工业设备、智能城市中的传感器等可以产生大量的数据，通过与这些设备集成并实时采集数据，可以进行大规模的实时监测和分析。

由数据采集技术自动采集的大数据，很容易出现数据缺失、数据重复等问题，使用这样的数据会导致后续的数据分析失真。因此，需要事先对数据进行处理，以保证数据的质量和可用性，这一过程被称为"数据清洗"。数据清洗涉及以下操作。

- 数据去重和去噪：在大数据集中，存在大量的重复数据和噪声数据。对于重复数据，可以基于唯一标识符或关键字段进行去重操作，以消除重复的数据记录。对于噪声数据，可以利用统计分析或规则匹配的方式进行过滤和删除。

- 缺失值处理：大数据中经常存在缺失值，可以采用插值、均值替代、回归填充等方法进行处理。当数据丢失的比例较小时，可以直接删除包含缺失值的记录。
- 异常值检测和处理：通过统计方法、机器学习算法或领域知识，可以对数据进行异常值检测。检测到异常值后，可以对其进行处理，如删除、替换或校正。
- 数据格式化和转换：在大数据集中，数据来源和格式可能各不相同，因此需要对数据进行格式化和转换，以便进行后续分析。这包括日期时间格式的统一、数值单位的转换、字符串的标准化等操作。
- 数据一致性和规范化：不同数据源的数据可能存在命名不一致、数据格式不统一等问题。使用数据字典、规范化表达式或正则表达式等方法，可以对数据进行一致性处理和规范化。

2. 数据挖掘

数据挖掘（Data Mining）是一种通过运用各种算法和技术从大规模数据集中发现隐藏在数据背后的模式、关联和趋势的过程。通俗地说，数据挖掘就是寻找数据的深层价值，将其从"表象"背后"挖掘"出来的过程。从计算机科学来讲，数据挖掘是指通过算法从大量数据中搜索隐藏于其中的信息的过程，其常使用的方法主要包括聚类、分类、关联规则挖掘等。

- 聚类：将数据集划分成几个不同的群组，使得同一群组内的数据相似度较高，而不同群组之间的数据相似度较低。例如，现在有一个公司，要对其顾客数据（包含消费频率和平均消费金额）进行数据挖掘，通过聚类分析，就能够将其顾客分为若干大类，如图8-1所示。

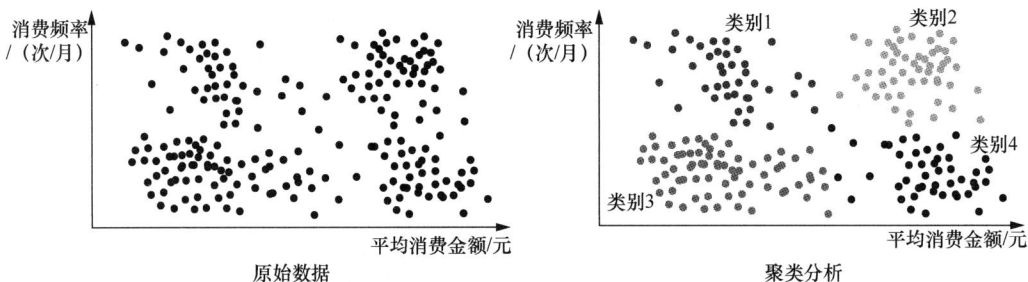

图 8-1　聚类分析流程

- 分类：通过训练算法将数据集划分为预定义标签或类别，并基于这些标签对新数据进行分类。例如，在邮件的大数据挖掘中，可以根据"优惠""折扣""点击链接即可"等关键词有效筛选出营销邮件，实现邮件分类。
- 关联规则挖掘：发现数据中的相关性和关联规则，例如发现"购买商品 A 的人也有较高概率购买商品 B"，这样就可以将商品 B 推荐给购买了商品 A 的用户。人们生活中的智能推荐大部分都是基于这一技术实现的。

3. 数据可视化

数据可视化是将庞大的数据集合转化为图形、图表、仪表盘和其他可视化形式，以便人们更好地理解和分析数据。数据可视化的方法非常多样，常见的有图表可视化、地理信息系统地图、词云和动态可视化等。

（1）图表可视化

图表可视化是将多项数据整合为一张图或表格的形式，使数据更直观，常用的图表如下。

- 柱形图：柱形图是一种以长方形的长度为变量的统计报告图，由一系列高度不等的纵向长方形表示数据分布的情况，用来比较两个或以上的值的大小，如图8-2所示。

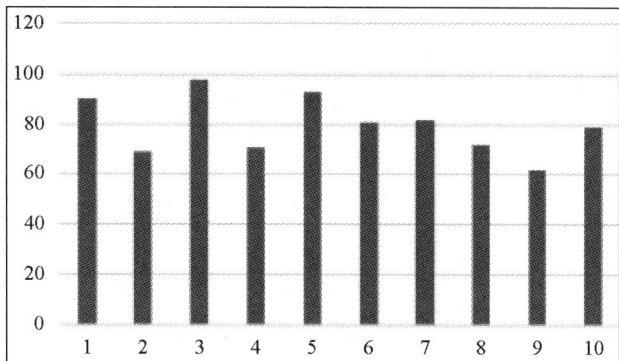

图 8-2　柱形图

- 折线图：排列在工作表的列或行中的数据可以绘制到折线图中。折线图可以显示随时间而变化的连续数据，因此非常适用于显示在相等时间间隔下数据的趋势，如图 8-3 所示。

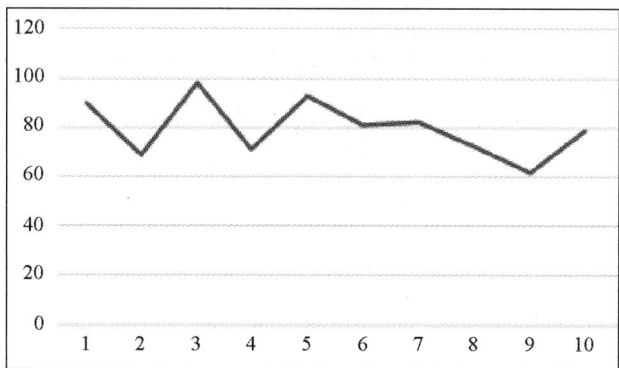

图 8-3　折线图

- 树状图：树状图是数据树的图形表示形式，以父子层次结构来组织对象，用于展示层级或关系结构，如图 8-4 所示。

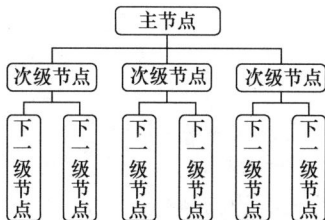

图 8-4　树状图

（2）地理信息系统地图

地理信息系统地图结合地理位置和数据，将各种地理数据在一个地图上展示，通过将地理数据可视化，该地图可以有效地展示地理空间数据的分布和关联性。例如，在我国天气预报中，常常会播报我国的降水范围和降水量，此时就会在我国的地图上用不同的颜色来标示降水的范围以及降水量。

（3）词云

词云（Word Cloud）是一种常见的文本数据可视化方式，通过将文本中出现频率较高的词以视觉上突出的方式展示出来，以帮助用户快速理解文本数据的主题和关注点。

词云通常以图形的形式呈现，词的重要程度通过字体大小、颜色或其他视觉属性来表示。频率较高的词将显示为较大的字体或较深的颜色，而频率较低的词则显示为较小的字体或较浅的颜色。图 8-5 所示即"网络讨论金庸小说《天龙八部》关键词频率"这一数据的词云。其中字号越大的词，就是大家讨论频率越高的词，这种可视化方式简单明了。

图 8-5　词云

（4）动态可视化

动态可视化通过动画或交互方式展示数据的变化和趋势。与普通的图表相比，这种"动起来"的方式可以帮助用户更好地理解数据的演变过程和模式。例如，某公司介绍自己的销售点情况，播放了一段视频，随着时间的推移，地图上冒出了一个又一个的红点，每出现一个红点就代表该公司开设了一个新的销售点。如此展示数据，直观而准确，便于观看者理解。

8.2.4　大数据的应用

在以云计算为代表的技术创新背景下，收集和处理数据变得更加简便，国务院在印发的《促进大数据发展行动纲要》中系统地部署了大数据发展工作，通过各行各业的不断创新，大数据也将创造更多价值。下面介绍 3 种大数据典型应用案例。

- 高能物理：高能物理是一个与大数据联系十分紧密的学科。科学家往往要从大量的数据中发现一些小概率的粒子事件，如比较典型的离线处理方式，由探测器组负责在实验时获取数据，而最新的 LHC（Large Hadron Collider，大型强子对撞机）实验每年采集的数据高达 15PB。高能物理中的数据不仅十分海量，且没有关联性，要从海量数据中提取有用的事件，可以使用并行计算技术对各个数据文件进行较为独立的分析处理。
- 推荐系统：推荐系统可以通过电子商务网站向用户提供商品信息和建议，如商品推荐、新闻推荐、视频推荐等。而实现推荐过程需要使用大数据，用户在访问网站时，网站会记录和分析用户的行为并建立模型，将该模型与数据库中的产品进行匹配后，才能完成推荐过程。实现这个推荐过程需要存储海量的用户访问信息，并基于大量数据的分析推荐出与用户行为相符的内容。
- 搜索引擎系统：搜索引擎是十分常见的大数据系统，为了有效地完成互联网上大量的信息的收集、分类和处理工作，搜索引擎系统大多基于集群架构。搜索引擎的发展历程为大数据研究积累了宝贵的经验。

8.3 云计算

在"互联网+"("互联网+"即"互联网+各个传统行业"的简称，它利用信息通信技术和互联网平台让互联网与传统行业深度融合，创造出新的发展业态）时代，我国云计算市场迎来了快速发展期，呈现出巨大的发展潜力。同时，随着大数据、物联网、人工智能等新兴领域和传统行业的转型发展趋势的明朗，企业对云服务的需求日益旺盛。

8.3.1 云计算的含义与发展

云计算是分布式计算技术的一种，其最基本的概念是通过网络将庞大的计算处理程序自动拆分成无数个较小的子程序，再交由多部服务器所组成的庞大系统经搜寻、计算分析之后将处理结果回传给用户的一种计算技术。通过该项技术，网络服务提供者可以在数秒之内处理数以千万计甚至数以亿计的信息，以提供和超级计算机同样强大的效能的网络服务。

云计算的发展基本可以分为以下 4 个阶段。

1. 理论完善阶段

在理论完善阶段，云计算仅停留在理论层面。1984 年，Sun 公司的联合创始人约翰·盖奇（John Gage）说出了"网络就是计算机"的名言，用于描述分布式计算技术带来的新世界，而云计算技术的出现和发展已经将这一理念逐渐变为现实；1997 年，南加利福尼亚大学的拉姆纳特·切拉潘（Ramnath Chellappa）教授提出了云计算的第一个学术定义，为其应用奠定了理论基础；1999 年，马克·安德森（Marc Andreessen）创建了 LoudCloud，这是第一个商业化的基础设施即服务平台，实现了将信息技术（Information Technology，IT）基础设施作为一种服务通过网络对外提供的目的。

2. 诞生阶段

在诞生阶段，云计算技术正式诞生。1999 年 Salesforce 成立，成为最早出现的云服务系统；2005 年，亚马逊公司宣布 Amazon Web Services 云计算平台正式成立；2008 年，微软公司发布其公共云计算平台——Windows Azure Platform，由此拉开了微软的云计算大幕。至此，各 IT 企业、电信运营商、互联网企业等纷纷开始布局并推出自己的云计算服务系统。

3. 成长阶段

在成长阶段，云计算的功能日趋完善，种类日趋多样，传统企业也开始通过收购、研发等各种模式纷纷投入云计算。2009 年 4 月，VMware 推出首款云操作系统 VMware vSphere 4；2009 年 7 月，我国首个企业云计算平台诞生；2009 年 11 月，我国移动云计算平台"大云"计划启动。

4. 成熟阶段

在成熟阶段，通过深度竞争，云计算技术逐渐形成了主流平台产品和标准，产品的功能比较健全，市场的格局相对稳定。2014 年，阿里云启动"云合计划"；2015 年，华为在北京正式对外宣布"企业云"战略；2016 年，腾讯云战略升级，构建 3S 品牌核心，并宣布"云出海"计划等。

8.3.2 云计算的服务

云计算，简单地说就是服务商将大量的计算机资源整合到一起，用户可以利用网络随时随地使用这些计算机资源。而要实现这样的服务，有以下几种方式。

1. 基础设施即服务

基础设施即服务（Infrastructure as a Service，IaaS）是把基础设施作为一种服务提供的云计算服务模式。这里的基础设施主要包括处理能力、存储和网络等。

简单来说，就是服务商建立一个由多个服务器组成的、强大的计算中心，将这些服务器作为一个资源池，用户只要付费，就能够通过网络使用资源池中的一部分资源，在此基础上部署和运行各种软件，执行各种运算。使用结束后，这部分资源就会回到公共的资源池，由其他用户使用，如图 8-6 所示。但由于不同的用户都需要使用公共的计算机设施，因此 IaaS 面临数据泄露、容易受到黑客攻击等问题。

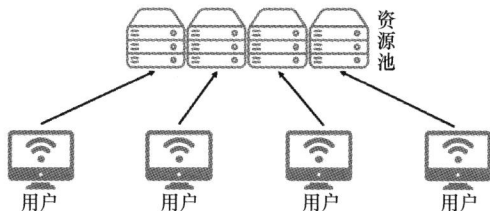

图 8-6　基础设施即服务

2. 平台即服务

平台即服务（Platform as a Service，PaaS）是把服务器平台作为一种服务提供的商业模式。相较于 IaaS，PaaS 提供的是一个更高层次的、更为抽象的开发平台，它能提供一个包括软件开发、测试、部署和托管所需的基础设施和工具的虚拟开发环境，使得开发人员无须关心底层的基础设施和操作系统，能够专注于应用程序的开发和部署。但同时，PaaS 对于底层基础设施的控制权较低，在灵活性上也不如 IaaS。

3. 软件即服务

软件即服务（Software as a Service，SaaS）是通过互联网提供软件应用程序，用户可以通过网络访问和使用这些应用程序的云计算服务模式。

在 SaaS 模式下，软件应用程序由云服务提供商托管，在云端的服务器上运行。用户可以通过各种终端设备（如计算机、手机、平板计算机等）上的 Web 浏览器或专门的客户端应用程序来访问和使用这些应用程序。用户支付订阅费用或按需付费即可使用云端提供的软件服务，如图 8-7 所示。

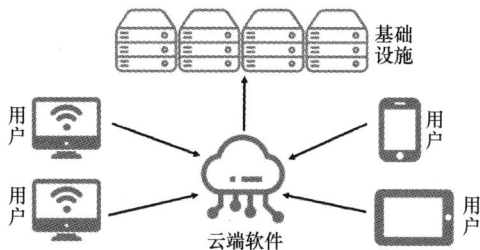

图 8-7　软件即服务

相较于 IaaS、PaaS，SaaS 的使用无疑更为简便，应用程序在云端已经被集中管理和更新，用户无须担心安装和升级软件的烦琐工作，能够快速部署并应用软件。但相应地，由于 SaaS 应用程序是被托管在云端的，因此用户对软件的定制能力有限。同时由于各家 SaaS 服务商的软件不互通，因此用户如果想迁移到其他 SaaS 平台会非常困难。

8.3.3　云计算关键技术

云计算技术中涉及 5 个关键技术，分别是虚拟化技术、编程模式技术、海量数据分布式存储技术、海量数据管理技术和云计算平台管理技术。

1. 虚拟化技术

虚拟化（Virtualization）技术是一种将物理资源（如服务器、存储器和网络设备）进行抽象和隔离的技术，是云计算的核心技术之一。它通过软件层面的虚拟化管理器（Hypervisor）将物理资源划分为多个独立、相互隔离的虚拟资源，使得多个操作系统和应用程序能够共享同一套物理资源，从而提高资源利用率和灵活性。随着云计算应用的持续升温，业内对虚拟化技术的重视也提升到了一个新的高度。

从技术上讲，虚拟化是一种在软件中仿真计算机硬件，以虚拟资源为用户提供服务的计算形式，旨在合理调配计算机资源，使其更高效地提供服务。从表现形式上看，虚拟化又分两种应用模式。一是将一台性能强大的服务器虚拟成多个独立的小服务器，服务不同的用户；二是将多台服务器虚拟成一台强大的服务器，完成特定的功能。

2. 编程模式技术

从本质上讲，云计算是一个多用户、多任务，且支持并发处理的系统。高效、简捷、快速是其核心理念，在通过网络把强大的服务器计算资源分发到终端用户手中的同时，还能保证低成本和良好的用户体验。在这个过程中，编程模式的选择显得至关重要。

MapReduce 是当前云计算主流的并行编程模式之一，该模式将任务自动分成多个子任务，通过 Map（映射）和 Reduce（化简）两步实现任务在大规模计算节点中的调度与分配，先通过 Map 程序将数据切割成不相关的区块，分配（调度）给大量计算机处理，达到分布式运算的效果，再通过 Reduce 程序将结果整合输出。

3. 海量数据分布式存储技术

为了保证数据的高可靠性，云计算通常会采用分布式存储技术，将数据存储在不同的物理设备中。这种模式不仅摆脱了硬件设备的限制，同时扩展性更好，能够更快速地响应用户需求的变化。分布式储存的优势主要有以下几点。

- 高可靠性：当一个节点发生故障或不可用时，系统仍然可以通过其他节点上的数据进行访问，保证数据的可靠性和可用性。
- 高性能：分布式存储系统可以并行地访问多个节点上的数据，提高数据的读写速度和吞吐量。
- 可扩展性：通过在系统中添加更多的节点，可以扩展存储容量和存储性能，以满足不断增长的数据需求。
- 负载均衡：分布式存储系统可以自动将数据分散存储在不同的节点上，从而实现负载均衡，避免单一节点成为性能瓶颈。

云计算环境中的应用程序通常需要访问和存储大量的数据。为了支持高效的数据存储和访问，分布式存储技术被广泛应用于云计算平台。在云计算环境中，分布式文件系统可以用于存储和管理用户上传的文件、应用程序的配置文件、日志文件等。当用户需要访问这些文件时，云计算平台会根据需要从分布式文件系统中检索数据，并将其传输到用户的终端上。

4. 海量数据管理技术

处理海量数据是云计算必须面对的问题，高效的海量数据管理技术也是云计算不可或缺的核心技术之一。云计算不仅要保证数据的存储和访问，还要对海量数据进行特定的检索和分析，只有通过高效的管理技术，才能实现数据的高效利用。目前云计算中常用的数据管理技术包括谷歌公司的 BT（Big Table）数据管理技术和 Hadoop 团队开发的开源数据管理模块 HBase。

5. 云计算平台管理技术

云计算资源规模庞大，服务器数量众多并分布在不同的地点，同时运行着数百种应用，这就要求云计算的平台管理技术需要具有高效调配大量服务器资源，使其更好地协同工作的能力。对提供者而言，云计算包含 3 种部署模式，即公共云、私有云和混合云。3 种模式对平台管理的要求大不相同。对用户而言，企业所需要的云计算系统规模及可管理性能也大不相同。因此，云计算平台管理方案要更多地考虑到定制化需求，以满足在不同场景下的应用。

8.3.4 云计算的应用

随着云计算技术产品、解决方案的不断成熟，云计算技术的应用领域也在不断扩展，衍生出了云制造、物流云、云安全、云存储、云游戏等各种功能，对医疗领域、制造领域、金融与能源领域等影响巨大，也为数据存储、虚拟办公等方面提供了非常大的便利。下面重点介绍该技术在医疗、金融、教育等领域的应用。

1. 云医疗

云医疗指在云计算等新技术的基础上，结合医疗技术，使用云计算来创建医疗健康服务云平台，实现医疗资源的共享和医疗范围的扩大。因为云计算技术的运用与医疗技术的结合，云医疗提高了医疗机构的效率，大大方便了居民就医。例如，医院的预约挂号、电子病历等的实现都得益于云医疗，除此之外，云医疗还具有数据安全、信息共享、动态扩展、布局全国等优势。

2. 云金融

云金融指利用云计算的模型，将信息、金融和服务等功能分散到互联网"云"中，旨在为银行、保险和基金等金融机构提供互联网处理和运行服务，同时共享互联网资源，从而解决现有问题并且达到高效率、低成本的目标。例如，阿里巴巴、苏宁、腾讯等企业推出的金融云服务。

3. 云教育

云教育就是教育信息化的一种发展。具体来讲，云教育可以将所需要的任何教育硬件资源虚拟化，然后将其上传到互联网中，向教育机构、学生和老师提供方便快捷的平台。例如，慕课就是云教育的一种应用。图 8-8 所示为人民邮电出版社的云教育平台。

图 8-8　人民邮电出版社云教育平台

4. 云存储

云存储是一种新兴的网络存储技术，可将存储资源放到"云"上供用户存取。云存储通过集群应用、网络技术或分布式文件系统等功能将网络中大量不同类型的存储设备集合起来协同工作，共同对外提供数据存储和业务访问功能。通过云存储，用户可以在任何时间、任何地点，将任何可联网的装置连接到"云"上存取数据。

在使用云存储功能时，用户只需要为实际使用的存储容量付费，不用额外安装物理存储设备，减少了 IT 和托管成本。同时，存储维护工作转移至服务提供商，在人力、物力上也降低了成本。但云存储也反映了一些可能存在的问题，例如，如果用户在云存储中保存重要数据，则数据安全可能存在隐患，其可靠性和可用性取决于广域网的可用性和服务提供商的预防措施等级。对于一些具有特定记录保留需求的用户，在选择云存储服务之前还需进一步了解和掌握云存储。

5. 云安全

云安全是云计算技术的重要分支，广泛应用于反病毒领域。云安全技术可以通过网状的大量客户端对网络中软件的异常行为进行监测，获取互联网中木马和恶意程序的最新信息，自动分析和处理信息，并将解决方案发送到每一个客户端。

云安全融合了并行处理、网格计算、未知病毒行为判断等新兴技术和概念，理论上可以把病毒的传播范围控制在一定区域内，且整个云安全网络对病毒的上报和查杀速度非常快，在反病毒领域中意义重大。不过，云安全涉及的安全问题也非常广泛，对最终用户而言，需要对云安全技术在用户身份安全、共享业务安全和用户数据安全等方面的问题进行格外关注。

- 用户身份安全：用户登录到云端后，系统在确保使用者身份合法之后才为其提供服务，如果非法用户取得了用户身份，则会对合法用户的数据和业务产生危害。
- 共享业务安全：云计算通过虚拟化技术实现资源共享调用，可以提高资源的利用率，但同时共享也会带来安全问题，云计算不仅需要保证用户资源间的隔离，还要针对虚拟机、虚拟交换机、虚拟存储等虚拟对象提供安全保护策略。
- 用户数据安全：数据安全问题包括数据丢失、泄露、篡改等，因此必须采取复制、存储加密等有效的保护措施确保数据的安全。此外，账户、服务和通信劫持，不安全的应用程序接口，操作错误等问题也会对云安全造成隐患。

云安全系统的建立并非轻而易举，要想保证系统正常运行，不仅需要海量的客户端、专业的反病毒技术和经验、大量的资金和技术投入，还必须提供开放的系统，让大量合作伙伴加入。目前，我国主要的云安全服务商有华为、腾讯、阿里巴巴、百度等。图 8-9 所示为华为乾坤安全云服务解决方案的官网页面。

图 8-9　华为乾坤安全云服务解决方案的官网页面

> 🖎 小贴士
>
> 　　云盘也是一种以云计算为基础的网络存储技术。目前，各大互联网企业开发了自己的云盘，如百度云盘、阿里云盘、腾讯微云等。

8.4　物联网

　　物联网（Internet of Things）作为信息科学技术产业的"第三次革命"，其起源可追溯至传媒领域。它代表着现实世界与数字世界的无缝融合，通过智能化技术将各类物品与互联网紧密相连，从而实现了对物理世界的全面感知、互联互通和智能控制。

8.4.1　物联网的含义

　　物联网是互联网、传统电信网等信息的承载体，是让所有能行使独立功能的普通物品实现互联互通的网络。简单地说，物联网就是把所有能行使独立功能的物品通过信息传感设备与互联网连接起来，进行信息交换，以实现智能化识别和管理。

　　在物联网上，每个人都可以应用电子标签将真实的物品与网络连接，利用物联网的中心计算机对机器、设备、人员进行集中管理和控制，也可以对家庭设备、汽车进行遥控，以及搜索位置、防止物品被盗等，通过各种物品数据的连接，最终聚集成物品大数据，从而实现物物相联。

8.4.2　物联网关键技术

　　目前，物联网的发展非常迅速，尤其在智慧城市、工业、交通及安防等领域取得了突破性的进展。未来的物联网发展必须从低功耗、高效率、安全性等方面出发，并重视物联网的关键技术的发展。物联网的关键技术主要有以下 5 项。

　　• 　RFID 技术：RFID 技术是一种通信技术，它同时融合了无线射频技术和嵌入式技术，在自动识别、物流管理方面的应用前景十分广阔。RFID 技术主要的表现形式是 RFID 标签，具有抗干扰性强、数据容量大、安全性高、识别速度快等优点，主要工作频率有低频、高频和超高频。但此技术还存在一些技术方面的难点，例如选择最佳工作频率和机密性的保护等，尤其是超高频频段的技术还不够成熟，相关产品价格较高，稳定性不理想。

　　• 　传感器技术：传感器技术是计算机应用中的关键技术，通过传感器可以把模拟信号转换成数字信号供计算机处理，目前，传感器技术的技术难点主要是应对外部环境的影响，例如，当受到自然环境中温度等因素的影响时，传感器的零点漂移和灵敏度会发生变化。

　　• 　云计算技术：云计算是把一些相关网络技术和计算机发展融合在一起的产物，具备强大的计算和存储能力。常用的搜索功能就是一种对云计算技术的应用。

　　• 　无线网络技术：物体与物体"交流"需要高速、可进行大批量数据传输的无线网络，设备连接的速度和稳定性与无线网络的速度息息相关。随着无线网络技术的不断进步，物联网的发展也将受益，进而取得更大的突破。

　　• 　人工智能技术：人工智能技术是研究、开发用于模拟、延伸和扩展人的智能的理论、方法、技术及应用系统的一门新的技术科学。人工智能与物联网有着十分密切的关联，物联网实现物物相连，人工智能让连接起来的物体进行自主学习，从而实现整体智能化。

8.4.3　5G 与物联网的融合

　　现在是移动互联网时代，移动互联网的演进历程是移动通信和互联网等技术汇聚、融合的过程，其中，不断演进的移动通信技术是其持续且快速发展的主要推手。如今，移动通信技术已经从 1G 时代发展到 5G 时代。

5G 与以往的移动通信技术相比，在通信和带宽能力方面达到了新的高度，就像 3G 支持图像，4G 支持视频一样，5G 是支持物联网的网络。也就是说，5G 是物联网的网络接入层，是实现物联网网络连接的一种方式，支持各种规模、速度以及前所未有的复杂性的设备，能够满足物联网应用覆盖面广、高速、稳定等需求。

随着 5G 的落地应用，未来物联网的发展将获得更为全面的支撑。以工业物联网为例，5G 将在以下 3 个方面助力工业物联网的发展。

- 拓展工业物联网的应用边界：5G 在很大程度上考虑了物联网的需求，包括高速率、低时延、高可靠、低功耗、大连接等特征。在 5G 的支持下，工业物联网的应用边界将得到扩展，促使物联网可以应用在更多的场景中。对场景覆盖面较大的企业（如物流企业）来说，5G 带来的变化更为明显。

- 促进工业物联网的智能化：5G 将在很大程度上促进工业物联网的智能化发展，涉及云计算、大数据等技术体系的部署，借助 5G 的支撑，人工智能将在数据和算力两方面得到更为有效的保障。当然，智能化也是工业物联网最终的诉求之一。

- 促进工业物联网的全面落地：5G 对于促进工业物联网的落地应用也有非常积极的意义，一方面 5G 可以支撑更多的物联网设备，另一方面也能够保障这些设备之间的通信安全可靠。

8.5 习题

一、单项选择题

1. 智能无人驾驶技术的计算机视觉技术实现过程中，紧跟在"特征提取"后的步骤是（　　）。
   A. 特征匹配　　　　B. 图像预处理　　　　C. 三维重建　　　　D. 获取图像或视频

2. 目前，人机交互的诸多形式不包括（　　）。
   A. 触摸屏交互　　　　　　　　　　B. 脑电波识别交互
   C. 手势识别交互　　　　　　　　　D. 语音识别交互

3. 云计算的服务不包括（　　）。
   A. 网络即服务　　　　　　　　　　B. 基础设施即服务
   C. 平台即服务　　　　　　　　　　D. 软件即服务

4. 虚拟化技术在云计算中的作用是（　　）。
   A. 将数据划分为多个部分，并将每个部分存储在不同的物理节点上
   B. 将物理资源划分为多个独立、相互隔离的虚拟资源，使得多个操作系统和应用程序能够共享同一套物理资源
   C. 将计算任务分解成多个子任务，并通过多个计算节点（通常是网络中的不同计算机）协同工作来完成任务
   D. 将用户需求汇总到云端，将云端的计算结果返回客户端

5. 大数据处理的基本流程中，在"数据分析"后的步骤是（　　）。
   A. 数据存储　　　　　　　　　　　B. 数据清洗和预处理
   C. 数据解释与展现　　　　　　　　D. 报告和应用

6. 下列选项中，不属于物联网关键技术的是（　　）。
   A. RFID 技术　　　　　　　　　　B. 传感器技术
   C. 无线网络技术　　　　　　　　　D. 机器学习

二、操作题

1. 尝试使用文心一格、Vega AI 创作平台或者同类网站进行 AI 绘画，并思考 AI 绘画作品与你预想的作品效果是否匹配，以及 AI 绘画与人类绘画的作品有哪些区别。

2. 根据你的了解，人工智能除了应用于在线客服、自动驾驶、智慧生活、智慧医疗之外，还应用于哪些领域？并对其在该领域的具体应用进行说明。

3. 云计算的关键技术有哪些？

4. 云计算在教育和医疗领域的应用有哪些？

5. 谈谈你对 5G 和物联网的认识，以及 5G 与物联网有何关系。